机动车驾驶培训教练员教学技能培训教材

《机动车驾驶培训教练员教学技能培训教材》编写组　编

人民交通出版社股份有限公司
China Communications Press Co.,Ltd.

内 容 提 要

本书依据《机动车驾驶培训教学与考试大纲》，结合机动车驾驶员培训实际需求编写而成，主要包括道路交通法律法规、教练员的社会责任与职业道德、教学技能、安全文明驾驶意识的培养、紧急情况应急处置、环境保护及新能源汽车六部分内容。

本书可供机动车驾驶培训教练员教学培训使用。

图书在版编目（CIP）数据

机动车驾驶培训教练员教学技能培训教材 /《机动车驾驶培训教练员教学技能培训教材》编写组编. — 北京：人民交通出版社股份有限公司, 2017.11

ISBN 978-7-114-14253-6

Ⅰ. ①机… Ⅱ. ①机… Ⅲ. ①机动车—教练员—技术培训—教材 Ⅳ. ①U471.3

中国版本图书馆CIP数据核字（2017）第248644号

Jidongche Jiashi Peixun Jiaolianyuan Jiaoxue Jineng Peixun Jiaocai

书　　名：机动车驾驶培训教练员教学技能培训教材
著 作 者：《机动车驾驶培训教练员教学技能培训教材》编写组
责任编辑：姚　旭　董　倩　栾　韬
出版发行：人民交通出版社股份有限公司
地　　址：（100011）北京市朝阳区安定门外外馆斜街3号
网　　址：http：//www.ccpress.com.cn
销售电话：（010）59757973
总 经 销：人民交通出版社股份有限公司发行部
经　　销：各地新华书店
印　　刷：北京市密东印刷有限公司
开　　本：787 × 1092　1/16
印　　张：14
字　　数：358千
版　　次：2017年11月　第1版
印　　次：2020年 6 月　第2次印刷
书　　号：ISBN 978-7-114-14253-6
定　　价：30.00元
（有印刷、装订质量问题的图书由本公司负责调换）

前言

汽车以其机动、灵活、快捷的特点，极大方便了百姓出行，尤其是私人汽车的日益普及有效提升了家庭生活品质，更好地满足了居民的多样化出行需求。但是，汽车保有量的快速增长也给道路交通安全带来了巨大压力。从我国大量的交通事故统计来看，驾驶员的人为失误是导致交通事故发生的主要因素，因此，增强驾驶员的安全意识，引导驾驶员守法驾驶、规范驾驶，对降低道路交通事故的发生具有重大意义。机动车驾驶培训教练员是指导驾驶学员学习驾驶技能的启蒙老师，加强对教练员的专业培训与管理，是保证驾驶培训质量、提高驾驶员队伍素质的关键因素，对提升道路交通安全水平十分重要。

本教材依据交通运输部和公安部于2016年8月联合发布的《机动车驾驶培训教学与考试大纲》以及《机动车驾驶人考试内容和方法》（GA 1026—2017）进行编写，全书突出“以人为本、规范教学和安全节能”的教学理念，通过多种教学方式引导教练员对不同类型的驾驶学员因材施教，重点培养学员的安全意识以及守法驾驶和规范驾驶技能。全书融合了最新的道路运输法规和汽车使用技术，注重教学中法规知识与操作技能的有机结合。本书通俗易懂，图文并茂，并辅以生动的案例，具有较强的可读性、针对性和实用性。

本书内容包括道路交通法律法规、教练员的社会责任与职业道德、教学技能、安全文明驾驶意识的培养、紧急情况应急处置、环境保护及新能源汽车，并在书后附有《机动车驾驶培训教学与考试大纲》及《机动车驾驶证申领和使用规定》（公安部令第139号），方便读者学习与查阅。

限于编者的经历和水平，书中难免有不妥或错误之处，敬请批评指正，以便再版修订时改正。

编　者

2017年9月

目录

第一章 道路交通法律法规

道路交通安全法律、法规是规范交通参与者的行为，维护道路交通秩序，构建安全与和谐交通社会的前提。道路运输法律、法规是规范道路运输经营，建立和完善道路运输市场机制，促进道路运输市场健康发展的基础。本章重点介绍了道路交通安全法律法规知识及机动车驾驶员培训管理法规知识。教练员不仅应深刻理解和熟练掌握这些法律、法规知识，更重要的是能够知法、守法。

第一节 道路交通法律法规

一 机动车

机动车使用与管理的相关规定，主要包括机动车登记、牌证使用、安全技术检验和报废等几个方面。

1 机动车登记

我国对机动车实行登记制度，即机动车经公安机关交通管理部门登记、核发机动车号牌后，方可上道路行驶。尚未登记的机动车，需要临时上道路行驶的，应当取得临时通行牌证。

2 机动车牌证使用

驾驶机动车上道路行驶，应当按以下要求使用车辆牌证：

（1）应随车携带机动车行驶证，并在机动车前窗右上角放置检验合格标志、保险标志和环保标志。

（2）在车前、车后指定位置悬挂机动车号牌，并保持号牌清晰、完整，不得故意遮挡、污损。

（3）机动车喷涂标识或者车身广告时，不得影响安全驾驶。

3 机动车安全技术检验

机动车安全技术检验制度是防止“带病”机动车上路，减少道路交通安全隐患，确保机动车安全行驶的重要举措。机动车安全技术检验主要包括注册登记检验和定期检验。

（1）注册登记安全技术检验。机动车申请注册登记时，应当接受安全技术检验，但是经国家机动车产品主管部门依据机动车国家安全技术标准认定的企业生产的机动车车型，该车型的新车在出厂时经检验已符合机动车国家安全技术标准，获得检验合格证的，可免予安全技术检验。

（2）机动车定期安全技术检验。对登记后上道路行驶的机动车，应当依照法律法规的规定，根据车辆用途、载客（货）数量、使用年限等情况，定期进行安全技术检验。机动车进行安全技术检验时，机动车行驶证记载的登记内容与该机动车的有关情况不符，或者未按照规定提供机动车第三者责任强制保险凭证的，不予通过检验，具体检验标准见表1-1。

机动车定期安全技术检验标准　　表1-1

车　型	每2年检验1次	每年检验1次	每6个月检验1次
小型、微型非营运载客汽车	—	超过6年	超过15年
营运载客汽车	—	5年以内	超过5年
载货汽车和大型、中型非营运载客汽车	—	10年以内	超过10年
摩托车	4年以内	超过4年	—
专用校车	—	—	自注册登记之日起
非专用校车	—	—	自取得校车标牌后
其他机动车	—	自注册登记之日起	—

4 机动车报废

国家实行机动车强制报废制度，根据机动车的安全技术状况和不同用途，规定不同的报废标准。达到报废标准的机动车不得上道路行驶。根据《机动车强制报废标准规定》(商务部　发改委　公安部　环境保护部令2012年第12号)，已注册机动车有下列情形之一的应当强制报废，其所有人应当将机动车交售给报废机动车回收拆解企业，由报废机动车回收拆解企业按规定进行登记、拆解、销毁等处理，并将报废的机动车登记证书、号牌、行驶证交公安机关交通管理部门注销：

（1）达到规定的使用年限的，比如小型教练载客汽车使用10年，中型教练载客汽车使用12年，大型教练载客汽车使用15年；

（2）经修理和调整仍不符合国家机动车安全技术标准的在用机动车有关要求的；

（3）经修理和调整或者采用控制技术后，向大气排放污染物或者噪声仍不符合国家标准对在用车有关要求的；

（4）在检验有效期届满后连续3个机动车安全技术检验周期内未取得机动车检验合格标志的。

国家对达到一定行驶里程的机动车实施引导报废，比如小型和中型教练载客汽车行驶50万km以上的，大型教练载客汽车行驶60万km以上的，建议机动车所有人申请报废。

二 机动车驾驶员

机动车驾驶员的规定主要包括驾驶证申领与培训、驾驶证考试、驾驶证使用、驾驶员的行为要求等几个方面。

1 驾驶证申领与考试

申请机动车驾驶证，应当符合公安部门规定的驾驶许可条件，比如年龄条件、身体条件（包括身高、视力、辨色力、听力、上下肢体条件）等。

公安机关交通管理部门对申请机动车驾驶证的人员进行考试，经考试合格后，核发与申请准驾车型相应类别的机动车驾驶证。

机动车驾驶员考试内容分为道路交通安全法律、法规和相关知识考试（以下简称“科目一”）、基础和场地驾驶技能考试（以下简称“科目二”）、道路驾驶技能和安全文明驾驶常识考试（以下简称“科目三”）。

2 驾驶证使用

（1）记分制度。公安机关交通管理部门对机动车驾驶员违反道路交通安全法律、法规的行为，除依法给予行政处罚外，实行累积记分制度，记分周期为12个月，满分为12分。依据道路交通安全违法行为的严重程度，一次记分的分值为：12分、6分、3分、2 分、1分，共5种。

机动车驾驶员在一个记分周期内记分未达到12分，所处罚款已经缴纳的，记分予以清除；记分虽未达到12分，但尚有罚款未缴纳的，记分转入下一个记分周期。

对在一个记分周期内累积记分达到12分的，由公安机关交通管理部门扣留其机动车驾驶证，该机动车驾驶员应当按照规定参加道路交通安全法律、法规和相关知识的学习并接受考试。考试合格的，记分予以清除，发还机动车驾驶证；考试不合格的，继续参加学习和考试。机动车驾驶员拒不参加学习，也不接受考试的，由公安机关交通管理部门公告其机动车驾驶证停止使用。

机动车驾驶员在一个记分周期内有两次以上达到12分或者累积记分达到24分以上的，除扣留机动车驾驶证，参加道路交通安全法律、法规和相关知识的学习和考试外，还应当接受道路驾驶技能考试。

（2）驾驶实习期。机动车驾驶员初次申请机动车驾驶证和增驾准驾车型后的12个月为驾驶实习期。在实习期内驾驶机动车的，应当在车身后部粘贴或者悬挂统一式样的实习标志。机动车驾驶员在实习期内不得驾驶公共汽车、营运客车或者执行任务的警车、消防车、救护车、工程救险车以及载有爆炸物品、易燃易爆化学物品、剧毒或者放射性等危险物品的机动车，驾驶的机动车不得牵引挂车。

驾驶员在实习期内驾驶机动车上高速公路行驶，应当由持相应或者更高准驾车型驾驶证3年以上的驾驶员陪同。其中，驾驶残疾人专用小型自动挡载客汽车的，可以由持有小型自动挡载客汽车以上准驾车型驾驶证的驾驶员陪同。

（3）驾驶证的有效期。机动车驾驶证上注有驾驶证的有效期，分为6年、10年和长期有效3种。在6年有效期内，每个记分周期均未达到12分的，换发10年有效期的机动车驾驶证；在机动车驾驶证的10年有效期内，每个记分周期均未达到12分的，换发长期有效的机动车驾驶证。

机动车驾驶员应当在驾驶证的有效期内驾驶机动车。机动车驾驶员在驾驶证的有效期满前90日内，需申请换证，并提交有关身体条件的证明。

3 安全驾驶要求

（1）驾驶员应当按照驾驶证载明的准驾车型驾驶机动车并在驾车时随身携带机动车驾驶证。

（2）机动车驾驶员在机动车驾驶证遗失、损毁、超过有效期、被依法扣留、暂扣期间以及记分达到12分的，不得驾驶机动车。

（3）饮酒、服用国家管制的精神药品或者麻醉药品，患有妨碍安全驾驶机动车的疾病，过度疲劳影响安全驾驶的，均不得驾驶机动车。

（4）驾驶员驾驶机动车上道路行驶前，应当对机动车的安全技术性能进行认真检查，不得驾驶安全设施不全或者机件不符合技术标准等具有安全隐患的机动车。

（5）机动车驾驶员应当遵守道路交通安全法律法规的规定，按照操作规范安全驾驶、文明驾驶。

（6）任何人不得强迫、指使、纵容驾驶员违反道路交通安全法律法规和机动车安全驾驶要求驾驶机动车。

小知识

典型重大交通违法行为

根据《机动车驾驶证申领与使用规定》（公安部令第139号）中的违法行为记分分值规定，机动车驾驶员有下列违法行为之一，一次记12分：

（1）驾驶与准驾车型不符的机动车的；

（2）饮酒后驾驶机动车的；

（3）驾驶营运客车（不包括公共汽车）、校车载人超过核定人数20%以上的；

（4）造成交通事故后逃逸，尚不构成犯罪的；

（5）上道路行驶的机动车未悬挂机动车号牌的，或者故意遮挡、污损、不按规定安装机动车号牌的；

（6）使用伪造、变造的机动车号牌、行驶证、驾驶证、校车标牌或者使用其他机动车号牌、行驶证的；

（7）驾驶机动车在高速公路上倒车、逆行、穿越中央分隔带掉头的；

（8）驾驶营运客车在高速公路车道内停车的；

（9）驾驶中型以上载客载货汽车、校车、危险物品运输车辆在高速公路、城市快速路上行驶超过规定时速20%以上或者在高速公路、城市快速路以外的道路上行驶超过规定时速50%以上，以及驾驶其他机动车行驶超过规定时速50%以上的；

（10）连续驾驶中型以上载客汽车、危险物品运输车辆超过4h未停车休息或者停车休息时间少于20min的；

（11）未取得校车驾驶资格驾驶校车的。

三 道路交通信号

道路交通信号是科学分配通行权，促进交通参与者之间的相互交流，保障道路通行安全和通行秩序的重要载体，包括交通信号灯、道路交通标志和标线、交通警察指挥手势。

1 交通信号灯

交通信号灯是利用图形符号和不同的颜色向交通参与者传递特定信息的设施，是交通信号的重要组成部分，其类型和功能见表1-2。

2 道路交通标志

道路交通标志是用图形符号、颜色和文字向交通参与者传递特定信息的道路交通信号，用于管理交通的设施，其类型和作用见表1-3。

交通信号灯的类型和作用 表1-2

分　类	图　例	作　用
机动车信号灯	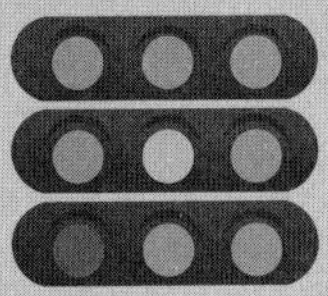	指挥机动车、非机动车通行。绿灯亮时，准许车辆通行，但转弯的车辆不得妨碍被放行的直行车辆、行人通行；黄灯亮时，已越过停止线的车辆可以继续通行；红灯亮时，禁止车辆通行，但右转弯的车辆在不妨碍被放行的车辆、行人通行的情况下，可以通行
非机动车信号灯		
人行横道信号灯		一般设在人流较多的重要交叉路口的人行横道两端，指挥行人通行。绿灯亮时，准许行人通过人行横道；红灯亮时，禁止行人进入人行横道，但是已经进入人行横道的，可以继续通过或者在道路中心线处停留等候
车道信号灯		一般安装在需要单独指挥的车道上方，只对在该车道行驶的车辆起指挥作用，其他车道的车辆和行人仍按规定信号行驶。绿色箭头灯亮时，准许本车道车辆按指示方向通行；红色叉形灯或者箭头灯亮时，禁止本车道车辆通行
方向指示信号灯	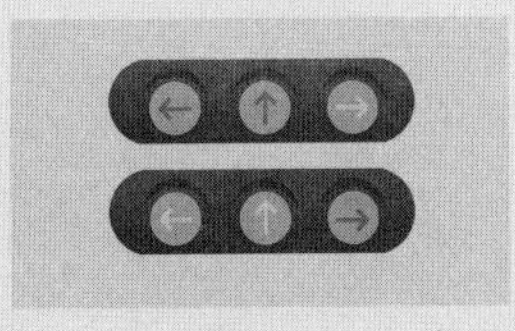	一般安装在交通繁忙、需要引导交通流的交叉路口，是指挥机动车行驶方向的专用指示信号。信号灯的箭头方向向左、向上、向右分别表示左转、直行、右转
闪光警告信号灯		闪光警告信号灯为持续闪烁的黄灯，一般设在有危险的路口或路段，提示车辆、行人通行时注意瞭望，确认安全后通过
道路与铁路平面交叉道口信号灯	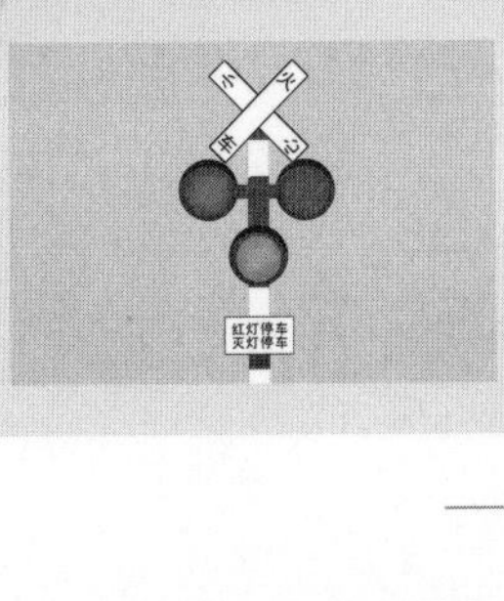	两个红灯交替闪烁或者一个红灯亮时，表示禁止车辆、行人通行；红灯熄灭时，表示允许车辆、行人通行

道路交通标志的类型和作用 表1-3

分类 \ 特征		实物图举例	作用
主标志	警告标志		表示警告车辆驾驶员、行人前方有危险的标志
主标志	禁令标志		表示禁止、限制及相应解除的含义的标志
主标志	指示标志		表示指示车辆、行人行进的标志
主标志	指路标志		传递行车方向、地点、距离等信息的标志
主标志	旅游区标志		提供旅游景点方向、距离的标志
主标志	作业区标志		通告道路施工区通行信息的标志
辅助标志			附设在主标志下，起辅助说明作用的标志
告示标志			告知路外设施、安全行驶信息以及其他信息的标志

3 道路交通标线

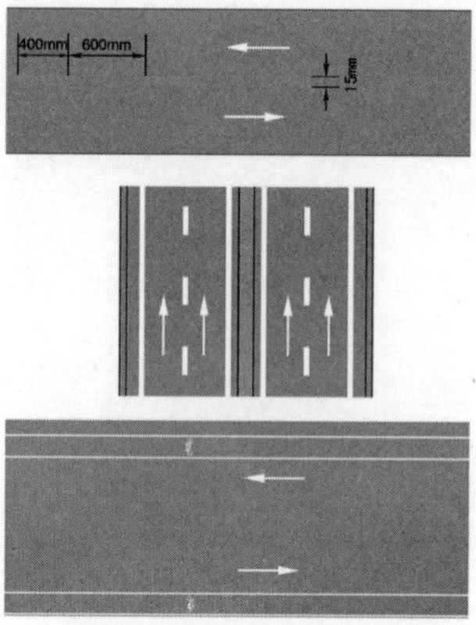

道路交通标线是由施划或安装于道路上的各种线条、箭头、文字、图案及立面标记、实体标记、突起路标和轮廓标等构成的交通设施，它的作用是向道路使用者传递有关道路交通的规则、警告、指引等信息，可以与标志配合使用，也可以单独使用。

（1）指示标线——指示车行道、行车方向、路面边缘、人行道、停车位、停靠站及减速丘等的标线。

（2）禁止标线——告示道路交通的遵行、禁止、限制等特殊规定的标线。机动车驾驶员及行人必须严格遵守。

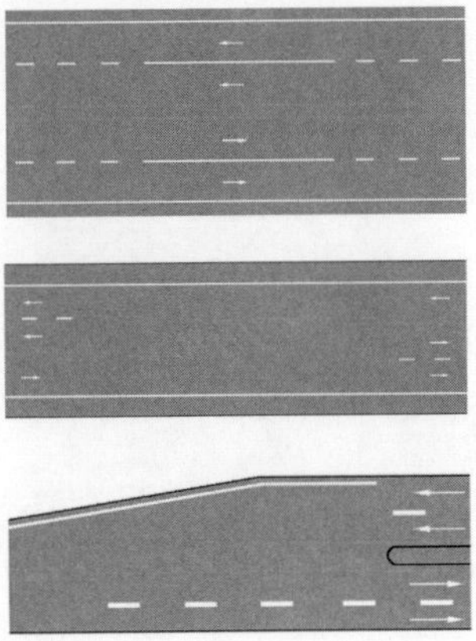

（3）警告标线——促使道路使用者了解道路上的特殊情况，提高警觉准备应变防范措施的标线。

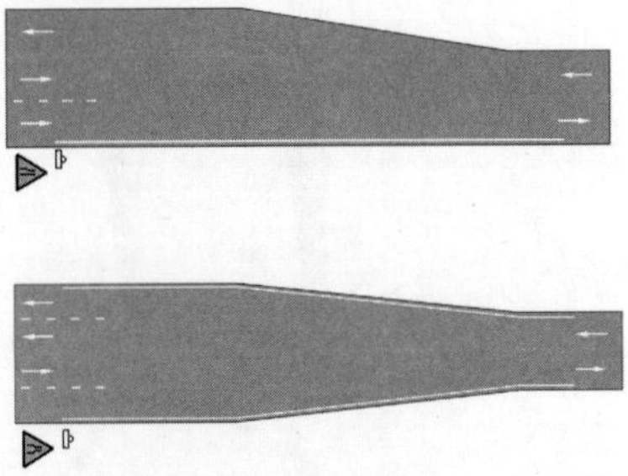

4 交通警察指挥手势

交通警察指挥手势主要有8种类型，见表1-4。

交通警察指挥手势 表1-4

类　型	图　例	指挥动作	作　用
停止信号		左臂由前向上直伸，掌心向前	不准前方车辆通行
直行信号		左臂向左平伸，掌心向前；右臂向右平伸，掌心向前，向左摆动，掌心向内	准许右方直行的车辆通行
左转弯信号		右臂向前平伸，掌心向前；左臂与手掌平直向右前方摆动，掌心向右	准许车辆左转弯，在不妨碍被放行车辆通行的情况下可以掉头
左转弯待转信号		左臂向左下方平伸，掌心向下，左臂与手掌平直向下方摆动	准许左方左转弯的车辆进入路口，沿左转弯行驶方向靠近路口中心，等待左转弯信号

续上表

类型	图例	指挥动作	作用
右转弯信号		左臂向前平伸，掌心向前；右臂与手掌平直向左前方摆动，手掌向左	准许右方的车辆右转弯
变道信号		面向来车方向，右臂向前平伸，掌心向左；右臂向左水平摆动	示意车辆腾空指定的车道，减速慢行
减速慢行信号		右臂向右前方平伸，掌心向下；右臂与手掌平直向下方摆动	示意车辆减速慢行
示意车辆靠边停车信号		面向来车方向，左臂由前向上平伸，掌心向前；右臂向前下方平伸，掌心向左；右臂向左水平摆动	示意车辆靠边停车

车辆应当按照交通信号的规定通行。遇有交通警察现场指挥时，应当按照交通警察的指挥通行；在没有设置交通信号的道路上，应在确保安全、畅通的原则下通行。

四 道路通行规定

道路通行规定中与机动车驾驶员密切相关的内容包括一般规定、机动车通行的规定和高速公路的特别规定等，它们是确保道路交通安全、有序和畅通的基础，是机动车驾驶员参与交通必须遵守的交通规则，教练员必须让学员理解和掌握。

1 一般规定

（1）右侧通行。机动车、非机动车实行右侧通行。在道路同方向划有2条以上机动车道的，左侧为快速车道，右侧为慢速车道。在快速车道行驶的机动车应当按照快速车道规定的速度行驶，未达到快速车道规定的行驶速度的，应当在慢速车道行驶。摩托车应当在最右侧车道行驶。慢速车道内的机动车超越前车时，可以借用快速车道行驶。

（2）分道通行。根据道路条件和通行需要，道路划分为机动车道、非机动车道和人行道时，机动车、非机动车、行人实行分道通行。没有划分机动车道、非机动车道和人行道时，机动车在道路中间通行，非机动车和行人在道路两侧通行。

2 车辆装载规定

（1）机动车载人不得超过核定的人数，客运机动车不得违反规定载货。

（2）机动车载物应当符合核定的载质量，严禁超载；载物的长、宽、高不得违反装载要求，不得遗洒、飘散载运物。禁止货运机动车载客。货运机动车需要附载作业人员的，应当设置保护作业人员的安全措施。

（3）机动车运载超限且不可解体的物品，影响交通安全的，应当按照公安机关交通管理部门指定的时间、路线、速度行驶，悬挂明显标志。在公路上运载超限的不可解体的物品，并应当依照公路法的规定执行。

（4）机动车载运爆炸物品、易燃易爆化学物品以及剧毒、放射性等危险物品，应当经公安机关批准后，按指定的时间、路线、速度行驶，悬挂警示标志并采取必要的安全措施。

3 速度与距离规定

（1）机动车上道路行驶，不得超过限速标志、标线标明的速度。在没有限速标志、标线的路段，应当保持安全车速，即在没有道路中心线的城市道路，最高行驶速度为30km/h；在没有道路中心线的公路，最高行驶速度为40km/h；同方向只有1条机动车道的城市道路，最高行驶速度为50km/h；同方向只有1条机动车道的公路，最高行驶速度为70km/h。

案例

湿滑路面超速行驶　车辆甩尾驶出道路

2014年7月2日9时20分，湖南省慈利县某驾校教练员李某驾驶自己的一辆小型轿车，搭载驾校的4名学员参加完大中型客货车科目二考试结束后返回。9时38分，当车辆行驶至张家界市永定区南庄坪办事处阴山八米桥路段时，因雨天路滑、车速过快（车速为71.7 km/h），车辆甩尾侧滑驶出道路路面撞到行道树，造成1名学员当场死亡、其余乘员均受重伤。

（2）进出非机动车道，通过铁路道口、急弯路、窄路、窄桥时，最高行驶速度不得超过30km/h。

（3）在冰雪、泥泞的道路上行驶，或者遇有雾、雨、雪、沙尘、冰雹，能见度在50m以内时，最高行驶速度不得超过30km/h。

（4）设计最高车速低于70km/h的机动车，不得进入高速公路。高速公路限速标志标明的最高车速不得超过120km/h，最低车速不得低于60km/h。在高速公路上行驶的小型载客汽车最高车速不得超过120km/h，其他机动车不得超过100km/h，摩托车不得超过80km/h。

（5）机动车在高速公路上行驶，车速超过100km/h时，应当与同车道的前车保持

100m以上的距离；车速低于100km/h时，与同车道的前车距离可以适当缩短，但最小距离不得少于50m。高速公路安全间距具体规定见表1-5。

高速公路安全间距的规定 表1-5

交通情况	灯光的使用	车　速	安全距离
能见度小于200m	开启雾灯、近光灯、示廓灯和前后位灯	不超过60km/h	与同车道前车保持100m以上
能见度小于100m	开启雾灯、近光灯、示廓灯、前后位灯和危险报警闪光灯	不超过40km/h	与同车道前车保持50m以上
能见度小于50m	开启雾灯、近光灯、示廓灯、前后位灯和危险报警闪光灯	不超过20km/h	保持足够的安全距离

4 车辆灯光使用规定

（1）车辆向左转弯、向左变更车道、准备驶入环岛、准备超车、驶离停车地点或者掉头时，应当提前开启左转向灯；向右转弯、向右变更车道、超车完毕驶回原车道、靠路边停车时，应当提前开启右转向灯。

（2）机动车在夜间没有路灯、照明不良或者遇有雾、雨、雪、沙尘、冰雹等低能见度情况下行驶时，应当开启前照灯、示廓灯和后位灯，但同方向行驶的后车与前车近距离行驶时，不得使用远光灯。机动车雾天行驶应当开启雾灯和危险报警闪光灯。

（3）夜间会车应当在距相对方向来车150m以外改用近光灯，在窄路、窄桥与非机动车会车时应当使用近光灯。车辆在夜间通过急弯、坡路、拱桥、人行横道或者没有交通信号灯控制的路口时，应当交替使用远近光灯示意。

5 通过交叉路口的规定

（1）机动车通过交叉路口，应当按照交通信号灯、交通标志、交通标线或者交通警察的指挥通过；通过没有交通信号灯、交通标志、交通标线或者交通警察指挥的交叉路口时，应当减速慢行，并让行人和优先通行的车辆先行。

（2）机动车通过有交通信号灯控制的交叉路口时，准备进入环形路口的让已在路口内的机动车先行；在没有方向指示信号灯的交叉路口，转弯的机动车让直行的车辆、行人先行，相对方向行驶的右转弯机动车让左转弯车辆先行。

（3）机动车通过没有交通信号灯控制也没有交通警察指挥的交叉路口时，有交通标志、标线控制的，让优先通行的一方先行；没有交通标志、标线控制的，在进入路口前停车瞭望，让右方道路的来车先行；转弯的机动车让直行的车辆先行；相对方向行驶的右转弯的机动车让左转弯的车辆先行。

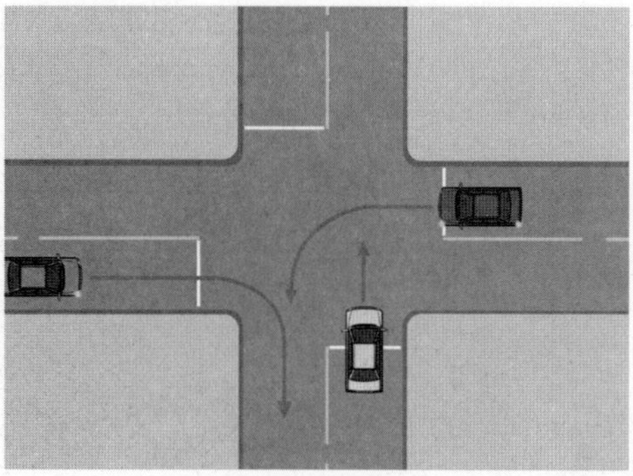

案例

路口行车不守规则　抢行酿碰撞事故

2010年11月8日，驾驶员高某驾驶一辆中型普通客车（实载21人，核载19人），由广饶县驶往桓台县，行至桓台县境内205国道597km+400m 路口处，未按路口车道内的左转弯标线指示的方向行驶，而是违法右转弯，强行超越右侧驾驶员宋某驾驶的一辆直行的重型罐式半挂牵引车（实载94.98t 危险货物“液碱”，核载19t），未注意与其保持安全距离，导致半挂车制动不及而发生碰撞，造成13 人死亡、8 人受伤。

（4）机动车行经人行横道时，应当减速行驶；遇行人正在通过人行横道，应当停车让行；行经没有交通信号的道路，遇行人横过道路时，应当避让。

（5）机动车通过铁路道口时，应当按照交通信号或者管理人员的指挥通行；没有交通信号或者管理人员的，应当减速或者停车，在确认安全后通过。

（6）机动车遇有前方交叉路口交通阻塞时，应当依次停在路口以外等候，不得进入路口。在没有交通信号灯、交通标志、交通标线和交通警察指挥的交叉路口，遇到停车排队等候或者缓慢行驶时，机动车应当依次交替通行。

6 超车规定

机动车超车时，应当提前开启左转向灯，变换使用远、近光灯或者鸣喇叭提示前车。在没有道路中心线或者同方向只有1条机动车道的道路上，前车遇后车发出超车信号时，在条件许可的情况下，应当降低速度、靠右让路。后车应当在确认有充足的安全距离后，从前车的左侧超越，在与被超车辆拉开必要的安全距离后，开启右转向灯，驶回原车道。禁止超车的具体情况及潜在危险见表1-6。

禁止超车的具体情况及潜在的危险分析　表1–6

禁止超车的情况	负面影响或者潜在的危险
前车正在左转弯、掉头	后车没有超车的足够空间，如果强行超车，可能会造成交通事故
前车正在超车	会形成多车并行，危险性增加
与对面来车有会车可能	可能面临同时应对会车、超车的情况，增加了行车的危险性
前车为执行紧急任务的警车、消防车、救护车、工程救险车	会影响特种车辆的优先通行，影响特种车辆执行紧急任务
行经铁路道口、交叉路口、窄桥、弯道、陡坡、隧道、人行横道、市区交通流量大的路段等没有超车条件的	道路情况或者交通情况没有提供超车的条件，如果强行超车，可能会造成交通事故

7 停放车辆规定

路边临时停车应当紧靠道路右侧，车辆停稳前不得开车门和上下人员，开关车门不得妨碍其他车辆和行人通行。遇下列情形之一的，不得在道路上临时停车：

（1）在设有禁停标志、标线的路段，在机动车道与非机动车道、人行道之间设有隔离设施的路段以及人行横道、施工地段，不得停车。

（2）在交叉路口、铁路道口、急弯路、宽度不足4m的窄路、桥梁、陡坡、隧道以及距离上述地点50m以内的路段，不得停车。

（3）在公共汽车站、急救站、加油站、消防栓或者消防队（站）门前以及距离上述地点30m以内的路段，除使用上述设施的以外，不得停车。

五 道路交通事故处理

交通事故一方面给人民的生命和财产带来损害和损失，另一方面往往由于轻微交通事故没能得到及时的处理，造成交通堵塞，降低了道路通行能力。因此，教练员需要让学员了解如何正确、快速地进行交通事故现场处理和交通事故赔偿等方面的知识。

1 道路交通事故现场处理

与机动车或非机动车发生财产损失事故，当事人对事实及成因无争议的，可以自行协商处理损害赔偿事宜。车辆可以移动的，当事人应当在确保安全的原则下对现场拍照或者标划事故车辆现场位置后，立即撤离现场，将车辆移至不妨碍交通的地点，再进行协商。当事人自行协商达成协议的，填写道路交通事故损害赔偿协议书，并共同签名。

发生下列情况之一的，应立即报警并保护现场等候处理，不得驶离：

（1）造成人员死亡、受伤的；

（2）发生财产损失事故，当事人对事实或者成因有争议的，以及虽然对事实或者成因无争议，但协商损害赔偿未达成协议的；

（3）机动车无号牌、无检验合格标志、无保险标志的；

（4）载运爆炸物品、易燃易爆化学物品以及毒害性、放射性、腐蚀性、传染病病原体等危险物品车辆的；

（5）碰撞建筑物、公共设施或者其他设施的；

（6）驾驶员无有效机动车驾驶证的；

（7）驾驶员有饮酒、服用国家管制的精神药品或者麻醉药品嫌疑的；

（8）当事人不能自行移动车辆的。

2 道路交通事故责任

机动车之间发生交通事故的，由有过错的一方承担责任；双方都有过错的，按照各自过错的比例分担责任。

机动车与非机动车驾驶员、行人之间发生交通事故的，由机动车一方承担责任；但是，有证据证明非机动车驾驶员、行人违反道路交通安全法律法规，机动车驾驶员已经采取必要处置措施的，减轻机动车一方的责任。交通事故的损失是由非机动车驾驶员、行人故意造成的，机动车一方不承担责任。

发生交通事故后当事人逃逸的，逃逸的当事人承担全部责任，并由公安机关交通管理部门吊销机动车驾驶证，且终生不得重新取得机动车驾驶证。

驾驶员违反交通运输管理法规，发生重大事故致人重伤、死亡或者使公私财产遭受重大损失的，处3年以下有期徒刑或者拘役；交通运输肇事后逃逸或者有其他特别恶劣情节的，处3年以上7年以下有期徒刑；因逃逸致人死亡的，处7年以上有期徒刑。在道路上驾驶机动车追逐竞驶，情节恶劣的；醉酒驾驶机动车的；从事校车业务或者旅客运输，严重超过额定乘员载客，或者严重超过规定时速行驶的；违反危险化学品安全管理规定运输危险化学品，危及公共安全的，处拘役，并处罚金。

六 法律责任

法律责任是对道路交通违法行为的处罚。通过对违法行为的制裁，以达到培养交通参与者的守法意识，规范交通参与者参与交通行为的目的。

1 行政处罚的种类

对道路交通安全违法行为的处罚种类包括：警告、罚款、暂扣或者吊销机动车驾驶证、拘留处罚的种类及含义见表1-7。

道路交通安全违法行为行政处罚的种类 表1-7

行政处罚的种类	含　义
警告	对违反交通安全法规，情节轻微，未影响道路通行，后果不严重的交通安全违法行为实施的强制性告诫措施
罚款	强制交通安全违法行为人当场或者在规定的期限内缴纳一定数额金钱的行政处罚措施
暂扣机动车驾驶证	因机动车驾驶员的交通安全违法行为而暂停其驾驶资格的处罚措施
吊销机动车驾驶证	对发生重大交通事故构成犯罪，或者具有肇事后逃逸行为，以及其他违反道路交通法规的机动车驾驶员实施的取消其驾驶资格的处罚手段
拘留	对交通安全违法行为人实施的在短时间内限制其人身自由的行政处罚

2 道路交通安全违法行为的处罚措施

见表1-8。

部分道路交通安全违法行为的处罚措施

部分道路交通安全违法行为的处罚措施　　表1-8

违法行为	罚款数额
机动车驾驶员违反道路交通安全法律、法规关于道路通行规定的	处警告或者20元以上200元以下罚款
故意遮挡、污损或者不按规定安装机动车号牌的	
未取得机动车驾驶证、机动车驾驶证被吊销或者机动车驾驶证被暂扣期间驾驶机动车的	处200元以上2000元以下罚款，并处15日以下拘留
强迫机动车驾驶员违反道路交通安全法律、法规和机动车安全驾驶要求驾驶机动车，造成交通事故，尚不构成犯罪的	
将机动车交由未取得机动车驾驶证或者机动车驾驶证被吊销、暂扣的人驾驶的	处200元以上2000元以下罚款，并处吊销机动车驾驶证
机动车行驶超过规定时速50%的	
饮酒后驾驶机动车的	处暂扣6个月机动车驾驶证，并处1000元以上2000元以下罚款
因饮酒后驾驶机动车被处罚，再次饮酒后驾驶机动车的	处10日以下拘留，并处1000元以上2000元以下罚款，吊销机动车驾驶证
饮酒后驾驶营运机动车的	处15日拘留，并处5000元罚款，吊销机动车驾驶证，5年内不得重新取得机动车驾驶证
醉酒后驾驶机动车的	由公安机关交通管理部门约束至酒醒，吊销机动车驾驶证，依法追究刑事责任；5年内不得重新取得机动车驾驶证
醉酒后驾驶营运机动车的	由公安机关交通管理部门约束至酒醒，吊销机动车驾驶证，依法追究刑事责任；10年内不得重新取得机动车驾驶证，重新取得机动车驾驶证后，不得驾驶营运机动车
饮酒后或者醉酒驾驶机动车发生重大交通事故，构成犯罪的	依法追究刑事责任，并由公安机关交通管理部门吊销机动车驾驶证，终生不得重新取得机动车驾驶证
正在接受社区戒毒、强制隔离戒毒、社区康复措施，或者长期服用依赖性精神药品成瘾尚未戒除，被查获有吸食、注射毒品后驾驶机动车行为的	由公安机关交通管理部门注销机动车驾驶证
公路客运车辆载客超过额定乘员的；货运机动车超过核定载质量的	处200元以上500元以下罚款，由公安机关交通管理部门扣留机动车至违法状态消除
公路客运车辆载客超过额定乘员20%或者违反规定载货的；货运机动车超过核定载质量30%或者违反规定载客的	处500元以上2000元以下罚款，由公安机关交通管理部门扣留机动车至违法状态消除

3 行政强制措施

除了行政处罚外，公安机关交通管理部门还可以依法在现场采取一些行政强制措施，包括以下几个方面：

（1）扣留车辆；

（2）扣留机动车驾驶证；

（3）拖移机动车；

（4）收缴非法牌证、装置及拼装或报废的机动车；

（5）检验体内酒精、国家管制的精神药品、麻醉药品含量。

第二节 机动车驾驶员培训管理法规

机动车驾驶员培训是道路运输相关业务的重要组成部分，是影响道路运输安全的重要因素。为了规范机动车驾驶员培训经营活动，维护机动车驾驶员培训市场秩序，保护各方当事人的合法权益，政府部门制定了系列法规和技术标准，主要包括《机动车驾驶员培训管理规定》（交通运输部令2016年第51号）、《道路运输从业人员管理规定》（交通运输部令2016年第52号）及《机动车驾驶人考试内容和方法》（GA 1026—2017）和《机动车驾驶员培训机构资格条件》（GB/T 30340—2013）等。教练员应理解这些法规和技术标准的内涵，以便在驾驶培训过程中做到遵章守法，规范施教。

一 机动车驾驶员培训管理相关规定

机动车驾驶员培训业务是指以培训学员的机动车驾驶能力或者以培训道路运输驾驶人员的从业能力为教学任务，为社会公众有偿提供驾驶培训服务的活动，包括对初学机动车驾驶人员、增加准驾车型的驾驶人员和道路运输驾驶人员所进行的驾驶培训、继续教育以及机动车驾驶员培训教练场经营等业务。

县级以上地方人民政府交通主管部门负责组织领导本行政区域内的机动车驾驶员培训管理工作，县级以上道路运输管理机构负责具体实施本行政区域内的机动车驾驶员培训管理工作。

1 机动车驾驶员培训业务的分类

机动车驾驶员培训业务根据经营项目分为普通机动车驾驶员培训、道路运输驾驶员从业资格培训、机动车驾驶员培训教练场经营三类。

普通机动车驾驶员培训分为一级普通机动车驾驶员培训、二级普通机动车驾驶员培训和三级普通机动车驾驶员培训三类，均可根据实际学驾需求来选择教练车的车型。

道路运输驾驶员从业资格培训分为道路客货运输驾驶员从业资格培训和危险货物运输驾驶员从业资格培训两类。获得道路客货运输驾驶员从业资格培训许可的，可以从事经营性道路旅客运输驾驶员、经营性道路货物运输驾驶员的从业资格培训业务；获得危险货物运输驾驶员从业资格培训许可的，可以从事道路危险货物运输驾驶员的从业资格培训业务。获得道路运输驾驶员从业资格培训许可的，还可以从事相应车型的普通机动车驾驶员培训业务。

获得机动车驾驶员培训教练场经营许可的，可以从事机动车驾驶员培训教练场经营业务。

2 机动车驾驶员培训业务的申请

① 申请条件

申请普通机动车驾驶员培训业务，应当具有符合《机动车驾驶员培训机构资格条件》（GB/T 30340—2013）、《机动车驾驶员培训教练场技术要求》（GB/T 30341—2013）的条件，部分内容见表1-9。

申请普通机动车驾驶员培训业务应具备的条件　表1-9

项　目	条　件
主体资格	具有独立企业法人资格
组织机构	有健全的培训机构，包括教学管理、教练员管理、学员管理、结业考核、教学质量管理、安全管理、教练车管理、设施设备管理及档案管理等部门

续上表

项　目	条　件
管理制度	有健全的管理制度，包括教学管理制度、教练员管理制度、学员管理制度、结业考核制度、诚信承诺制度、学员投诉受理制度、安全生产责任制度、教练车及设施设备管理制度、档案管理制度、培训收费管理制度等
教学人员	有与培训业务相适应的专职教学人员，包括理论教练员、驾驶操作教练员、结业考核员
管理人员	有与培训业务相适应的管理人员，包括培训机构负责人、教学负责人、安全管理人员、教练车管理人员、设施设备管理人员、档案管理人员等
教学车辆	（1）教练车数量符合要求：一级普通机动车驾驶员培训机构的教练车总数应不少于80辆，二级普通机动车驾驶员培训机构的教练车总数应不少于40辆，三级普通机动车驾驶员培训机构的教练车总数应不少于20辆，均不包含三轮汽车、普通三轮摩托车、普通二轮摩托车或轻便摩托车等车型教练车数量； （2）教练车应当符合《机动车运行安全技术条件》（GB 7258—2012）、《道路运输车辆综合性能要求和检验方法》（GB 18565—2016）等技术标准要求，达到《道路运输车辆技术等级划分和评定要求》（JT/T 198—2016）中规定的二级车以上技术条件，并装有副后视镜、副制动踏板、车载计时计程终端、灭火器及其他安全防护装置； （3）教练车标识符合省级道路运输管理机构有关统一标识的要求
教学设施、设备和场地	有必要的教学场地、办公场所及教学与服务设施、设备

2 申请程序

申请从事机动车驾驶员培训经营的，应当依法向工商行政管理机关办理有关登记手续后，向所在地县级道路运输管理机构提出申请，并提交相应的材料。道路运输管理机构对机动车驾驶员培训业务申请予以受理的，应当自受理申请之日起15日内审查完毕，做出许可或者不予许可的决定。

3 许可证件发放与有效期

机动车驾驶员培训许可证件由省级道路运输管理机构统一印制并编号，县级道路运输管理机构按照规定发放和管理。

机动车驾驶员培训许可证件实行有效期制。从事普通机动车驾驶员培训业务和机动车驾驶员培训教练场经营业务的证件有效期为6年；从事道路运输驾驶员从业资格培训业务的证件有效期为4年。机动车驾驶员培训机构应当在许可证件有效期届满前30日到做出原许可决定的道路运输管理机构办理换证手续。

3 机动车驾驶员培训经营行为要求

（1）机动车驾驶员培训机构应当在核准的注册地开展培训业务，不得采取异地培训、恶意压价、欺骗学员等不正当手段开展培训活动，不得允许非本单位的教练车辆以其名义进行机动车驾驶员培训活动。

（2）机动车驾驶员培训机构应当按照全国统一的《机动车驾驶培训教学与考试大纲》进行培训，建立教学日志、学员档案，向培训合格的学员颁发结业证书。学员档案保存期不少于4年。

（3）机动车驾驶员培训实行学时制，按照学时合理收取费用。学员理论培训或实际操作培训时间每天均不得超过4个学时。

（4）机动车驾驶培训教练车应当按规定使用标识、号牌和携带车辆营运证，安装和使用培训计时管理系统，在规定的教练场地内培训。教练车的技术等级应当达到二级以上，其维护、检测、技术管理和审验应当遵守道路运输车辆的有关规定。禁止使用报废的、检测不合格的和其他不符合国家规定的车辆从事机动车驾驶员培训业务。不得随意改变教学车辆的用途。

（5）机动车驾驶员培训机构在道路上进行培训活动，应当遵守公安机关交通管理部门指定的路线和时间，并在教练员随车指导下进行，与教学无关的人员不得乘坐教学车辆。

（6）机动车驾驶员培训机构应当按照有关规定向县级以上道路运输管理机构如实提供培训记录以及有关统计资料。

案例

培训记录

培训记录包含学员参加驾驶培训的基本信息，如每个科目的培训学时、学员签名、教练员签名、培训机构准考意见和管理机构审核意见，是督促培训机构严格执行教学大纲、教学计划，确保培训质量的重要途径。

教练员应按照统一的教学大纲规范施教，如实填写教学日志和培训记录。学员完成规定的学习内容和学时，申请相应科目考试时，应提供培训记录。培训记录须经交通部门核实，并存入培训机构为学员建立的档案，存档时间不少于4年。

注：①培训记录一式三份，在完成培训和考试所有程序，培训机构、道路运输管理机构、公安交通管理部门车辆管理所各存一份。

②在预约科目一、科目二考试时，公安交通管理部门车辆管理所查验培训记录后，应将培训记录退还培训机构，在预约科目三考试时，公安交通管理部门车辆管理所查验培训记录后，应收存归档。

4 机动车驾驶员培训经营违法行为法律责任

机动车驾驶员培训经营违法行为的处罚措施见表1-10。

机动车驾驶员培训经营违法行为的处罚措施　　表1-10

经营违法行为	处罚措施
使用无车辆营运证的教练车从事培训活动的	责令改正，处3000元以上10000元以下罚款
采取不正当手段开展培训活动或者允许非本单位的教练车辆以其名义进行机动车驾驶员培训活动的	责令改正，处3000元以上10000元以下罚款；有违法所得的，没收违法所得；情节严重的，由实施许可的机关吊销经营许可证或者核减相应的经营范围
未按规定使用教练车标识、未安装和使用培训计时管理系统、未在规定的教练场地内培训或者未按规定维护和检测教练车的	责令改正，处1000元以上3000元以下罚款，有违法所得的，没收违法所得
未按照要求聘用教学人员的	责令限期整改；逾期整改不合格的，予以通报
未按规定报送培训记录和有关统计资料的	
使用不符合规定的车辆及设施、设备从事教学活动的	
存在索取、收受学员财物，或者谋取其他利益等不良行为的	
未定期公布教练员教学质量排行情况的	

被注销或吊销的从业资格证件，由发证机关予以收回，公告作废并登记归档；无法收回的，从业资格证件自行作废。

二 教练员管理相关知识

1 教练员职业资格考试

国家对经营性道路客货运输驾驶员、道路危险货物运输从业人员实行从业资格考试制度。其他已实施国家职业资格制度的道路运输从业人员，按照国家职业资格的有关规定执行。鼓励机动车驾驶培训机构优先聘用取得国家职业资格的从业人员从事机动车驾驶培训工作。机动车驾驶教练员国家职业资格技能鉴定由交通运输部职业资格中心负责。每年举行2~3次统一考试。

2 教练员的资质条件

机动车驾驶培训教练员包括理论教练员、驾驶操作教练员、道路客货运输驾驶员从业资格培训教练员和危险货物运输驾驶员从业资格培训教练员。

1 理论教练员

（1）取得相应的机动车驾驶证，具有2年以上安全驾驶经历；

（2）具有汽车及相关专业中专以上学历或者汽车及相关专业中级以上技术职称；

（3）掌握道路交通安全法规、驾驶理论、机动车构造、交通安全心理学、常用伤员急救等安全驾驶知识，了解车辆环保和节约能源的有关知识，了解教育学、教育心理学的基本教学知识，具备编写教案、规范讲解的授课能力。

2 驾驶操作教练员

（1）取得相应的机动车驾驶证，符合安全驾驶经历和相应车型驾驶经历的要求；

（2）年龄不超过60周岁；

（3）掌握道路交通安全法规、驾驶理论、机动车构造、交通安全心理学和应急驾驶的基本知识，熟悉车辆维护和常见故障诊断、车辆环保和节约能源的有关知识，具备驾驶要领讲解、驾驶动作示范、指导驾驶的教学能力。

3 道路客货运输驾驶员从业资格培训教练员

（1）具有汽车及相关专业大专以上学历或者汽车及相关专业高级以上技术职称；

（2）掌握道路旅客运输法规、货物运输法规以及机动车维修、货物装卸保管和旅客急救等相关知识，具备相应的授课能力；

（3）具有2年以上从事普通机动车驾驶培训的教学经历，且近2年无不良的教学记录。

4 危险货物运输驾驶员从业资格培训教练员

（1）具有化工及相关专业大专以上学历或者化工及相关专业高级以上技术职称；

（2）掌握危险货物运输法规、危险化学品特性、包装容器使用方法、职业安全防护和应急救援等知识，具备相应的授课能力；

（3）具有2年以上化工及相关专业的教学经历，且近2年无不良的教学记录。

3 教练员管理

县级以上道路运输管理机构具体负责本行政区域内机动车驾驶培训教练员的管理工作。鼓励教练员同时具备理论教练员和驾驶操作教练员的教学水平。教练员应当按照统一的教学大纲规范施教，并如实填写《教学日志》和《中华人民共和国机动车驾驶员培训记录》。机动车驾驶员培训机构应当加强对教练员的职业道德教育和驾驶新知识、新技术的再教育，对教练员每年进行至少一周的脱岗培训，提高教练员的职业素质。

第二章

教练员的社会责任与职业道德

教练员是道路交通安全知识、安全意识和安全驾驶技能的传授者，承担着维护道路交通秩序、保护道路交通参与者生命安全意识的责任，肩负着为社会培养安全合格的驾驶员、保障道路交通安全的重任。因此，教练员应树立牢固的社会责任感，养成良好的职业道德，具有健康的职业心理，确保机动车驾驶员培训行业健康、有序、和谐发展。

第一节 教练员的社会责任

随着群众生活水平的不断提升，汽车刚性需求保持旺盛，汽车保有量保持迅猛增长趋势。截至2016年年底，全国机动车保有量达2.9亿辆，其中汽车1.94亿辆；机动车驾驶员3.6亿人，其中汽车驾驶员超过3.1亿人。汽车产销量和保有量的快速增长，使得学习汽车驾驶的人员数量剧增。但是，我国道路交通安全形势依然严峻。教练员作为安全驾驶的引路人，要有高度的社会责任感，要充分认识到驾驶员培训工作的重要意义，认真履行教练员职责，严格把好驾驶培训质量关，确保给社会输送安全文明的合格驾驶员，承担起保障道路交通安全的社会责任。

一 严峻的道路交通安全形势

道路交通系统是由人、车、道路、环境等因素构成的复杂动态系统。其中，驾驶员是具有思维和主观能动性的要素，既是车辆的操纵者、道路的使用者，也是交通环境的感受者和反馈者，是整个道路交通系统中最不稳定的因素。在2015年所有的道路交通事故中，由于驾驶员违法行为导致的交通事故共有16.3万起，占交通事故总数的87.03%，平均每天发生约500起；导致的死亡人数为5.2万人，占交通事故总死亡人数的89.75%，平均每天约150人死亡；导致的受伤人数为17.4万人，占交通事故总受伤人数的87.17%，平均每天约500人受伤；导致的直接经济损失9.19亿元，占交通事故总经济损失的88.66%。驾驶员安全知识缺乏、对生命的漠视和不尊重、缺乏遵纪守法意识和文明驾驶意识，是造成交通事故的主要原因。

二 教练员应承担的社会责任

教练员要认真做好机动车驾驶员培训工作，培养驾驶员的安全文明行车意识。驾驶员安全文明行车不仅体现了驾驶员的安全文明素质，反映了道路交通的安全水平和文明程度，在一定程度上还体现了一个国家、一个民族、一个社会的文明程度。培养具有安全文明素质的驾驶员是夯实道路交通安全基础的重要保障，是提升人民群众生活品质的重要方面，是促进道路交通节能减排的重要环节。

驾驶员的安全驾驶，关系到自身和他人的生命和财产安全、家庭幸福以及社会的安定与和谐。因此，教练员作为构筑道路交通安全重要防线的主力军，应当深刻认识到自身工作对社会的重要意义，认识到所肩负的神圣使命，要具有高度的社会责任感。教练员的社会责任感，主要表现为热爱自己的工作岗位、热爱本职工作，紧密围绕驾驶员素质教育要求，对待每一位学员、每一次授课始终保持严谨、细致的工作作风，按要求规范施教，对学员驾驶技能训练严格要求、科学评价，不心浮气躁，不敷衍了事，从源头上注重培养学员安全文明意识，为社会培养大批安全文明的高素质驾驶员。

第二节 教练员的职业道德

职业道德是道德的重要组成部分。教练员职业道德是从教练员驾驶教学实践中引申出来的，是教练员在教学过程中从思想到行为应具备和必须遵循的行为规范和准则，是教练员在进行教学活动时，对整个社会所负的道德责任和义务。

一 教练员的职业道德要求

教练员具有良好的职业道德是做好驾驶教学工作的基础。教练员能自觉按职业道德要求来约束自己的教学行为至关重要。

1 爱岗敬业，立足驾驶培训

爱岗就是热爱自己的驾驶培训工作岗位，敬业就是要用一种恭敬严肃的态度对待自己的工作。教练员在教学中应热爱本职工作，自觉培养尽职尽责的责任感，忠于职守，出色完成教学任务。

2 诚实守信，服务学员

诚实就是为人真诚、坦率，不口是心非。守信就是在人际交往中恪守承诺，决不食言。诚信是做人之本，立业之道。教练员在教学中应忠诚于驾校，自觉维护驾校信誉，树立正确的服务意识，不断提高学员的满意度。

3 为人师表，廉洁从教

教练员应成为学员表率，“身教重于言教”，严于自律，精心维护好自己在学员心目中的形象。教练员在教学中应注重内在素质的提高，注重改善外在形象，自觉抵制不正之风。

4 遵章守法，珍爱生命

教练员在教学中要严格遵守交通法律法规，给学员做出榜样，让学员从培训开始就树立“安全第一、珍爱生命”的安全意识，并将遵章守法，珍爱生命的安全意识贯穿于教学全过程，防微杜渐，警钟长鸣。教练员在教学中应加强法律法规教育，遵守安全驾驶操作规程，坚持教学车辆安全检视。

二 教练员的职业道德培养

教练员的职业道德并非与生俱来或自发形成，而是通过后天学习，在驾驶教学过程中逐步培养而成的。教练员良好的职业道德培养方法主要有以下几种：

1 注重学习

学习是教练员道德培养的基础，要注意把理论学习与对榜样的学习结合起来，始终站在驾驶培训行业的前沿。

（1）学习汽车专业知识，从专业知识中提取精华传授给学员，不断提升自己的专业素养。

（2）向榜样学习，向驾驶培训行业先进人物、服务标兵和技术能手学习，主动了解他们的先进事迹，学习他们的优良品质，不断提升自己的道德境界。

2 自我激励

自我激励是教练员职业道德培养最积极的重要方法。

（1）目标激励：奋斗目标不仅仅意味着一个追求的方向，它还是一种重要的精神动力。切合实际的目标能激发人的潜能，目标越高，内驱力就越大，达到的道德境界也会越高。

（2）对比激励：对比是人们认识和分析事物时采用的一种方法，在职业道德培养过程中，教练员可以通过对比，发现自身优点并发扬扩大，发现不足则及时纠正，在差异中获得行为的动力，从而实现职业道德培养上的“比、学、赶、帮、超”。

（3）成效激励：任何一个教练员只要坚持职业道德培养，必会有所收获，对学员付出越多，收获得也会越多。这些收获可以给教练员带来心理上的充实、欣慰和满足感，也会为进一步深入培养职业道德增强动力。

3 自我省察

自我省察是职业道德培养的常用方法。教练员要经常对自己的职业行为进行自觉地检查、反省、剖析，对自己不良思想倾向做自我批评，严格约束自己，杜绝不良行为的发生。主要从以下几个方面做起：

（1）学会正确认识自己。教练员要想具有自知之明，充分认识到自己的缺点、错误和优势、成绩，不仅要有态度，还要采取人际比较、听取意见等方法，从客观条件、主观努力和现实水平等多方面评价自己，才能真正做到自知之明。

（2）要有承认错误的勇气。教练员在教学过程中出现错误、不足是难免的，只有勇于承认自己的错误、不足，避免错误、不足继续扩散，才能使自己的行为达到高标准。

（3）要有闻过则喜的精神。教练员虚心诚恳地听取日常学员对自己的评价、意见和建议，慎重、冷静地思考别人的意见，做到有则改之，无则加勉。

4 防微杜渐

防微杜渐是教练员职业道德培养的重要方法。高尚的职业道德是强调教练员要时刻注意在教学过程中细节问题的谨慎心理，通过细节养成良好的职业行为习惯，逐步提升教练员的道德境界。

（1）慎独。慎独是指教练员一个人独处或在无人监督的时候，还能非常谨慎地注意自己的思想和行为，不做违背职业道德的事情。

（2）慎微。慎微是指教练员不能眼高手低，只注重大事而不注意小事和小节。教练员要勤于实践，从身边点滴小事做起。

（3）慎始。慎始是指教练员在教学过程中自始至终都要谨慎。教练员要认真对待教学过程中的每个“第一次”，谨防第一次错误言行的发生，把好第一关，主动发现自身的不足并不断改进，在实际行动中接受学员的监督。

教练员职业道德培养是一项艰巨的任务，是一个长期的过程，只有持之以恒，永不懈怠，才能使自己成为一名具有良好职业道德的教练员，为驾驶培训事业做出应有的贡献。

第三章 教学技能

机动车驾驶培训是一项具有特殊性要求的教学工作，教练员要掌握学员的心理特点和行为特点，掌握教育心理学的基本知识，遵循教学规律和原则，运用合适的教学方法和教学手段，提高培训效率，取得较好的培训效果。掌握规范的教学方法和必要的教学技能，是对教练员的基本要求，也是保证教学质量的基础。

第一节 教学方法

一 常用教学模式及特点

教学模式是按照一定的教学理论、教学原则和教学经验，围绕一定的教学目标而形成的相对稳定的规范化教学程序和操作体系。教学模式实质上就是教练员在教学实践中，针对不同的教学内容和教学方式，综合教学过程的诸多因素，系统而有步骤地组织和完成教学活动的相对稳定的形式。

1 理论教学模式及特点

理论教学模式的特点是依据学员的认知规律，充分挖掘学员理解和掌握知识的潜能，使学员在单位时间内迅速有效地掌握较多的信息。同时，注重教练员在教学过程中的主导地位和作用，结合现代互动教学的理念，使教练员的讲授与学员学习构成一个相互配合的有机整体。例如，教练员通过运用案例和情景教学，引导学员主动参与，帮助学员建立印象思维模式，使教与学相互影响和相互作用，从而共同完成教学任务，实现教学目标。

运用理论教学模式时，教练员通过导入新课、讲解内容、总结练习和布置作业等环节进行教学，学员通过建立有效的学习动机、理解教学内容、巩固知识和运用知识等环节来获取新知识。

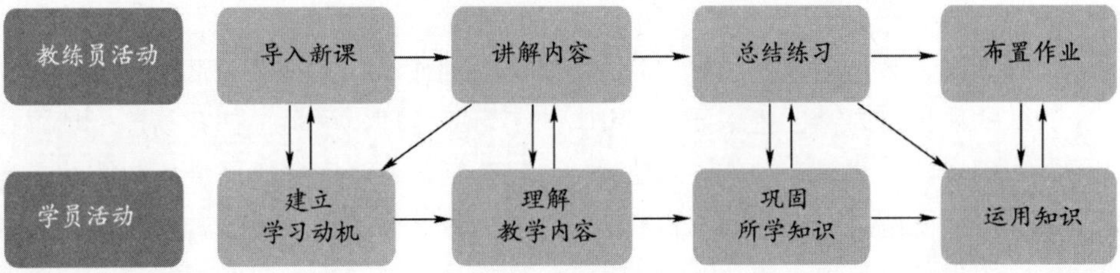

理论教学流程图

1 导入新课

导入新课是为讲解新教学内容作铺垫，目的是激发学员的学习兴趣，建立学习动机。教练员可以利用与本次课主题相关的生动案例或直观的教学手段为学员提供感性认识，引导学员产生学习新知识的强烈愿望，为后续的教学活动打下良好的基础。

2 讲解内容

讲授新的教学内容是理论教学的主体部分和中心环节，目的使学员系统地学习安全驾驶知识，能够由感性认识上升到理性认识。

3 总结练习

总结练习是一节课结束前对所讲授的内容进行归纳总结、练习和巩固，目的是让学员理解、掌握当堂课的内容，并通过实际应用加深记忆，发现不足时，教练员能够在后续教学中及时作相应的调整。总结练习的形式主要有：

（1）教练员对知识结构体系的总结，对重点、难点的点评，帮助学员理清思路，把握重点；

（2）教练员提问，让学员回答，及时了解教学效果，并作为课后填写教学日志的依据。

4 布置作业

布置作业是教练员选择教材中的习题或者自己设计一些与本次课内容相关的习题，让学员去思考和回答，其目的是引导学员学习的自觉性和主动性，使学员通过自学，进一步理解和巩固所学知识，从而培养学员独立运用知识解决实际问题的能力。

教练员作为教学活动的管理者，在正式上课前需要先稳定学员的情绪，使学员做好上课准备；在教学过程中，控制好课堂秩序，为学员创造良好的教学情境，如出现学员注意力分散、课堂秩序混乱等情况时，教练员应及时、有效地制止。

2 操作技能训练模式及特点

学员主要通过实际操作训练来熟练掌握驾驶技能，包括基础驾驶技能、各种路况下的规范驾驶技能以及特殊条件下的安全驾驶技能等。在实际操作教学中，教练员主要采用操作技能训练模式组织教学。

操作技能训练模式的特点是教练员利用特定的教学设备和教学场所，通过向学员讲解动作要领、动作示范、指导练习、课后讲评等环节开展教学活动，学员则通过了解动作活动的构成、建立动作的定向印象、进行动作的模仿练习、完成动作整合、形成动作的自然顺畅等环节，使驾驶操作技能与大脑反应之间保持有效的神经联系。

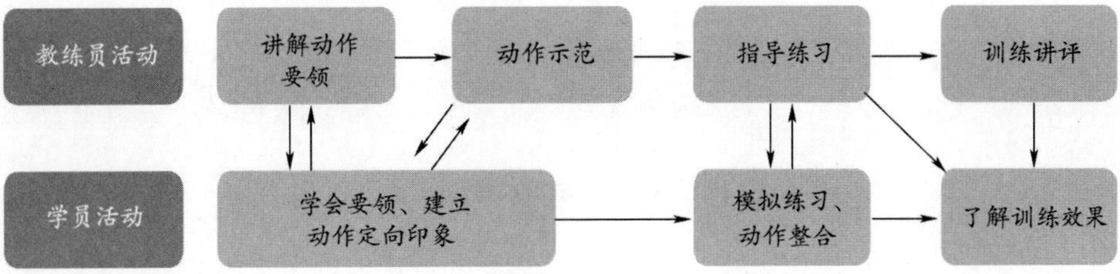

操作技能流程图

1 讲解动作要领

在训练开始时，教练员首先需要向学员说明本次训练的项目、内容、基本要求、训练难点和训练安排，并对复杂动作进行合理的分解，帮助学员了解本次训练的内容和应达到的目标，领会动作要领，建立正确的操作技术概念。讲解动作要领时，应介绍动作的名称、作用、基本原理和技术要求等，抓住操作要点和规范，并指出学员操作中易犯的错误。

2 动作示范

在动作要领讲解清楚后，规范、正确地向学员示范动作是培养学员掌握驾驶操作技能的重要环节，通过示范将讲解不清楚的细微动作直观表现出来，为学员提供模仿的榜样。

教练员示范动作时应当姿势正确、动作规范，对于复杂的动作，应进行分解动作示范，并做到分解动作示范与整体动作示范相结合，讲解和示范相结合，示范速度的快慢相结合。必要时，教练员可以将正确的动作和错误的动作做比较，便于学员领会，建立动作定向。

3 指导练习

学员通过听觉和视觉获得了大量的动作信息后，可以借此为依据开始模仿练习。教练员应随车对学员的练习进行监督指导，帮助学员及时发现并纠正错误，以免养成不良的操作习惯。此外，教练员应对学员做得好的方面和犯的错误进行记录，作为训练讲评的依据。

动作练习是一个单调枯燥的过程，安排练习不合理，学员往往容易产生烦躁情绪和疲劳感，使学习兴趣降低。教练员应当根据学员对动作的掌握程度，变换练习方式，调整练习次数、练习时间和每次练习之间的时间间隔，提高学员训练的积极性和主动性。当学员的操作技能达到一定的熟练程度时，教练员应适当增加动作难度，提高对动作稳定性和速度的要求；改变教学环境，让学员体会各种实际驾驶中可能出现的交通情况，帮助学员提高驾驶技能。

4 训练讲评

训练讲评是教练员在结束驾驶训练前，对学员训练情况的及时总结和分析，包括学员对动作的掌握情况、训练中存在的问题、需要加强的方面等，从而帮助学员了解自己训练的效果，及时发现不足，争取在下次的训练中加以改进。课后讲评对学员掌握驾驶技能具有非常重要的意义，是教练员填写教学日志的基本依据。

3 模拟教学模式及特点

模拟教学模式是在具备驾驶模拟器或模拟情景等教学条件的前提下，由教练员指导学员在模拟设备或模拟情景下进行训练。模拟教学的特点是能够弥补客观条件不足，节约能源，利于环保，提高培训效率，同时允许学员在训练过程中操作失误，增强教学的安全性。

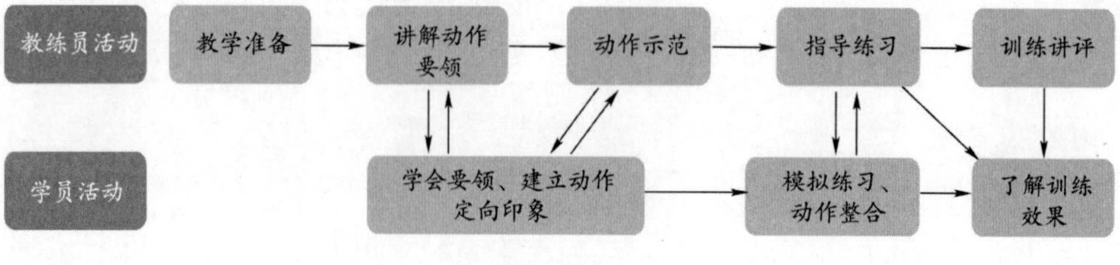

操作教学流程图

1 教学准备

教练员首先应按照《机动车驾驶培训教学与考试大纲》（以下简称《教学与考试大纲》）的要求，从教学目标、教学内容的特点、学员状况等实际出发，确定哪些教学内容适合采用模拟教学。其次，教练员要制订科目教学计划，包括教学目的、实施过程、模拟交通情况、可能出现的问题等，这样才能更好地发挥指导作用。最后，教练员要准备教学设备，并在课前进行预演，以确保教学的正常进行。

②讲解动作要领

在开始操作前，教练员需要向学员说明设备的使用方法、训练项目和内容，介绍动作的操作要领、操作要点和规范，提醒学员在操作过程中容易犯的错误，使学员建立感性认识。

③动作示范

教练员应正确规范地向学员示范动作，让学员对动作有更深刻的理解和认识，并且为学员树立模仿的榜样。

④指导练习

该环节中，教练员应当从学员实际情况出发，确定教学模拟程序，尽量做到和实际操作训练的教学过程相一致。与实车训练不同的是，教练员要注意引导学员端正训练态度，充分调动学员的主观能动性，并根据具体情况及时指导，纠正错误，避免学员养成不良习惯。

⑤训练讲评

训练讲评是教练员在结束驾驶训练前，对学员模拟训练情况的及时总结和分析，包括学员在训练中普遍存在的问题、还需加强的方面等，从而帮助学员了解自己训练的效果，及时改进不足。

二 常用教学方法

教学方法包括教练员“教”的方式方法与学员“学”的方式方法。常用的教学方法有讲授教学法、演示教学法、示范练习教学法、模拟教学法等。教练员应根据教学项目、教学内容、教学目标、学员特点和教学条件等因素，灵活选择和使用教学方法，并通过观察了解学员的学习情况，对教学方法进行适当的调整，以提高教学效果和教学质量。

1 讲授教学法

讲授教学法主要有讲解、述说两种方式。

讲解是指教练员针对某个主题，向学员作解释。在讲解过程中，教练员要注意表述条理清晰，语言通俗易懂且用语文明。此外，教练员在讲解之前，应说明所讲解内容的教学目的。例如学习“道路交通安全法”“节能驾驶方法”的意义等。

述说是指教练员讲述亲身经历、见闻或现实生活中发生的事情，例如讲述与自己熟识的驾驶员的经历，某次轮胎爆裂时的驾驶经历等。教练员在述说前应先告诉学员准备讲述故事。在讲述过程中，学员会产生身临其境的情景，并将该主题铭记在心。此外，讲述的目的必须明确，最好设置一个悬念，一般在故事的结尾揭开。

在讲解和述说的同时，教练员往往会根据内容的需要，穿插运用多媒体动画、录像、图片、实物和模型模具等对所述内容进行演示。

①教学准备

教练员首先应按照《教学与考试大纲》的要求，从教学目标、教学内容的特点、学员状况等实际出发，确定哪些教学内容适合采用模拟教学，怎样教学。其次，教练员要制订科目教学计划，包括教学目的、实施过程、模拟交通情况、可能出现的问题等，这样才能更好地发挥指导作用。最后，教练员要准备教学设备，并在课前进行预演，以确保教学的正常进行。

2 讲授教学法的特点

讲授教学法在教学活动中是最为重要的教学方式之一，主要有以下五个方面特点。

（1）教学效率高。教练员能够在短时间内，直接、系统地传授驾驶教学中的专题知识和技术原理，为后续实际操作训练打下基础。

（2）教学的主动性强。教练员比较容易控制教学内容和教学时间，有利于教练员充分发挥教学的主导作用。

（3）具有较强的适应性和灵活性。教练员能够根据学员的反应，及时调整授课进度，吸引学员的注意力。

（4）讲授过程中穿插演示教学，有助于培养学员的观察能力和思维能力，激发学员学习的兴趣，调动学员学习的积极性。

（5）讲授教学法的实施效果，很大程度上取决于教练员个人的语言表达能力。在教学过程中，如果教练员把握不当，容易造成学员在教学过程中处于被动思维和被动学习的状态，影响学员学习的效果。

3 讲授教学法的应用

讲授教学法应用广泛，可以应用于理论教学的各个教学项目，特别是对于内在逻辑性强或需要做总体概况介绍、关联分析和说明的教学内容，采用讲授教学方法教学非常有效。如在介绍道路交通安全法律、法规制定背景和法律体系的框架结构时，宜采用讲授教学方法。

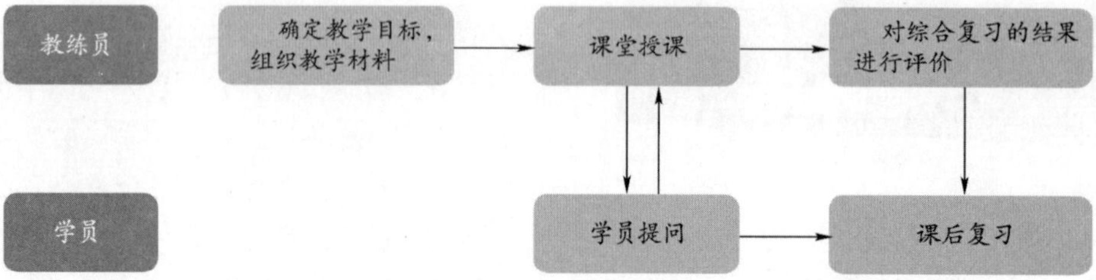

讲授教学法示意图

讲授中穿插的演示教学是以直观感知为主的教学方法，适合于抽象内容的教学。例如，《教学与考试大纲》中第一部分的“车辆结构常识”“车辆性能”，教练员可以采用直观教学模型或多媒体动画来教学。

讲授教学法的应用注意事项：

（1）教练员应当在讲课前应认真备课，熟练掌握《教学与考试大纲》和教材中的重点、难点，熟知学员必须掌握的基础知识、重点内容及难点。

（2）在讲授时，先让学员对教学项目形成基本的认识，在学习过程中做到心中有数。

（3）在讲授时，要抓住教学重点和难点，突出主题，语言流畅、生动有趣，条理清楚， 层次分明，时间控制合理。

（4）在讲授时，教练员讲述的内容富有启发性，并适当运用直观的教学手段，如多媒体课件教学，使教学内容深入浅出，便于学员理解。同时，教练员还应激发学员兴趣，活跃学员思维，引导学员产生学习的内在动力。

（5）教练员要围绕教学目标选取课后复习的内容，同时考虑到教学内容的难易程度、学员现有的知识结构和学习能力。

在运用演示教学时，教练员还需要注意以下事项：

（1）教练员应当根据教学内容和教学目的选取合适的演示工具，并在课前预演一次。

（2）教练员可以先讲解内容再进行演示，也可以先演示再进行讲解，还可以边演示、边讲解。演示时，应尽量让学员都能看清楚演示的过程。

（3）在演示前，教练员要提出明确的观察要求，让学员带着问题观察，引导学员把注意力集中于演示内容的主要方面。

（4）每次演示的时间不宜过长，否则容易造成学员注意力不集中。

2 示范教学法

示范教学法是按照学员操作技能的形成规律，遵循由易到难、由简到繁、循序渐进的原则，通过对训练科目动作的分析，将其分解为若干相互衔接的简单基本动作，向学员进行讲解、示范；同时，让学员通过模仿练习，掌握基本动作并整合形成连贯动作，最后熟练掌握动作，并形成动作定势的教学方法。

1 示范教学法的特点

（1）培养学员的感性认识，建立动作定向印象。教练员通过自己的示范和讲解，使学员对动作获得感性的认识。

（2）便于学员理解和模仿。示范教学法强调学员的观察能力和领悟能力。在实施过程中，教练员先给学员示范动作操作要领，学员在旁边观察、思考并加以模仿，通过反复练习掌握该动作。

2 示范教学法的应用

示范教学法是教练员在实操教学中常用的方法之一，尤其是在学员学习基础驾驶阶段，如《教学与考试大纲》第二部分的“操纵装置的规范操作”和“场地驾驶”等。

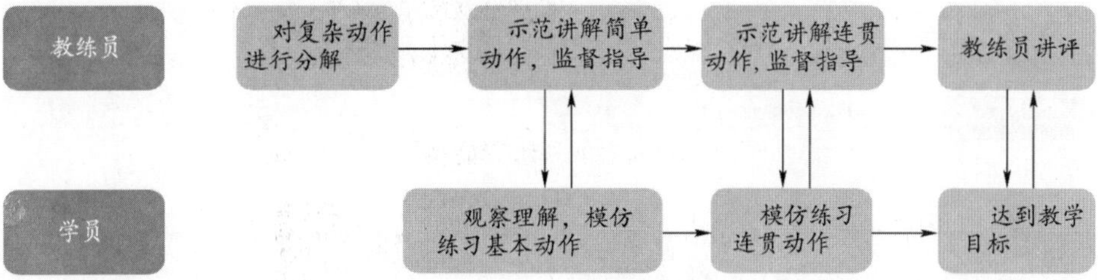

示范教学法示意图

示范教学法应用的注意事项包括：

（1）教练员对训练科目的动作本身要有深刻的认识，能够对复杂动作进行合理的分解。

（2）训练开始时，教练员先介绍与本次训练相关的基本知识，让学员明确练习的目的和要求。

（3）教练员在进行动作示范前，先对动作进行简单讲解，再准确、规范地进行示范（也可以适当夸张地示范某个动作过程，便于学员看清来龙去脉）。在学员练习过程中，要随车指导，及时纠正错误动作。

（4）教练员指导学员练习，要循序渐进，先求动作的准确，再求动作的迅速；每次练习的时间不宜过长，次数不宜过多，避免重复性练习使学员对学习感到枯燥乏味。

（5）教练员应利用训练中间的休息时间或在当天训练结束前，对学员练习的效果进行讲评，使学员了解训练的结果，包括训练中的进步和不足，明确今后训练的重点，保持练车的积极性和热情。

3 模拟教学法

模拟教学法是在教练员的指导下，通过创设一种情景和条件，让学员在这种情景和条件下反复练习，进而获得驾驶知识和驾驶技能的方法。模拟教学法包括模拟设备教学和模拟情景教学。

模拟设备教学以硬件模拟设备或多媒体动画模拟软件作为教学的支撑，如采用驾驶模拟器进行冰雪天、雨天等特殊天气下的驾驶模拟训练。模拟情景教学是指模拟某一驾驶活动，如模拟车辆突然发生故障需要临时停车，让学员模拟现场处置；在教练场内道路设置障碍，让学员模拟通过障碍物路段的训练等。

1 模拟教学法的特点

（1）模拟教学法是一种行为引导型教学模式，学员通过模拟角色、模拟操作程序等，达到理论与实际操作的统一。

（2）模拟教学法有助于学员获得感性认识、建立动作定向印象，提高学员上车训练的心理适应性，帮助学员更牢固地掌握知识和技能。

（3）模拟设备教学具有很好的安全性，可以避免学员因操作失误而产生不安全的后果，学员一旦失误可重新再进行操作。

2 模拟教学法的应用

模拟教学法可用于学员的基本动作训练、恶劣条件下的驾驶等教学项目。例如，《教学与考试大纲》第二部分的“操纵装置的规范操作”“模拟紧急情况处置”等。

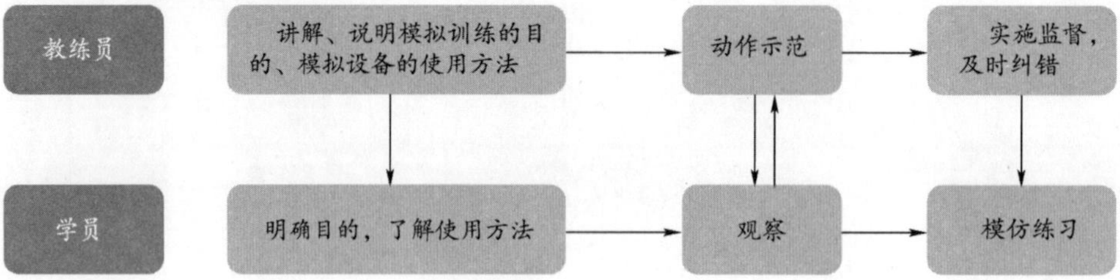

模拟教学法示意图

模拟教学法应用的注意事项包括：

（1）在开展模拟训练的过程中，教练员应当对学员的训练进行监督，发现错误及时纠正，对学员的训练效果进行评价，及时调整训练。

（2）教练员要注意培养学员良好的安全意识，引导学员在训练过程中形成严肃、认真的训练态度，避免不良习惯的养成。

（3）模拟情境训练中，教练员要注意保障教学安全。

4 纠错教学法

纠错教学法是在教练员的指导下，为纠正学员在驾驶技能和驾驶行为方面存在的问题而采用的教学方法，其目的是通过教学互动使学员正确掌握驾驶技能和树立良好的驾驶行为习惯，是驾驶教学中一种常用和必须掌握的教学方法。

1 纠错教学法的特点

学员在学习驾驶过程中，往往会出现许多错误的动作，如果教练员能进一步帮助学员分析错误原因，提出纠正错误的方法，有助于保证培训质量，提高学员安全文明驾驶水平。

2 纠错教学法的应用

学员掌握规范化操作技能需要通过不断练习，及时纠错，才能达到手脚配合默契、运用自如，规范操作，安全文明驾驶。因此，纠错教学法可用于《教学与考试大纲》中第一部分的“道路交通信号”“驾驶行为”，第二部分的“基础驾驶”“场地驾驶”，第四部分的“安全文明驾驶”“恶劣天气和复杂道路条件下安全驾驶”“紧急情况临危处置”“发生交通事故后的处置”等教学项目。

纠错教学法应用时的注意事项：

（1）教练员应引导学员针对练习中出现的错误动作进行反思，如“为何总是起步熄火，是知识上的原因，还是操作上原因？如何才能做到以后起步不再犯同样的错误？”教练员应告诉学员相应的纠错方法，改正不良的操作习惯。

（2）教练员要随车指导，及时了解学员练习的效果，做出评价。让学员知道每次练习正确与否，不断地给学员鼓励、督促，调控好学员情绪，正确对待错误，增强学员的信心。

（3）教练员在纠错的过程中，注意要透过现象，抓住错误的本质，多角度地分析，提出纠正方法，激发学员学习兴趣，达到事半功倍的效果。

案例

车辆通过无人通行的人行横道的驾驶方法

教学目的：

（1）熟悉纠正错误法是指导驾驶教学中的一种方法；

（2）掌握教学中各种错误现象、原因和纠错的方法。

教学重难点：通过观看3D动画，模拟驾驶教学场景，模仿学员错误动作，能及时描述错误现象，指出错误原因，提出纠错方法。

错误现象：车辆通过无行人通行的人行横道时未减速。

错误原因：没有掌握通过无行人通行的人行横道的规定。

错误方法纠正：

（1）认真学习、掌握机动车通过无行人通行的人行横道的规定，增强安全意识。

（2）《中华人民共和国道路交通安全法》规定，机动车通过没有行人行经的人行横道应当减速行驶。减速的含义是应降低原来的行驶速度。

（3）减速的方法视交通情况确定，一是松抬加速踏板，利用发动机低转速牵阻制动缓慢降低车速；二是踏下行车制动踏板快速降低车速。

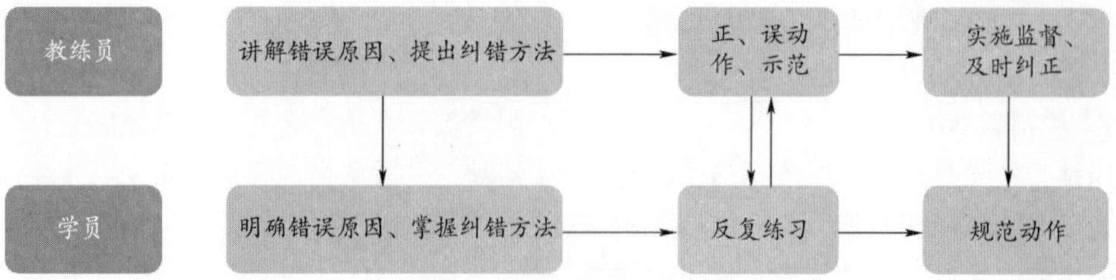

纠错教学法示意图

5 训练与复习教学法

训练与复习教学法是通过综合训练，让学员综合运用和检验所学的知识和技能，尽可能地使学员的技能掌握程度达到培训要求的教学方法。

1 训练与复习教学法的特点

（1）训练与复习教学法是对学员训练效果的一种阶段性总结。学员训练完成一个阶段后，教练员应当及时对学员进行考核，以便了解学员上一个阶段的训练效果，确定能否转入下一个阶段的训练，或者确定在下一个阶段的重点训练内容。教练员在训练过程中，应考虑对自己的教学还需要做哪些改进，从而实现教学阶段的协调性与持续性。

（2）提高训练的针对性。学员通过阶段性的综合训练，可以认识到自己存在的不足，以便在后续阶段提高训练的针对性，做到有的放矢。

（3）巩固所学的知识。学员通过阶段性的综合训练、复习已经学过的科目，巩固所掌握的知识并在大脑中形成深刻记忆，将学过的东西长期储存到大脑中并由此将机械动作转变成下意识的动作。

2 训练与复习教学法的应用

《教学与考试大纲》把学员的驾驶培训分为四个部分，并在每个部分规定了一定学时的综合复习及考核。教练员可以根据《教学与考试大纲》的安排，在每个训练科目结束时，结合先进的教学手段，采用训练与复习教学法。例如，教练员采用教学磁板或多媒体动画模拟软件考核学员对“文明礼让”知识的掌握程度。

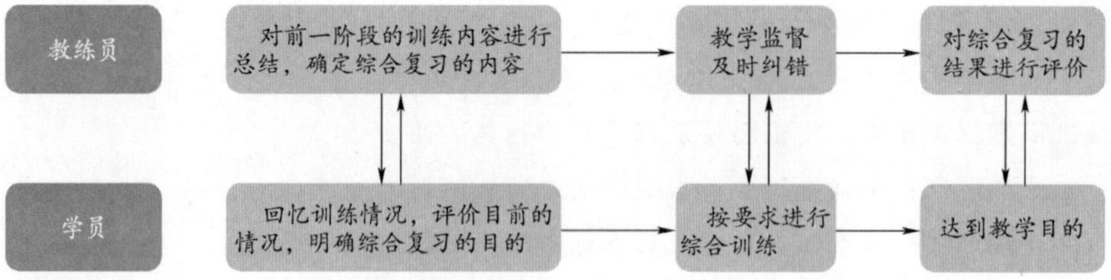

训练与复习教学法示意图

训练与复习教学法的应用注意事项：

（1）教练员选择综合复习的时间要适当。

（2）每次综合复习完成之后，要进行分析，以便在下一阶段中能有针对性地进行训练。

（3）综合复习的内容要与学员培训的目的和要求相吻合。

小知识

选择教学方法的原则

教练员可以按照以下原则选择合适的教学方法。

1. 根据驾驶培训教学项目的特点进行选择

驾驶培训的教学目的和教学任务要通过具体内容和教学项目的教学得以完成，教学方法要满足具体训练项目内容的需要。例如，理论教学适宜选用讲授、演示和自学辅导的方法，而实操训练需要通过实际动作训练才能达到目的。

教练员应根据各阶段目标组织实施教学，并结合整体目标，正确地把握所承担的具体教学项目以及每个课时所要达到的教学目标和教学任务，科学地选择教学方法。

2. 根据学员的学习特点进行选择

学员的知识储备、生理和心理等诸方面的存在差异，影响其对驾驶技能的学习能力，例如，有的学员动作掌握得快，而有的学员动作掌握得慢。教练员应当以人为本，在了解学员的生理和心理特点、学习的自觉性和学习态度、对各种教学方法的接受程度等基础上，选择合适的教学方法。如果学员学习能力强，学习进步快，可以多采用讲授、练习等方法；如果学员学习基础较差，学习进步慢，则可以多采用演示、示范等更为直观的方法。

3. 根据教练员自身的条件进行选择

选择教学方法要符合教练员自身的特点，包括教练员对教学方法及其运用范围的了解程度、运用教学方法的能力、教学风格和习惯等。教练员要扬长避短，选择自己擅长的教学方法。例如，口头表达能力强的教练员，运用讲授教学法效果较好；擅长操作教学的教练员，运用示范教学法、模拟教学法等教学效果较好。

4. 根据教学项目的时间安排及教学设备等条件进行选择

各种教学方法实施的步骤不同，要求的教学时间会有差异。教学条件的不同，也会对教学方法的选择有限制作用。因此，一方面，应当按照相关要求选购教学设备，规范设计教练场地，为教学创造良好条件；另一方面，教练员应当根据《教学与考试大纲》以及教学安排，科学选择教学方法，并在限定时间内完成教学任务。

第二节 常用教学手段

常用的教学手段包括多媒体、教学磁板、教练车、驾驶模拟器、教学模具等。多媒体、教学磁板和驾驶模拟器等现代化教学手段的应用，使教学变得更加直观、灵活和互动，便于学员理解和接受教学内容，更能充分调动学员学习的兴趣和主动性，提升教学效果。

在教学活动中，教练员要依据教学内容和教学目标选择合适的教学工具，不能一味追求新奇，违背教学项目训练的基本原理和实际需求，要注意传统教学手段和现代化教学手段的有机结合。

一 多媒体教学

多媒体是综合计算机、图像处理、教育学等众多学科与技术的一门综合性技术，集文字、图形、图像、声音和动画等多种信息于一体，能充分调动学员的视觉和听觉感官。多媒体教学是指在驾驶培训过程中，教练员根据教学目标和教学内容，通过教学设计，合理选择和运用现代化的教学设备，并与传统的教学手段有机结合，共同参与教学的全过程，以多种媒体信息作用于学员，形成合理的教学过程结构，达到最优化的教学效果。

1 录像教学

录像是指根据教学内容和教学目标的需要设置某些场景，利用摄像设备录制下来，并配以相应的解说，从而形成兼具视觉信息和听觉信息的教学素材。教学过程中，教练员通过影视播放设备和投影幕等，向学员展现符合本次教学项目的录像，帮助学员理解和掌握该部分知识。例如，在讲授道路交通安全知识的同时，播放相关的事故案例教学录像，促进学员安全意识的培养。

1 录像教学的特点

（1）教学内容具有真实性。录像通常反映真实的场景，不包含夸张的成分，学员在观看教学片的过程中，会有一种身临其境的感觉，从而激发学员的学习兴趣，提高学员的理解力。

（2）教学的风格统一。录像的教学场景、解说语气和速度等在制作过程中就已经确定，在教学过程中始终保持统一，从而可以完全克服因教练员教学风格、教学能力的差异所带来的不同教学效果的问题。

（3）教学具有重复性。录像能够被重复使用，因此，学员不易理解的地方，教练员可以有针对性地重复播放。

2 录像教学在驾驶培训中的应用

录像教学主要用来强化学员树立遵章守法的意识教育，或者根据某个教学主题，讲授安全驾驶的理论知识。例如，《教学与考试大纲》第一部分的“法律、法规及道路交通信号”“机动车基本知识”以及第四部分的“安全、文明驾驶”。

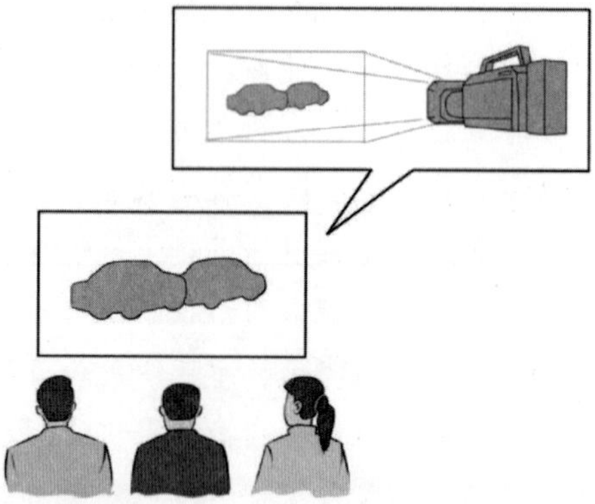

教练员运用录像教学时，有以下几方面的注意事项：

（1）教练员要根据教学内容和教学目标的需要选择录像素材。

（2）选择播放录像的合适时机。对某个问题带有探讨性和设问性的录像片段，适宜在刚开始上课播放，引出本次教学的主题；对某种现象带有解释性的录像片段，则适宜教练员对该问题有一定的分析后再播放，让学员更容易理解；对教学内容带有总结性的录像片段，则适宜在本次课即将结束时播放，以加深学员的印象。

（3）录像片断的连续播放时间不宜过长，否则学员容易注意力不集中。

（4）对录像作适当的讲评。虽然很多录像配有专业的解说，但是，对于教学的重点、难点，教练员还应当作适当的讲解。录像（尤其是较长的录像片段）播放结束后，教练员应当作简单的总结，以加深学员的印象。

2 动画模拟教学

动画模拟教学是指在教学过程中，利用动画模拟软件来表现某个主题或者解释某种现象。例如，模拟真实的交通场景或者汽车某总成的工作原理等。它能够增强教学的生动性、趣味性，提高学员学习兴趣，从而达到良好的教学效果。

1 动画模拟教学的特点

动画模拟应用于教学具有以下几方面的特点：

（1）教学内容直观。动画模拟软件不仅可以模仿简单的交通场景，还能够将比较复杂、通常难以捕捉的交通状况非常直观、形象地表现出来。

（2）教学过程生动、有趣。动画中的元素表现形式灵活多样，整体风格比较活泼，视觉效果好，容易吸引学员的注意力，可以调节严肃的课堂气氛，使教学变得更加生动有趣。

（3）教学更具互动性。动画模拟软件能够提供对交通参与者行为正确或错误的自动判断功能。教练员可以让学员参与到模拟过程中，检验学员对教学内容的理解和应用程度，并通过互动教学的方式，强化学员的印象，增强学员对教学内容的理解和掌握。

（4）教学更为灵活。动画模拟软件可以非常方便地提供大量的典型交通场景案例，如交叉路口交通冲突的解决、通过环岛的正确驾驶方法等，而且在案例中可以从不同交通参与者的角度来观察当前的交通状况，培养学员观察、分析和解决问题的能力。

2 动画模拟教学在驾驶培训中的应用

动画模拟教学主要用来将比较复杂、通常难以捕捉的交通场景，直观、形象地表现出来，如第一部分的“车辆结构常识”，第四部分的“文明礼让”等教学项目。

动画模拟教学可以使教学变得更加生动有趣，但是教练员需要注意以下几方面的问题：

（1）模拟演示时间分配不宜过多，能说明主题即可。动画模拟交通场景时，往往忽略了很多次要的因素，与现实情况之间存在差异，适当的演示可以提高教学的直观性、生动性，提高学员学习效率。但是，过多的动画演示又会使教学偏离实际，难以达到教学目标。

（2）针对演示的内容及时做出解释。动画的表现生动活泼，有时还略带夸张，因此，需要教练员对演示的内容及时做出解释。一方面，突出教学的重点、难点；另一方面，加强学员对知识的理解。

（3）增强学员的参与意识。动画模拟教学可以提高学员学习的兴趣，但更重要的是培养学员学习的主动性，提高教学互动性。因此，教练员要提醒学员不仅是观看，更多的是要参与到教学活动中来。

3 多媒体课件教学

多媒体课件是以计算机、多媒体等技术为基础，以学员为中心的计算机辅助教学工具。

1 多媒体课件教学的特点

多媒体课件教学具有以下几方面的特点：

（1）课件中只需体现纲要性的内容。多媒体课件在制作过程中，要根据教学内容和教学目标，明确教学主线，体现教学重点、难点。在教学过程中，教练员需熟悉教学内容，能根据提纲进行内容的扩展，掌握清晰的教学主题和教学的层次性。

（2）信息资源广泛。多媒体课件能够集成文字、图形、图像、动画和视频等多种媒体信息，具有强烈的视觉效果，使学员的抽象思维与形象思维有机地结合起来，增强学员学习的兴趣。丰富的信息资源在扩大教学知识信息量的同时，还能明显地提高教学效率，产生良好的教学效果。

2 多媒体课件教学在驾驶培训中的应用

在理论授课中，课堂演示型多媒体课件教学应用非常广泛，《教学与考试大纲》四个部分的理论教学项目均可运用该种方法。

教练员在制作课件、选择课件和运用课件教学时，应注意以下事项：

（1）教学课件应当围绕教学内容和教学目标。教学课件是教练员授课的提纲和导向，如果与教学内容和教学目标有偏差，往往易使教练员偏离方向。

（2）课件应当有明确的主线。课件内容由表及里，便于学员对知识体系进行归类，使学员自如地掌握纵横线索，增强学员的问题意识，提高解决问题的能力，培养学员善于思考、善于设计以及高度概括的能力。

（3）适当插入图形、图像和动画等媒体信息，使授课形式新颖、活泼和形象。例如，教练员在讲授道路交通安全相关法律法规时，可以在教学课件中插入真实道路交通事故图片或插入预先录制的视频等。

小知识

网络远程教学的特点

网络远程教学是利用计算机技术和互联网技术对学员实行远程教育的教学模式。与现场多媒体教学模式相比，网络远程教学具有以下优点：

（1）除继承了图文并茂、形象直观、表现力丰富等特点外，还可以使学员在不同的计算机终端上随时随地学习，不受空间、时间等因素约束；

（2）可以使学员在按要求完成学习任务的情况下，结合自己的兴趣和疑问点自由在线选择学习内容；

（3）可以为学员提供更丰富的安全驾驶知识信息，提供模拟测试、在线交流等学习功能；

（4）可以自动对学员身份进行判定，记录学员的学时、学习内容等信息，实施远程自动监管。

二 教学磁板教学

教学磁板是一种集道路交通背景、交通参与者、交通标志标线、交通信号灯和警察等各种交通元素于一体，可根据教练员教学的需要，灵活组建各种具体交通场景的软件。教学磁板可以通过各种交通元素的灵活组合，搭建出教学需要的交通场景，从而使驾驶培训教学更加直观、灵活和互动。

1 教学磁板的特点

教学磁板教学属模拟教学的范畴，通过情景融合、交通元素的灵活组合以及教练员与学员之间的互动，来帮助学员建立印象模式，主要有以下几方面的特点：

1 交通元素全面、场景组建灵活

道路交通场景由人、车、路和环境四要

素组成，而教学磁板内设置了各种典型的交通参与者、符合国家标准的全部道路交通标志标线以及各种道路交通背景，因此，教练员可以利用磁板软件所包含的交通元素灵活地组建交通场景。

2 教练员与学员间的互动性强

教学过程中，教练员配置好交通场景后，可以针对该场景设置各种问题，与学员共同探讨正确的驾驶行为方式，并通过交通元素位置的灵活变化，模拟出各种交通行为的后果，增强学员对知识的理解能力和应用能力，提高学员学习的主动性，克服“灌输式”教学导致的枯燥感。

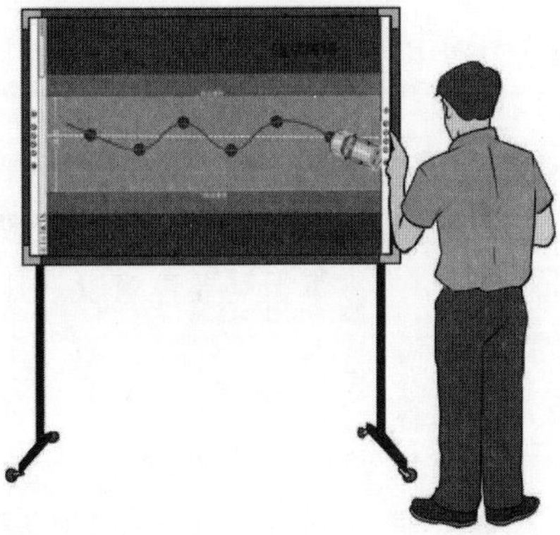

3 教学内容直观、生动

交通场景，尤其是复杂的城市交通场景，教练员很难单纯地用语言解释清楚。因此，教练员可以借助画面演示等直观、真实的方式，帮助学员加深理解。例如，教练员进行“弯道和曲线驾驶”教学时，可以借助教学磁板给学员分析车辆在弯道的受力情况、弯道行驶时的潜在危险和提前减速行驶的必要性等。

4 教学素材多样

教学磁板除了能利用已有的交通元素灵活地组建各种交通场景外，还有助于教练员对教学素材的拓展。教学磁板能够保存教练员自行收集的教学背景图片，以增强教学磁板的地区适应性和教学的灵活性。

5 操作简便

教学磁板的界面整洁，教练员操作时，更多的是采用点击或拖拽图标的方式，针对相对难以理解的功能有详尽的操作指导，因此，用教学磁板来组织教学的关键在于教练员对驾驶培训专业知识的掌握程度和教练员组织的教学场景与教学内容的专业性是否贴近实际，而在计算机技术方面没有特殊要求。

2 教学磁板的使用方法

1 组建交通场景

组建交通场景是教练员利用教学磁板实施教学的基础。根据《教学与考试大纲》的要求，教学磁板中设置了许多典型的交通场景，教练员可以通过调用交通场景元素来直接组建。但是，教练员有必要掌握如何自行组建交通场景，以增加教学的灵活性。组建交通场景通常分为以下几个步骤：

（1）根据教学主题选择交通背景。教练员每次上课均有一个教学主题和教学目标，教学内容应当围绕该主题和目标服务，因此教练员选择交通背景时，要考虑是否能够满足教学主题和教学目标的需要。例如，在准备进行“文明礼让”授课时，教练员可以选择十字交叉路口或环形交叉路口的交通背景。

（2）正确添加交通信号灯和交通标志标线。交通信号灯和交通标志标线是道路交通规则的重要载体，给交通参与者科学地分配通行权，使他们有秩序地顺利通行。但是，不是所有区域都必须有交通信号灯和交通标志标线。因此，教练员有必要根据教学的需要，为所选择的交通背景正确地布置交通信号灯和交通标志标线。

（3）添加合适的交通参与者。交通参与者是道路交通的主体，包括行人、非机动车和机动车。教学磁板包括了各种典型的交通参与者。教练员添加交通参与者时，应当根据教学的需要来考虑选用交通参与者的类型、数量、位置和他们的交通行为等。

（4）标识交通参与者的交通行为。交通事故的发生往往源于交通冲突的存在，因此，教练员需要培训学员具有正确判断和处理交通冲突的能力。交通冲突通常是由于交通参与者之间交通行为的交错引起的，在对交通场景进行分析时，教练员可以利用教学磁板的绘画和书写功能，标识出有关交通参与者的交通行为。

2 更换交通场景

交通场景组建好后，教练员就可以开始对交通场景进行分析。但是在教学过程中，常常因模拟交通参与者的交通行为的结果或者根据学员的设问变换新的交通场景等，需要对交通场景进行调整。

（1）交通场景的局部调整方法。教学过程中，教练员往往需要添加新的交通参与者或者去除某些交通标志等。对于添加新的交通元素，教练员可以按照组建交通场景的方法进行。而对于去除某些交通元素，教练员则可以利用教学磁板提供的“垃圾箱”功能。

（2）交通场景的整体变更。教练员常常为某一教学主题准备了多个交通场景，解释完一个交通场景后，需要及时地变换到下一个交通场景去，这就存在对交通场景更新的问题。对此，教练员可以利用教学磁板提供的“文件下载”功能。

3 扩展教学素材

教学素材的可扩展性为教学磁板教学增添了“新的生机”，使得教学磁板的应用不受地域的限制，应用更加广泛。当然，要实现这项功能，需要驾驶培训机构或教练员备有数码照相机或摄像机。

4 与其他设备的组合

现代化教学手段更多地强调多种设备之间的组合运用，以达到更好的效果，对于教学磁板来说也是一样。教学磁板在计算机中运行，并通过投影仪投放到互动白板上，教练员可以用手的操作替代鼠标的操作，使教学变得更加简单而有趣。

3 教学磁板教学在驾驶培训中的应用

教学磁板起到“教学平台”作用，可以方便教练员再现学员培训场景，便于讲评和学员的理解，主要用于讲解交通场景的教学项目。在教学中，教练员需要注意以下几方面的问题：

1 精心准备教学场景

组建教学场景应当为教学内容和教学目标服务，恰当的教学场景可以帮助教练员取得非常好的教学效果，因此在上课前，教练员应当围绕教学主题设计好场景，以期在较短的时间内完全教学任务，达到教学目标。

2 提前设计教学场景的变换程序

为了详细地说明某个问题，教练员需要围绕教学主题设计各种问题，从而涉及教学场景的变更。教练员需要根据各种问题，合理地安排教学场景中各元素的变换方法和变换的顺序，从而更好地控制教学的过程。

3 让学员积极参与，增强教学的互动

让学员主动参与教学，而不是被动地接受，可以产生良好的教学效果。因此，教练员应当充分利用教学磁板，增强教练员与学员之间的互动性。

三 驾驶模拟器教学

驾驶模拟器教学能够弥补客观条件的不足，增强教学的安全性，节约能源和提高培训的效率。因此，教练员有必要掌握驾驶模拟器教学的方法。

1 驾驶模拟器的基本常识

驾驶模拟器是一种具有汽车驾驶操作功能的教学仿真装置，一般由驾驶模拟座舱和视景系统组成。驾驶模拟座舱由汽车驾驶操纵机件、仪表、座椅、后视镜、安全带等实物或仿真件组成，具有与所模拟的汽车驾驶室驾驶操作工位相似的空间，供学员学习和训练。视景系统由视景软件、播放器及显示部件组成，具有模拟汽车驾驶场景的功能。

驾驶模拟器按照视景系统呈现方式的不同，可分为互动和非互动两种类型，分别具有不同的特点，驾驶模拟器的分类见表3-1。

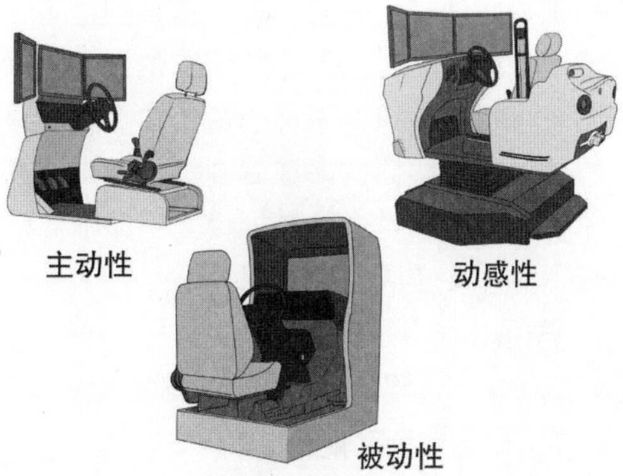

2 驾驶模拟器教学特点

驾驶模拟器教学通过模拟各种道路场景，在视觉、听觉和操作感觉上为学员提供一种实际操作训练的仿真环境，能够训练和提高学员基本的驾驶操作技能和心理承受能力，具有以下几方面的特点。

驾驶模拟器的分类　　表3-1

分　类	视景系统的呈现方式	基　本　特　点
非互动型	视景显示不随模拟驾驶操作变动	（1）具有座舱和独立显示用于引导汽车驾驶操作的视景系统； （2）有受离合器踏板控制的挡位锁止机构； （3）操纵机件的相对位置与所模拟的汽车一致，操纵机件的操纵力度接近所模拟的汽车
互动型	视景显示跟随模拟驾驶操作变动	（1）具有座舱和互动的视景系统； （2）具有错误驾驶操作记录和提示功能，能再现学员的操作过程，以利于分析学员的操作情况； （3）操纵机件的相对位置与所模拟的汽车一致，操纵机件的操纵力度接近所模拟的汽车或与所模拟的汽车一致

1 克服了实际操作训练的局限性

由于地域、培训时间、培训场地等客观原因，对于“雨天驾驶”“山区道路驾驶”等特殊交通环境下的教学项目，教练员很难在实际训练中进行组织，因而，可以采用驾驶模拟器来对学员进行模拟训练，克服实际训练存在的局限性，达到教学目标。

2 节约能源，降低培训的成本

学员在进行规范操作训练时，如果采用实车反复练习，对车辆的磨损大，而且消耗燃料，驾驶模拟器训练则可克服这些问题。

③ 提高培训的效率

培训初期，利用实车进行静态下的规范操作训练，学员会有紧张感，错误操作多，心理适应能力差，从而降低训练的效率。采用驾驶模拟器训练，学员心情比较放松，学会操作动作快，因此采取驾驶模拟器训练与实车操作训练相结合的培训模式，能提高学员培训的效率。

④ 提高教学的安全性

驾驶培训过程中，因学员的驾驶操作技能不熟练，缺乏安全驾驶经验，驾车教学中存在很大的风险。在实际道路上进行驾驶训练时，路况较复杂，学员常常比较紧张易发生操作失误，可能会导致严重的后果，甚至造成重大交通事故。驾驶模拟器允许学员操作失误，一旦出现事故，可以重新开始驾驶操作。

3 驾驶模拟器教学在驾驶培训中的应用

根据《教学与考试大纲》的规定，第一部分“基础和场地驾驶”中“操纵装置的规范操作”“起步前车辆检查与调整”等内容，应采用驾驶模拟设备教学；第三部分“道路驾驶”中“恶劣条件下的驾驶”“山区道路驾驶”“高速公路驾驶”等内容，可采用驾驶模拟设备教学。模拟教学学时为4学时。

教练员在利用驾驶模拟器教学时，需要注意以下几方面的问题：

① 分阶段运用模拟器训练

驾驶培训是一个从掌握基本操作动作到驾驶技能的熟练和巩固的过程，教练员需要根据《教学与考试大纲》的要求分阶段、有针对性地运用驾驶模拟器进行教学。

② 引导学员端正训练态度

驾驶模拟器教学是一种模拟性训练，学员在训练过程中出现操作失误也不会发生危险，因而学员在思想上会比较放松，甚至有的学员完全把训练当成游戏，而忽视训练的目的。因此，教练员需要引导学员在训练过程中端正训练态度，认真对待。尤其是对于互动型驾驶模拟器，学员要能够根据反馈的结果，及时调整自己的驾驶行为。

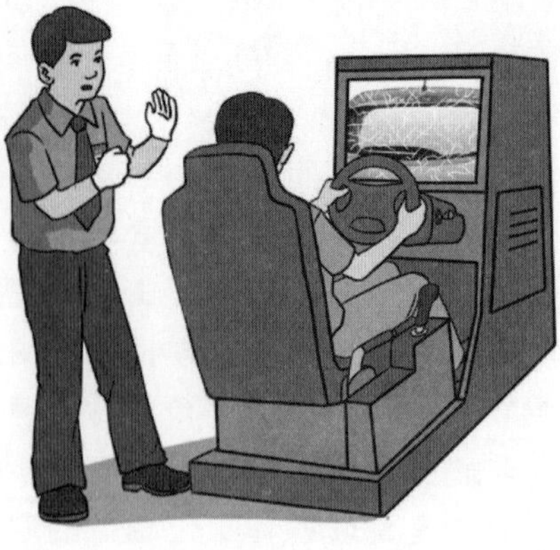

③ 及时纠正学员的错误

学员能够及时了解和纠正出现的操作错误，驾驶技能训练的进步会很快。非互动型驾驶模拟器不能为学员提供操作的错误提示，因此教练员需要了解学员的训练情况，并对学员所犯错误及时纠正。互动型驾驶模拟器虽然能够提供错误操作提示和操作记录，但是学员并不一定能马上认识和纠正，还需要教练员及时指导。

④ 讲评训练结果

每次训练结束后，教练员应当向学员讲评训练情况，让学员了解训练的难点和容易出现的错误等，激发学员改正错误的内在动力。非互动型驾驶模拟器不能提供错误操作记录，教练员需要在教学过程中对学员容易出现的错误驾驶行为进行统计，并将其作为讲评的依据。

四 实车教学

实车教学是培养学员全面掌握汽车驾驶技能的根本途径。

1 实车教学的特点

学员参加驾驶培训的目的是学习安全驾驶车辆的技能，通过相关的考试，并能够独立驾驶车辆。实车教学是学员利用真实的驾驶体验，学习和掌握汽车驾驶技能，也是驾驶培训过程中必不可少的一个环节。实车教学通常有以下几方面的特点：

（1）训练真实。实车教学是学员学习驾驶的一种真实的体验。学员在实车教学过程中，直接面对真实的交通场景，学员的驾驶行为与周边的交通状况紧密联系，相互影响。

（2）学员的操作结果反馈及时。学员根据周边的交通情况采取某种操作后，车辆的状态能够迅速地发生相应的变化，从而对学员刚才所采取的操作动作起到反馈的作用，其操作结果可作为学员采取下一步操作的信号。

（3）充分反映学员对汽车的操控能力。实车教学过程中，为了行车的安全，学员必须对各种交通情况及时采取正确的措施，此时的驾驶行为能够充分反映学员对汽车的操控能力。

（4）教学过程存在一定的风险。实车教学使学员面对真实的交通场景。因学员的驾驶操作技能还不熟练，缺乏安全驾驶经验，常常比较紧张，容易发生操作失误而导致交通事故，因此教学过程存在一定的风险。

2 实车教学在驾驶培训中的应用

实车训练可以应用于整个培训的实际操作训练项目，在实车教学过程中，教练员需要注意以下几方面的问题：

（1）教练车必须具备良好的安全性能，满足教学的要求。根据《机动车驾驶员培训机构资格条件》(GB/T 30340—2013)标准的要求，教练车技术状况应符合《机动车运行安全技术条件》（GB 7258—2012）的要求和《道路运输车辆技术等级划分和评定要求》（JT/T 198—2016）所规定的二级车以上技术条件，并装有副后视镜、副制动踏板、灭火器及其他安全防护装置。

（2）及时纠正学员的错误。训练过程中，学员出现错误操作时，教练员应当及时给予纠正，保证学员动作的准确性，让学员养成良好的驾驶习惯。

（3）确保教学的安全。实车教学过程存在一定的风险，因此教练员不仅要督促学员仔细观察、集中注意力，而且还应当要求自己抱着认真的教学态度，充分利用副后视镜、副制动踏板，在紧急情况下采取必要的措施，防止交通事故的发生。

（4）训练结束后及时讲评。每次训练结束后，教练员应当对学员训练的情况进行讲评，指出学员所取得的进步和仍然存在的问题，帮助学员正确评估自己。

五 教学模具教学

教学模具包括按照比例模仿实物结构的模型以及按照比例模拟实物工作原理的示教板。模型侧重于真实反映实物的基本结构，而示教板侧重于真实反映系统的工作原理。

1 教学模具教学的特点

（1）教学直观形象。汽车许多零部件的结构比较复杂，教练员难以通过简单的语言描述或利用车辆零部件实物阐述清楚，例如，变速器的组成、制动系统的工作原理等。教学模型能够以剖面和透明的方式展现出实物的基本结构，使复杂的事物变得直观形象，使单一的教学模式变得多样化，便于学员理解和掌握。

（2）教学内容比较真实。教学模型是对实物或系统的真实反映，尽可能模仿实物或系统的原貌，因而在学员学习时，能增加真实感。

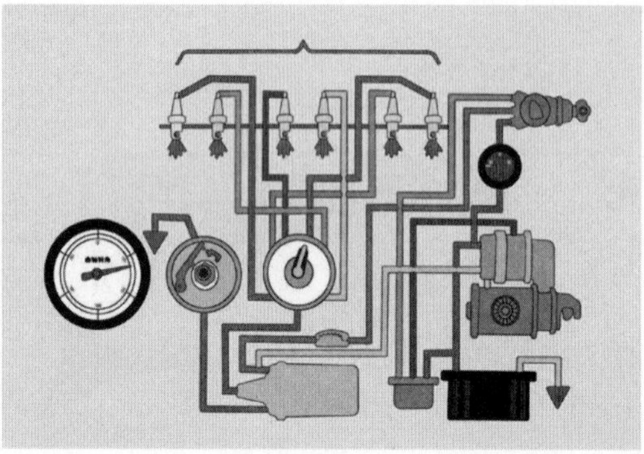

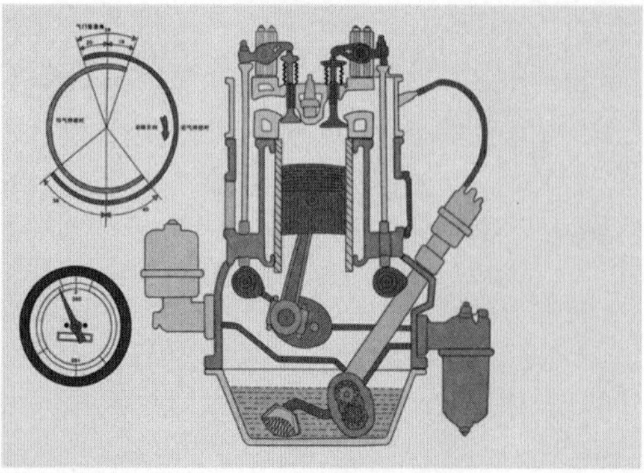

2 教学模具教学在驾驶培训中的应用

教学模具主要用于直观地展示车辆总成的基本结构和工作原理，例如《教学与考试大纲》第一部分的“车辆结构常识”等教学项目。教练员在教学过程中需要注意以下几方面的问题：

（1）让学员带着问题观看教学模具。教学模具所模仿实物的结构相对比较复杂，因此，教练员需要根据教学内容和教学目标，向学员提出明确的观察要求，让学员带着问题观察，增强学习的针对性。

（2）进行适当的解说。结构的复杂性增加了学员理解的难度。教学过程中，学员很难通过自己的观察为存在的问题找到满意的答案。因此，教练员需要有针对性地进行讲解，以在短时间内完成教学任务，达到预期的教学目标。

（3）注意正确的解说顺序。教练员针对模型的解说应当有合适的先后顺序，或者根据结构，由表及里；或者按照工作流程，按组成部位进行讲解。总之，解说过程中需要突出一条主线，便于学员理解和接受。

六 典型案例分析教学

典型案例分析是安全文明驾驶理论学习的重要内容和具体运用的教学手段，是以教学事故现场所提供的基本情况为依据，按照道路交通相关法律法规的规定，对事故发生的经过做出全面分析。其目的是强化学员安全文明驾驶意识，使学员正确认识事故的发生过程，判断事故发生原因，吸取事故教训，划清责任，及时采取有效措施，保证驾驶教学安全。

1 典型案例分析教学的特点

（1）具有强烈的吸引力、感染力和影响力。事故案例是生动具体、实实在在的活教材，具有形象性、直观性的特点。事故案例内容切合驾驶教学实际，针对性强，容易引起教练员和学员的共鸣。

（2）可以采用灵活多变的形式。进行案例教学可以采用录像、多媒体、分析会、现场会等形式，既可以形象教学，又可以文字宣传教育，从各个侧面增强教学效果。

（3）内容充实，容易找出事故根源。每一次事故的发生，偶然中隐含着必然，往往有深刻的思想根源和管理漏洞。通过案例分析，容易抓住事故的本质，从学员上车之日起就进行安全意识的灌输，将对其一生的驾驶行为产生深远的影响，从而提高学员在处理交通情况时的安全运行的能力，实现本质安全。

2 典型案例分析教学在驾驶培训中的应用

案例分析教学主要用现实的事故来警示学员从上车之日起就要树立遵章守法、珍爱生命的安全文明意识，并按照《教学与考试大纲》要求，讲授安全文明驾驶理论知识。例如《教学与考试大纲》第一部分的“道路通行规则”；第二部分的“场地驾驶”；第三部分的“道路驾驶”；第四部分的“恶劣气象和复杂道路条件下的安全驾驶”“紧急情况临危处置”“发生交通事故后的处置”。

运用典型案例分析教学时，应注意以下几个方面：

典型案例分析教学不同于案情介绍，仅仅把事故的基本情况介绍给学员是远远不够的，主要是根据事故案例找到事故发生的原因，从中吸取教训与启示，在案例运用中应注意：

（1）典型案例分析要有针对性，要难易适中，教练员要了解学员的个性特点、知识背景等因素，有针对性地选择案例。

（2）典型案例分析要有时宜性，要根据教学进度，合理安排案例分析的时机，切不可随意进行，主观臆断，夸大案情，让学员产生恐惧感。

（3）典型案例分析要有侧重性，案例分析教学不能取代理论知识讲授，案例分析教学目的是为了让学员更好地理解和掌握安全文明驾驶知识，如果没有理论知识的讲解，学员对案例分析则过于片面和零散。侧重安全文明驾驶知识讲解是案例教学的基础和前提。

案例

案例一　教练员场地脱岗教练车冲出墙外

2010年3月18日，××省××驾校教练员来某进行场地驾驶训练时脱岗，让学员张某一人在训练场地进行倒桩训练。由于操作不当，张某将加速踏板误当制动踏板踩下，车辆加速后撞破场地隔离墩，径直撞上外墙，导致墙外过路的一名13岁学生身亡。

事故原因分析：教练员责任心不强，擅自离开教学岗位，既没有对学员场地驾驶进行指导练习，又没有预见学员可能出现的驾驶错误，从而造成事故的发生。

事故责任认定：该教练车的教练员负事故的全部责任。

教训与启示：教学过程中任何一个疏忽都有发生事故的危险，教练员一定要有教学风险意识，加强责任心，坚守自己的工作岗位，人车不离，确保教学安全。

案例二　教练员酒后教练，被后方跟车追尾

2013年1月21日，××省××驾校教练员唐某带领3名刚刚考完“科目二”的学员返回驾校，为了庆贺唯一通过的学员王某，4人到饭店吃饭并饮酒，饭后另外2名学员回单位，教练员唐某和学员王某继续上路教练，当教练车行至某路口时，学员王某怀疑走错路而紧急制动，造成教练车被后面跟车追尾。

事故原因分析：教练员法律观念淡薄，明知酒后不准教练，还和学员共同饮酒，明知学员王某已经饮酒，仍然主观放任其驾车，未尽到职责和义务，从而造成教学事故。

事故责任认定：该车教练员因主观放任学员酒驾负连带责任被刑拘。

教训与启示：在驾驶教学中，教练员要知法守法，不仅自己要模范地遵章守法，率先垂范给学员做出榜样，还要培养学员自觉遵章守法，文明驾驶的安全意识，并将其贯穿于教学的全过程，防微杜渐，警钟长鸣，确保人民生命财产安全。

七 计时培训系统

计时培训系统是利用信息技术对驾驶培训全过程的学习实时进行记录和管理的系统，包括驾驶培训监管服务平台、驾驶培训机构计时培训应用平台、计时终端等。该系统的应用能够及时、准确地掌握教学过程和学员培训信息，规范驾驶员培训教学过程，保障培训质量。2016年5月，交通运输部发布了《机动车驾驶员计时培训系统平台技术规范》《机动车驾驶员计时培训系统计时终端技术规范》两项规范性文件（交通运输部公告2016年第17号），对计时培训系统的技术性能做了进一步的规范。

1 计时培训系统的功能要求

1 驾驶培训机构计时培训应用平台

指部署在机动车驾驶培训机构，对学员计时培训全过程进行管理和服务，并为相关管理部门提供信息的平台，简称计时平台。计时平台应具有基础数据导入导出功能、驾驶培训机构管理功能、学员培训过程管理功能、服务监督与评价功能，以及信息统计、培训教学大纲管理、计时终端管理、系统设置等功能。主要功能类别和功能设计见表3-2。

驾驶培训机构计时培训应用平台主要功能类别和功能设计　　表3-2

类　别	功能设计	
基础数据导入导出	应至少支持以Excel格式导入和导出计时平台向全国驾培平台申请培训机构、教练员、考核员、安全员、教练车、计时终端和学员的统一编号时提供的资料信息和统一编号	
驾驶培训机构管理功能	信息查询	应能对培训机构的名称、经营许可证号、许可时间、地址、联系人、联系电话、经营范围等基础资料信息进行查询
	教练员管理	（1）教练员信息备案：应能采集教练员的基础资料信息，并上传至监管服务平台备案。 （2）教练员信息查询：应能对教练员基本信息进行查询，可查询其从业经历、历史教学记录等信息。 （3）教练员继续教育备案查询：可查询教练员继续教育完成情况、备案信息

续上表

类别		功能设计
驾驶培训机构管理功能	教练车管理	（1）教练车信息备案：应能采集教练车的基础资料信息，并上传至监管服务平台备案。 （2）教练车信息管理：应能对教练车的基础资料信息进行查询、添加和修改。 （3）车辆技术等级评定记录查询：可对教练车的车辆技术等级评定记录进行查询。 （4）车辆检测及二级维护记录查询：可对教练车的车辆检测及二级维护记录进行查询
	教学区域管理	应能在电子地图上对驾培机构的教学区域进行电子围栏设定及管理，并上传至监管服务平台审核。教学区域信息应包括名称、地址、面积、培训车型、空间位置坐标等，可包括可容纳车辆数、已投放车辆数等
	驾培机构考核员管理	应能对考核员的基础资料信息进行备案和查询，应包括考核员姓名、证件号码、所属培训机构、任职资格、从业经历等信息
	驾培机构安全员管理	应能对安全员的基础资料信息进行备案和查询，应包括安全员姓名、证件号码、所属培训机构等信息
	培训时段信息管理	应具备教练员排班信息的管理功能
	服务项目及收费标准信息管理	应能对驾培机构的收费信息进行查询、添加和修改，并上传至监管服务平台备案。收费标准应能区分定时培训、预约培训等不同培训模式，一次性收费、计时收费等不同收费模式，先学后付、先付后学等不同付费模式以及不同培训车型
	其他设施、设备管理	可根据GB/T 30340—2013的规定，管理驾培机构其他设施、设备信息
	预约信息管理	可具备学员预约培训信息的管理功能，预约信息可从其他系统中获取
	支付信息管理	可具备学员支付信息的管理功能，支付信息可从其他系统中获取
	驾培机构分支机构管理	可具备对驾培机构的分支机构信息进行管理的功能
	驾培机构营业网点管理	可具备对驾培机构的营业网点信息进行管理的功能
学员培训过程管理	学员信息管理	（1）基本信息管理：应能对学员的基本信息进行管理，并上传至监管服务平台备案。 （2）电子教学日志管理：应能对学员的每次培训过程记录形成的电子教学日志进行管理，并上传至监管服务平台备案。同时能接收监管服务平台转发的学员远程教育电子教学日志，并进行统一管理
	跨驾培机构管理	应能对跨驾培机构学员信息进行管理，并上传至监管服务平台备案
	学时审核管理	应能按电子教学日志手动和自动对学员的培训学时记录进行初审，审核规则应包含培训大纲要求的最小时间和里程、教学区域比对、图片比对、轨迹比对以及学时限定规则等。初审结果应在学员的每个培训部分结束后形成阶段培训记录并汇总生成电子培训部分记录表，加盖培训机构电子签章后统一上传至监管服务平台审核。同时能够接收监管服务平台对阶段培训记录的审核结果
	结业考核管理	应能对学员的结业考核结果进行管理，并加盖电子签章后上传至监管服务平台备案

续上表

类　别	功能设计	
学员培训过程管理	培训全流程查询	（1）查询条件设置：应能按学员姓名、学员编号、证件号码等查询条件，查询学员培训全流程信息。 （2）报名信息查询：应能查询学员的报名信息。 （3）培训项目查询：应能查询学员各培训项目信息。 （4）有效培训过程信息查询：应能查询学员有效培训过程信息
服务监督与评价管理	教练员管理	（1）投诉管理：应能向监管服务平台获取教练员被投诉信息。 （2）评价管理：应能向监管服务平台获取学员对教练员的评价信息
	驾培机构管理	（1）投诉管理：应能向监管服务平台获取驾培机构被投诉信息。 （2）评价管理：应能向监管服务平台获取学员对驾培机构评价信息
信息统计	学员信息统计	可实时统计学员报名数据、学时数据、考核数据和考试数据
	教练员信息统计	可实时统计教练员的招生数据、教学学时数据、带学考核数据和带学考试数据
培训教学大纲管理	培训状态设定	应能对总学时和不同部分、不同项目的学时要求分别设定，实现培训学时分部分进行计时，可实现按项目计时
	培训内容设定	应能对不同章节、不同课程的培训内容、培训学时分别设定，实现分章节、分课程培训
计时终端管理	计时终端信息管理	应能对教练车、模拟器和课堂教学的计时终端相关信息进行管理，并上传至监管服务平台备案
	终端登录	应具备支持基于平台整体安全体系下的计时终端注册、注销、鉴权功能
	学员及教练员登录	应具备支持学员及教练员登录和登出功能
	计时终端信息接收	端学时信息和定位数据接收功能
	预约信息更新	可具备支持更新计时终端所属车辆当日预约订单数据功能
	图片和视频功能	应具备自动接收和下发相应指令后接收计时终端上传的图片并与计时数据同步展现的功能，可具备自动接收和下发相应指令后接收计时终端上传的视频信息并与计时数据同步展现的功能
系统设置	统一编号管理	应能向全国驾培平台申请培训机构、教练员、考核员、安全员、教练车、学员、计时终端的统一编号
	用户管理	应具备用户和角色的添加、修改、删除功能。 应至少包含管理员和普通用户两种角色类型
	权限管理	应能对用户和角色分别分配权限，权限应包括系统功能菜单使用权限，数据访问权限。用户和角色的权限可以被赋予，也可以被收回
	日志管理	应能基于不同用户实现其操作记录管理的功能，日志内容包括用户、时间、操作等信息
	证书管理	应支持向全国驾培平台申请计时平台及计时终端的证书，用于数据传输过程中的安全及防篡改
	电子签章管理	应支持电子培训部分记录表、结业证书的统一电子签章功能

2 计时终端

指用于采集、存储和传输培训类别、教学部分、培训时长等学员培训信息以及教练员教学信息等的终端设备，按培训类别不同，分为车载计程计时终端、课堂教学计时终端和模拟训练计时终端。

计时终端的培训信息采集和存储功能应满足如下要求。

（1）计时终端应能采集和存储驾驶培训机构编号、教练员编号、学员编号、终端设备编号、教学部分、培训类别、教学项目、签到时间、签退时间、签到时长和培训时长等培训信息，培训信息内容和格式应符合《机动车驾驶员计时培训系统平台技术规范》中附录A的要求。

（2）计时终端具有图像或视频信息采集和存储功能的，应符合以下要求：

①教练员和学员签到或签退时，计时终端触发摄像头采集、存储教练员和学员的图像或者视频信息；

②在培训过程中，按照间隔时间或者计时平台下发的指令采集、存储教练员和学员的图像或者视频信息；

③在培训过程中，随机进行至少1次采集、存储教练员和学员的图像或者视频信息；

④采集和存储图像或视频信息时，同时记录和在图像数据内嵌入驾驶培训机构编号、教练员编号、学员编号、采集时间等信息；

⑤采集的图像或视频应清晰可辨。

（3）计时终端断电时，应自动进入断电保护状态，能存储断电前采集的培训信息。

2 计时培训系统的应用

计时培训系统主要用于监督和管理学员参加驾驶培训的情况，下面以车载计时计程终端的使用为例，说明在每次培训过程中的操作步骤：

（1）插入教练员IC卡，进行身份验证，通过后，开启车载计时计程终端的键盘，准备本次课程训练。

（2）插入学员IC卡，进行身份验证，通过后，学员根据自己的训练情况，按照《教学与考试大纲》的训练要求，选择具体的教学项目和学时，开始本次课程训练。

（3）训练过程中，车载计时计程终端自动记录学员训练的时间、里程、行驶速度、车辆位置、培训过程图片等信息。

（4）训练结束后，学员输入对教练员的满意度信息，并插入学员IC卡，结束本次训练。

第三节 教案的编写

教案是教练员为实现《教学与考试大纲》设定的教学目标而具体细化并精心设计的授课框架，是以学时或教学项目为单位编写的教学具体行动计划或方案，是组织教学的重要依据。俗话说：“凡事预则立，不预则废”，教练员在授课前认真编写教案，授课时才可能胸有成竹，有计划、有步骤地上好驾驶培训课。此外，通过编写教案和讲评，教练员还能及时发现并解决教学中存在的问题，不断提高教学水平。

一 教案的编写要素和基本要求

教案是教练员针对具体课程编制的实施方案，解决教什么、如何教的问题。它不是对教材简单的重复或缩写，而是包含教案特定的要素，按照教案系统的编写程序完成的教学蓝本，是教练员对教材的再加工和再创造。

1 教案的编写要素

教案的编写形式灵活多样，教练员可以根据授课内容及自身的教学风格决定。但是，一份完整的教案应当包含表3-3所示的基本要素。

教案的编写要素及其内涵 表3-3

基本要素	内涵
教学项目	教学大纲确定的某类知识点的教学名称，分为理论教学项目和实际操作教学项目两种
教学目标	按照教学大纲的要求，学员通过某次课程的学习，需要达到的预期效果(例如学员认知、情感、行为等的变化)
教学内容	教练员通过对教学大纲、教材等资料的研究分析，所确定的教学知识信息的总和及其重点、难点
教学学时	按照教学大纲的要求，某次授课所需的教学时间。驾驶员培训以1小时为1个学时计量单位
教学方法	在教学过程中，教练员为达到教学目标，完成教学任务而采取的教与学相互作用的活动方式的总称，如讲授教学法、示范教学法和模拟教学法等
教学手段	在教学过程中，教练员为达到教学目标，完成教学任务而使用的各种教学用具的统称，如多媒体软件、教学磁板、教练车、驾驶模拟器等
教学场所	根据教学内容确定的适宜的教学地点。如理论课通常在教室进行，而实际操作训练通常在场地内或实际道路上进行
教学过程	是整个教案的主体部分，也是教案编写最重要的步骤，把教学活动划分为若干环节或步骤，用以明确教学活动的逻辑程序
教学分析与评价	教练员对教学实际效果的总结与分析，包括对教学重点和难点的把握、教学方法和手段应用的效果、教学过程设计的合理性、学员学习积极性的调动、学员对内容的掌握程度以及改善措施等教学情况的总结与分析

2 教案编写的基本要求

教练员应根据教学内容、授课方式及学员的基本情况，结合实际教学条件、个人的教学经验和教学风格，发挥自己的个性、特点和才华，提前编写出规范、工整、内容完整充实、条理清晰且具有自身特色的教案。教案的编写应符合以下的基本要求：

（1）以《教学与考试大纲》为依据。《教学与考试大纲》是教学的指导性文件，是组织教学和进行教学检查的基本依据。教练员首先应钻研《教学与考试大纲》，了解《教学与考试大纲》对各阶段教学项目、教学目标、教学内容和教学学时的要求，使编写的教案与《教学与考试大纲》、教学计划保持一致。如果《教学与考试大纲》、教学计划有变化，教案也必须按照新《教学与考试大纲》重新编写。

（2）分单元编写教案。教案编写一般以一次授课为单元，可灵活根据教学项目或者教学学时来划分。例如，以“夜间安全驾驶知识”为专题，编写一份完整的理论教案。

（3）教案的繁简应适当。教案是教练员对教学过程的设想和计划，承载的是教学的组织管理信息，不等同于授课讲稿，因此，不宜过分详细。教案设计的详细与否，因人而异。一般来说，刚从事教学工作的教练员应尽可能编写详细的教案。

（4）以服务教学、指导教学为根本准则。教案主要是能够提纲挈领地反映教学过程的设计思路，处理好应该教什么和学什么、如何教和如何学、教得怎样和学得怎样的关系，提示教练员上课需要强调的重点内容和注意事项，包括如何引导学员学习或练习，使教学真正服务于学员素质的全面提高。

（5）教学内容安排应科学、合理，遵循学员的学习规律。教案编写应符合知识迁移的科学性。教练员要弄清各部分知识的内在联系，充分利用知识迁移规律，对新知识引入、讲解、练习、巩固及学员能力开发等环节，都要作出科学合理的安排，以符合学员知识形成规律和能力发展的渐进性。如在进行加速、减速操作教学前，教练员首先要向学员介绍如何进行正确的挡位操作，再讲解手脚协调操作。

二 教案的编写步骤

教案的编写是教练员按照《教学与考试大纲》的要求，在充分准备的基础上，围绕教案的组成要素进行教学规划的过程。教案的编写包括如下步骤：

1 备课

所谓备课，是教练员在授课前所做的全部准备工作。教学过程是一个存在多种矛盾的复杂过程，教练员需要预先考虑好教什么、怎么教、如何调动学员的积极性等。因此，教练员应从三个方面来备课：

1 分析教学对象

教学是一个教与学同时进行的双向活动，因此教学效果的好坏与教练员了解学员情况的程度有关。教练员对学员的情况了解得越透彻，授课就越有针对性，从而能提高教学效率和效果。

首先，教练员可以运用一些方法来分析学员的学习特点。例如，教练员可凭借学员的培训申请表了解学员的性别、年龄和职业背景等情况，并根据个人的教学经验判断学员可能的学习特点；对于已经培训过的学员，教练员可根据学员平时的言谈举止以及在训练中的表现，判断学员的文化修养、性格、气质、学习态度和学习能力等特点。

其次，教练员可以利用教学日志了解学员对相关知识和技能的学习与掌握情况以及目前仍存在的问题。教练员了解了学员目前的学习状况，才可能依据学员的认知规律，有针对性地提出改进措施，因材施教。

2 确定教学内容

教练员首先应根据教学计划，结合对学员情况的分析结果，确定教学项目和教学内容，并通过分析《教学与考试大纲》和阅读教材，使教学层次分明、教学重点突出、教学难点清晰。

（1）分析《教学与考试大纲》。教练员准确理解《教学与考试大纲》的内涵，是合理设计和撰写教案的基础。教练员只有深入钻研《教学与考试大纲》，才能了解教学目标和学时要求，理解哪些是重点和难点、哪些内容学员不容易理解、哪些内容学员容易混淆以及理解不同知识和技能之间的内在关联，并自觉转化为教学活动的指导思想。

（2）阅读教材。阅读教材包括对教材的通读、精读和多读。教练员理解教材越深越透，教学时越能得心应手。

①通读是指教练员粗略地阅读教材，对教材进行全面系统了解的过程。教练员通过这种阅读方式，能够领会教材的宏观结构以及所包含的知识点，从而对教材内容进行合理的取舍。

②精读是指教练员选择教材中与教学内容相关联的部分，进行仔细推敲、深入剖析和理解的过程。教练员通过这种阅读方式，可以准确把握各知识点的内涵及各知识点之间的逻辑关系。

③多读是指教练员尽可能多读一些与所授课程相关的参考书籍和资料。多读能够帮助教练员开阔思路，丰富知识面，提高教学能力，从而使教练员在讲课时能够深入浅出、轻松自如。

3 选择合适的教学方法和手段

教无定法，贵在得法。教练员结合驾驶教学的特点，在授课中合理应用教学方法和手段，尤其是多媒体教学和模拟教学等先进教学手段，能够丰富教学的形式，激发学员学习的兴趣，提高学员学习的积极性和主动性，增强教学互动，取得良好的教学效果。

教学方法和手段的选择取决于教学内容、学员的特点、教练员的教学风格及教学条件等因素。因此，教练员在选择教学方法与手段时，应考虑教学条件是否允许，是否与教学内容相适应，是否有助于学员理解内容，从而实现教学目标。

2 教学过程设计

设计教学过程是教练员在确定教学内容、对学员情况进行分析以及选择好教学方法和手段的基础上，针对某个教学项目，明确教案要素并进行课堂教学程序设计的过程。

1 理论课教学过程设计

理论课教学过程设计主要考虑以下四个方面：

（1）教学内容的安排。一般来说，每个授课内容涉及的知识点都非常广泛，而教学时间非常有限，因此，教练员需要根据教学目标，确定讲授的知识点，明确知识点的主次关系，并按照知识点之间的内在联系确定内容的先后顺序。

（2）教学时间的分配。教练员首先应按照理论教学模式的规范，对导入新课、讲解内容、总结练习和布置作业四个教学环节有一个总体上的时间分配；然后根据教学内容的轻、重、难、易，合理地规划教学进度。对教学内容的时间分配，原则上教练员不是围绕学员感兴趣的内容，而是应对重点和难点内容给予充足的时间保障。

（3）教学活动设计。教学活动设计是教练员结合所选择的教学方法和手段，围绕四个教学环节，设计相应的“教”与“学”的活动。教练员应在教案中体现出具体的教学指导方法。理论教学活动设计注意事项见表3-4。

理论教学活动设计注意事项 表3-4

教学活动	目　标	注意事项
导入新课	激发学员对教学内容的兴趣	应尽量避免平铺直叙
讲解内容	让学员理解和掌握知识	（1）明确哪些内容必须深入讲解，哪些内容可以一带而过，并通过教学时间分配来体现； （2）在教案中列出授课的主线和教学内容的先后顺序； （3）在教案中，针对具体内容标注相应的教学手段和教学方法
总结练习	让学员巩固所学知识	（1）在教案中明确总结练习的形式，是对本次课内容的回顾，还是设问让学员回答； （2）采用回顾的形式，则应以内容逻辑关系为主线，体现教学重点和难点内容；采用设问的形式，应在教案中列出具体的问题
布置作业	让学员灵活运用所学知识	在教案中注明作业的内容

（4）板书设计。板书是需要在教室黑板上或者在多媒体课件中展现的内容。设计并书写出优美的板书，是教练员组织教学的基本功。板书设计应条理清晰，书写工整，突出重点难点，保留或擦除部分层次分明，能够形象地揭示所有授课知识点及其内在的联系。

2 实际操作教学过程设计

实际操作教学过程设计主要考虑以下三个方面：

（1）教学内容的安排。教练员应依照动作技能形成和完善的规律，结合学员的训练情况，确定先让学员巩固哪些所学的动作，再让学员重点学习哪些操作技能。

（2）教学时间的分配。教练员首先应按照操作技能训练模式的规范，总体分配讲解动作要领、示范动作、指导练习、训练讲评四个教学环节的时间；然后根据操作技能的复杂和难易程度，合理地规划教学进度，尤其对学员较难掌握的技能给予充足的练习时间。

（3）教学活动设计。教学活动设计是教练员结合所选择的教学方法和手段，围绕四个教学环节，设计相应的“教”与“学”的活动，是教案编写的核心。教练员应在教案中体现具体的教学指导方法，从而能够有效指导教练员规范、正确地组织教学。实际操作教学活动设计注意事项见表3-5。

实际操作教学活动设计注意事项 表3-5

教学活动	目　标	注意事项
讲解动作要领	让学员了解训练的安排，领会要领，并建立动作定向印象	（1）在讲解动作要领前，应先说明本次课的训练内容、应达到的目标和训练的安排； （2）讲解动作要领时，应说明动作的达标要求，并对复杂动作进行分步骤讲解，在教案中应列出具体的动作分解方法
示范动作		（1）应先进行动作要领讲解，再向学员示范动作；示范动作时，可以适当配合一些讲解； （2）示范动作时，可以将正确动作和错误动作进行对比示范，并在教案中列出对比示范的动作
指导练习	让学员模拟练习、熟练掌握动作	（1）在教案中写明学员的练习方式和教练员应如何提供相应的指导； （2）在教案中写明在学员练习时，教练员应重点注意的一些事项，包括应如何保证训练的安全、应向学员强调哪些训练要点等
训练讲评	让学员了解训练效果	在教案中写明将从哪些方面进行讲评，包括学员哪些操作掌握得好，哪些操作还需改进，下一次课将进行什么训练项目

3 课后总结与分析

教练员在课后应对本次课的教学情况进行总结和分析，包括判断学员的学习效果，分析教学环节设计和时间安排的合理性，教学重点和难点的把握情况，教学方法和手段的合理性等，并把分析结果列在教案当中，为后续修改教案和改进教学组织提供参考。教练员只有经常反思教学中存在的问题，才能保证及时改进教学，提高教学水平。

三 教案编写实例

按照教案编写的步骤、考虑教案编写要求、体现教案的基本要素，是教案编写的共性要求，更重要的是学会针对具体的教学项目，设计出体现教学思想、重点突出、层次脉络清晰和个性鲜明的教案。

1 编写理论课教案

理论课主要采取教练员与学员“一对多”的授课形式。在教学过程中，教练员相对而言是主动的，学员则是被动的。因此，为了提高学员学习的主动性，教练员应按照教案编写的基本步骤精心设计，在教学方法和手段的选择上，注重通过情景教学帮助学员掌握理论知识。

下面以第四部分中的“安全驾驶”为例，介绍理论课教案的具体编写方法。

1 备课

教练员应根据理论课教学的特点，在授课前做好充分的准备：

（1）分析教学对象。学员在此之前已经学习了道路交通安全法律、法规知识，熟练掌握各类道路条件下的通行规则，熟练掌握变更车道、跟车与限制超车、会车规定、避让行人和非机动车、掉头与倒车的规定，并在场地驾驶训练中进行了初步的应用。因此，教练员在授课时重点是进一步巩固学员安全驾驶知识，提升实际道路安全驾驶的能力。

（2）确定教学内容。教练员通过《教学与考试大纲》可以了解到“安全驾驶”的教学目标是：掌握车辆安全检查与调查方法，养成行车前对车辆进行安全检查与调整的驾驶习惯；掌握车内安全装置的正确使用方法，熟知乘车人的安全保护方法，养成使用安全带、安全头枕、儿童安全座椅等主要安全装置的习惯；掌握起步、汇入车流、跟车行驶、变更车道、会车、超车、让超车、停车、掉头、倒车及通过弯道、路口、人行横道、学校区域、居民小区、公交车站的安全驾驶方法，养成安全行车的驾驶习惯。因此，教练员可以确定主要从安全操作要领、安全驾驶行为等方面来授课。此外，教练员通过阅读教材，结合个人的经验，确定让学员掌握安全驾驶行为是授课的重点和难点。

（3）选择教学方法和手段。除了讲授教学之外，教练员可以针对某个具体问题采取讨论的方式，增强教学互动，让学员主动参与到教学之中。为了使教学内容直观、易于理解，教练员可以借助多媒体教学手段，给学员演示典型驾驶场景。

2 设计教学过程

教练员可按照理论教学模式包括的教学活动，合理安排教学进度。在内容讲解环节，教练员可以根据教学内容的内在逻辑关系，先向学员简单介绍违法驾驶行为的危害，说明行车风险与安全驾驶的重要性，然后结合典型交通情境讲解车辆安全检查与调整、安全驾驶方法等。教练员在设计内容讲解的同时，还应注明具体的教学指导方法。

3 理论教学示范教案

理论教学示范教案见表3-6。

理论教学示范教案 表3-6

教学项目	安全驾驶	教学阶段	第四部分
教学目标	掌握车辆安全检查与调查方法，养成行车前对车辆进行安全检查与调整的驾驶习惯；掌握车内安全装置的正确使用方法，熟知乘车人的安全保护方法，养成使用安全带、安全头枕、儿童安全座椅等主要安全装置的习惯；掌握起步、汇入车流、跟车行驶、变更车道、会车、超车、让超车、停车、掉头、倒车及通过弯道、路口、人行横道、学校区域、居民小区、公交车站的安全驾驶方法，养成安全行车的驾驶习惯		
教学内容	车辆安全检查与调整；安全驾驶行为；养成安全行车的驾驶习惯		
重点难点	安全驾驶行为		
教学方法	讲授、讨论、演示、播放视频		
教学手段	电脑、投影仪、投影幕、多媒体教学软件、视频资料		
教学场所	第____教室		

续上表

教学项目	安全驾驶	教学阶段	第四部分
教学过程设计			
教学活动	内　　容	时间安排	教学指导
导入新课	播放安全操作或典型道路交通事故的视频	5min	结合多媒体软件、视频进行讲解
讲课内容（板书设计）	一、车辆安全检查与调整 （1）出车前的安全检查； （2）上车前的安全确认； （3）下车前的安全确认	20min	（1）结合典型交通情境，配合多媒体进行演示、讲解； （2）应向学员强调出车前安全检查、上下车前观察交通情况的重要性，树立安全意识
	二、安全装置的使用与对乘车人的保护 （1）掌握车内安全装置的正确使用方法； （2）熟知乘车人的安全保护方法； （3）养成使用安全带、安全头枕，儿童安全座椅等主要安全装置的习惯	25min	（1）结合典型交通情境，配合多媒体进行演示、讲解； （2）结合几个典型的交通情境，组织学员讨论，再做总结发言； （3）结合考试题库进行讲解
	三、安全驾驶行为 1. 起步、停车时的安全驾驶 （1）起步时的安全驾驶与礼让； （2）临时停车时的安全驾驶与礼让； （3）雨天临时停车时的安全驾驶与礼让； （4）雾天临时停车时的安全驾驶与礼让； （5）夜间临时停车时的安全驾驶与礼让； （6）雪天临时停车时的安全驾驶与礼让； （7）安全停放车辆的驾驶与礼让。 2. 交会时的安全驾驶 （1）汇入车流时的安全行车与礼让； （2）会车时的安全行车与礼让； （3）超车时的安全行车与礼让； （4）让超车时的安全行车与礼让； （5）超越障碍物时的安全行车。 3. 变更车道时的安全驾驶 （1）绕过障碍物时安全变更车道； （2）行车中安全变更车道； （3）在交叉路口安全变更车道。 4. 倒车、掉头时的安全驾驶 （1）倒车时的安全驾驶与礼让； （2）掉头时的安全驾驶与礼让。 5. 通过弯道时安全驾驶 （1）弯道的安全驾驶； （2）山区弯道的安全驾驶。 6. 通过路口的安全驾驶 （1）通过交叉路口时的安全驾驶； （2）通过铁路道口时的安全驾驶； （3）通过环岛时的安全驾驶。 7. 通过学校、居民小区、公交车站的安全驾驶 （1）通过学校的安全行车与礼让； （2）通过居民小区的安全行车与礼让； （3）通过公交车站的安全行车与礼让	60min	（1）结合典型交通情境，配合多媒体进行演示、讲解； （2）应向学员强调违法驾驶行为的风险； （3）结合几个典型的交通情境，组织学员讨论，再做总结发言； （4）结合考试题库、道路驾驶考试评分标准进行讲解

续上表

教学项目	安全驾驶	教学阶段	第四部分
教学活动	内　容	时间安排	教学指导
课堂练习	从考试题库中选择两种题型中的部分试题进行练习	10min	教练员结合试题提问，学员作答
课后作业	要求学员熟记与教学内容相关的试题库中的试题		—

2 编写实际操作训练教案

按照计时制的要求，实际操作训练主要采取教练员与学员“一对一”的授课形式。在教学过程中，以学员自主练习和训练为主，教练员进行动作讲解、示范、指导或训练总结，注重对学员实际操作技能的培养。

下面以第二部分中的“倒车入库”为例，示范编写实际操作训练教案。

1 备课

教练员应根据实际操作训练的特点，在授课前做好充分的准备：

（1）分析教学对象。学员在此之前已经掌握了车辆基本操控能力，因此，教练员在授课时主要是根据学员的学习特性，合理安排训练，引导学员灵活应用所学技能完成教学任务。

（2）确定教学内容。教练员通过《教学与考试大纲》可以了解到“倒车入库”的教学目标是：掌握参照地面目标，合理操纵车辆从两侧倒入和驶出车库的正确操作方法。教练员可以明确主要让学员练习倒车路线调整、速度控制和安全停车的规范操作。此外，教练员结合个人的经验，确定训练中的重点和难点是选取合适的倒车参照物、正确调整倒车路线。

（3）选择教学方法和手段。教练员的示范讲解，是学员掌握技能的前提。除此之外，教练员还可加强学员的练习，并在学员练习过程中，采取多种方式，增强学员的主动性。

2 设计教学过程

首先，教练员要向学员明确倒车入库训练的内容、基本要求和对训练的安排；其次，教练员要采用边示范、边讲解的方法，向学员讲解示范操作要领、步骤方法和注意事项，并结合教学经验，讲解在操作中容易出现的错误以及如何避免这些错误；让学员练习倒车入库，教练员随车对训练进行监督指导；最后教练员要对学员的训练情况进行讲评，指出学员存在的问题和改进措施。

3 实际操作训练示范教案

实际操作训练示范教案见表3-7。

实际操作训练示范教案　　表3-7

教学项目	倒车入库	教学阶段	第二部分
教学目标	掌握参照地面目标，合理操纵车辆从两侧倒入和驶出车库的正确操作方法		
教学内容	从右侧倒入车库；从左侧倒入车库		
重点难点	倒车时参照物的确定；倒车时行驶路线的调整		
教学方法	教练员讲解、示范、随车指导，学员练习		
教学手段	实车操作（教学车辆必须与学员申请的准驾车型相符）		
教学场所	教练场内第2号库位		

续上表

教学项目	倒车入库	教学阶段	第二部分
教学过程设计			
教学活动	内　　容	时间安排	教学指导
讲解动作要领	1. 向学员说明本次训练的内容、训练目标和训练安排 2. 介绍倒车入库场地式样和尺寸 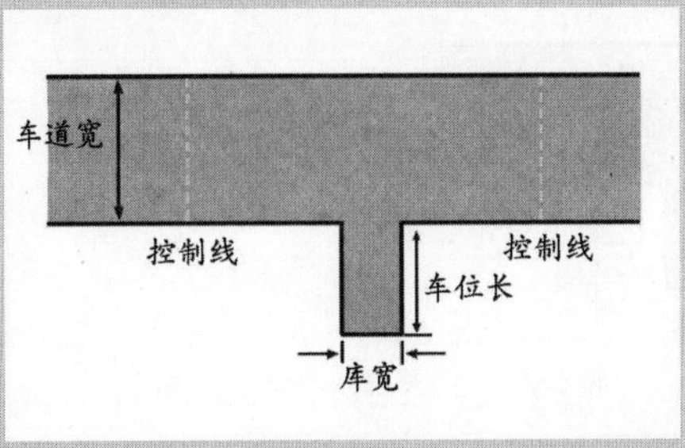 3. 介绍训练操作要求 从道路一端控制线（两个前轮触地点在控制线以外），倒入车库停车，再前进出库向另一端控制线行驶，待两个前轮触地点均驶过控制线后，倒入车库停车，前进驶出车库，回到起始点。考试过程中，车辆进退途中不得停车。项目完成时间不得超过3.5min	30min	在教练场，教练员可结合教材中的示意图进行讲解
动作示范与指导练习	一、动作整体示范 教练员进行一个完整的操作示范。	30min	（1）教练员在示范动作时，学员应随车观察； （2）教练员边示范、边讲解，根据学员的理解程度，必要时重复讲解、示范，直至学员完全理解； （3）教练员先整体示范，再分步骤进行示范；车辆到达预定的参照点时，换学员在驾驶座或下车观察参照点与车辆位置之间的关系
	二、动作分解示范 （1）将车辆与边缘保持1.20～1.50m间距在起点停正； （2）调整好倒车的驾驶姿势，挂倒挡从起点直线倒车； 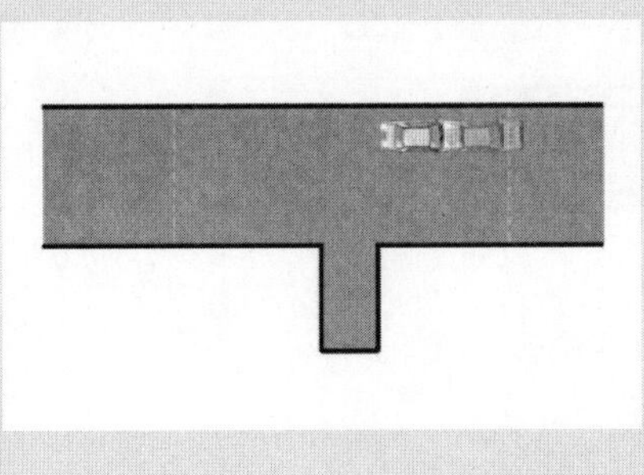	160min	（1）学员在训练时，教练员随车指导，及时纠正学员的错误动作； （2）学员练习时，适当让其安全停车并下车查看、体会； （3）教练员对学员出现的错误做好记录

续上表

教学项目	倒车入库	教学阶段	第二部分
教学活动	内　　容	时间安排	教 学 指 导
动作示范与指导练习	（3）当车头后端与车库右侧边线平行时，将转向盘向右打到底； 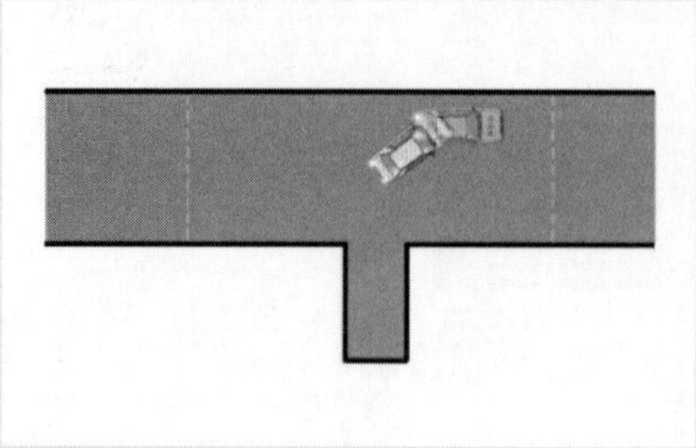 （4）从右后视镜观察车尾与左侧边线的距离，当车左后角进入车库后，将转向盘向左回一圈； （5）从左后视镜或后视窗中看到车身即将摆正时，回正转向盘，保持车身直线倒车进车库； （6）当车前端进入车库后，迅速停车； 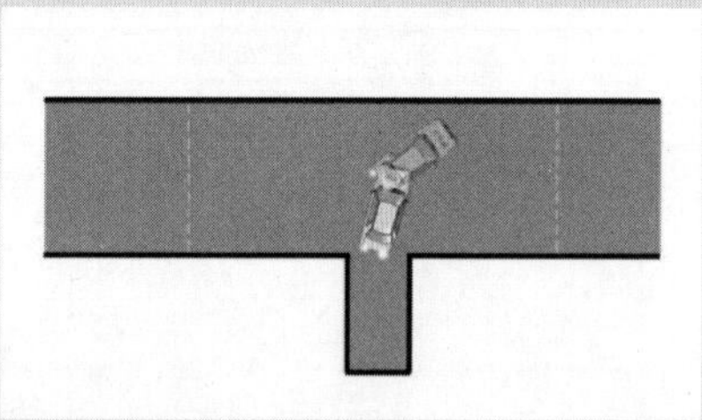 （7）从车库内起步，保持直线行驶，当车中心出库后，迅速向右将转向盘打到底； 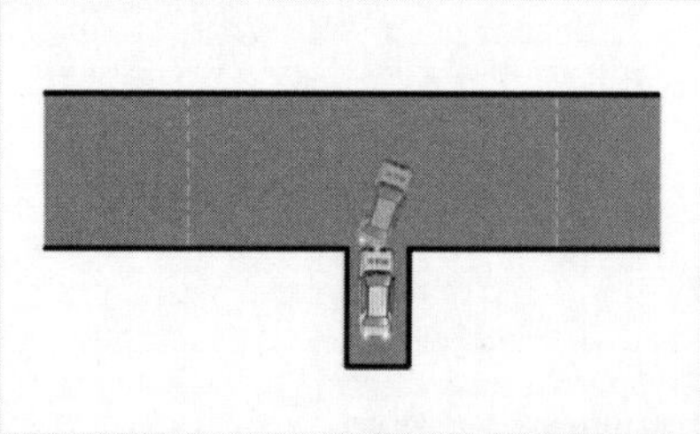 （8）当车身与车库边线平行，车头超过控制线后时，摆正转向盘后停车； 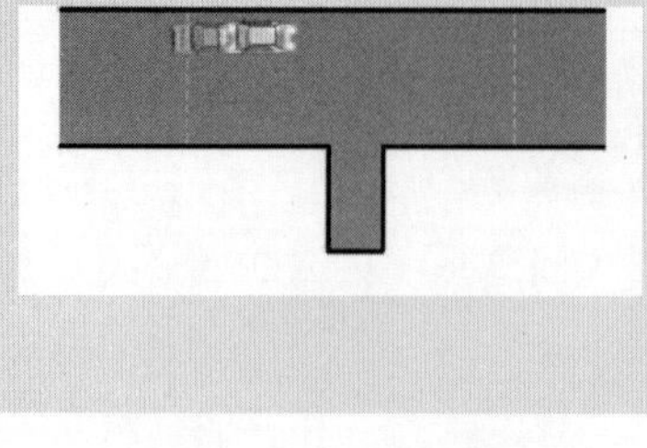	160min	（1）学员在训练时，教练员随车指导，及时纠正学员的错误动作； （2）学员练习时，适当让其安全停车并下车查看、体会； （3）教练员对学员出现的错误做好记录

续上表

教学项目	倒车入库	教学阶段	第二部分
教学活动	内　　容	时间安排	教 学 指 导
动作示范与指导练习	（9）挂倒挡起步后将车与边线保持1.20～1.50m间距行驶； （10）当车后端与车库左侧边线平行时，将转向盘向左打到底； 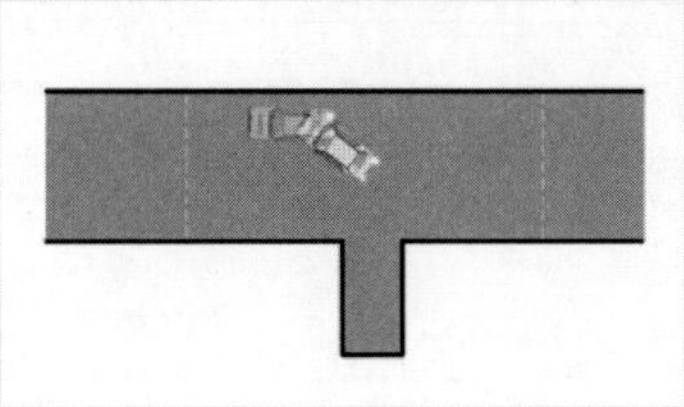 （11）从右后视镜观察与右侧边线的距离，当车后右角进入车库后，将转向盘向右回一圈； 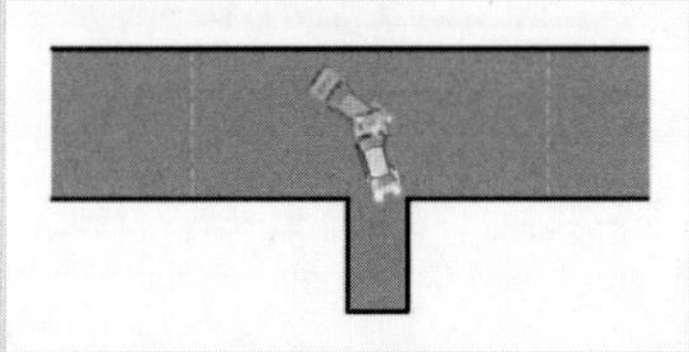 （12）从两侧后视镜或后视窗中看到车身即将摆正时，回正转向盘，保持车身直线倒车进车库； （13）当车前端进入车库后，迅速停车。 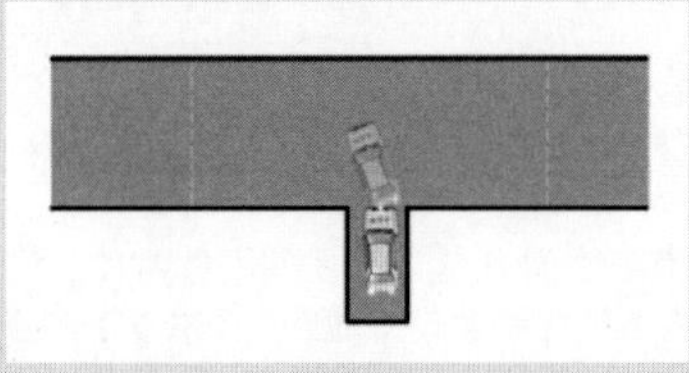 三、训练要点 （1）学员逐步进行操作，并确认车身目标与位移规律； （2）训练的关键在于加强学员的目测能力，掌握操作要领。 四、学员易犯的错误 （1）车身与目标找不准确； （2）不能相对固定目标，每次位置都有变化； （3）停车时不回正转向盘或熄火	160min	（1）学员在训练时，教练员随车指导，及时纠正学员的错误动作； （2）学员练习时，适当让其安全停车并下车查看、体会； （3）教练员对学员出现的错误做好记录
训练讲评	（1）询问学员的训练体会，说明学员动作完成的基本情况，有哪些方面的进步； （2）说明学员在训练中存在哪些问题，下一步训练的侧重点； （3）说明下次课将进行哪个项目的训练	5min×4	教练员结合错误记录进行讲评，注意适当给予鼓励

第四节 规范化教学

一 第一部分

《教学与考试大纲》规定的“第一部分道路交通安全法律、法规和相关知识”教学内容主要有法律、法规及道路交通信号、机动车基本知识、综合复习及考核3个教学项目。教学目标为：掌握法律、法规和规章中与道路交通安全有关的相关规定；熟练掌握各类道路条件下的通行规则；熟练掌握道路交通信号的含义和作用；掌握地方性法规的重点内容；了解机动车基本知识；掌握机动车主要仪表、指示灯和操纵机构、安全装置的基本知识。

1 法律、法规及道路交通信号

1 机动车驾驶证申领与使用

教学项目	机动车驾驶证申领与使用
教学目标	了解法律法规中关于机动车驾驶证申领与使用的规定
教学内容	1.机动车驾驶证许可 符合公安部门规定的驾驶证许可条件→申请机动车驾驶证→经过公安机关交通管理部门考试合格→取得相应类别的机动车驾驶证。 2.学习机动车驾驶 在道路上学习驾驶技能，要使用教练车，由教练员随车指导，按照公安机关交通管理部门指定的路线、时间进行，与教学无关的人员不得乘坐教练车。 驾驶证实习期。驾驶员初次申领机动车驾驶证后的12个月为实习期。在实习期内驾驶机动车时，车身后要粘贴或者悬挂统一式样的实习标志；上高速公路行驶，要由持相应或者更高准驾车型驾驶证3年以上的驾驶员陪同。 3.驾驶员考试要求 机动车驾驶员考试内容分为道路交通安全法律、法规和相关知识考试（以下简称“科目一”）、场地驾驶技能考试（以下简称“科目二”）、道路驾驶技能和安全文明驾驶常识考试（以下简称“科目三”）。 机动车驾驶员考试顺序按照科目一、科目二、科目三依次进行，前一科目考试合格后，方可参加后一科目的考试。科目三道路驾驶技能考试合格后，方准参加安全文明驾驶常识考试。 4.发证、换证、补证 机动车驾驶申请人考试合格后，在接受不少于半个小时的交通安全文明驾驶常识和交通事故案例警示教育，并参加领证宣誓仪式后，当日核发机动车驾驶证。 机动车驾驶证有效期有6年、10年、长期三种。 驾驶员户籍迁出原车辆管理所管辖区，应向迁入地车辆管理所申请换证。驾驶员在驾驶证核发地车辆管理所管辖区以外居住的，可以向居住地车辆管理所申请换证。 驾驶员在机动车驾驶证有效期满前90日内，向机动车驾驶证核发地车辆管理所申请换证。机动车驾驶证记载的机动车驾驶员信息发生变化时，要在30日内到机动车驾驶证核发地车辆管理所申请换证。 机动车驾驶证遗失的，要向机动车驾驶证核发地车辆管理所申请补发。 5.违法记分 公安交通管理部门对驾驶员的交通违法行为除依法给予行政处罚外，实行累积记分制度。道路交通安全违法行为累积记分，从机动车驾驶证初次领取之日起计算，一个周期（记分周期）为12个月，满分为12分。一次有两个以上违法行为为记分的，分别计算，累加分值。 6.驾驶证审验 机动车驾驶证有效期满申请换证的，驾驶员户籍迁出原车辆管理所管辖申请换证的，在核发地车辆管理所管辖区以外居住区申请换证的，发生交通事故造成人员死亡承担同等以上责任未被吊销机动车驾驶证的驾驶员，都要接受审验。

续上表

教学项目	机动车驾驶证申领与使用
教学内容	7.驾驶证注销 驾驶员在实习期内记满12分的，注销其实习的准驾车型驾驶资格。驾驶员具有以下情形之一的，车辆管理所注销其机动车驾驶证: （1）死亡； （2）提出注销申请； （3）丧失民事行为能力，监护人提出注销申请； （4）身体条件不适合驾驶机动车； （5）有器质性心脏病、癫痫病、美尼尔氏症、眩晕症、癔症、震颤麻痹、精神病、痴呆以及影响肢体活动的神经系统疾病等妨碍安全驾驶疾病； （6）被查获有吸食、注射毒品后驾驶机动车行为，正在执行社区戒毒、强制隔离戒毒、社区康复措施，或者长期服用依赖性精神药品成瘾尚未解除； （7）超过机动车驾驶证有效期一年以上未换证； （8）年龄在60周岁以上，在一个记分周期结束后一年内未提交身体条件证明； （9）年龄在70周岁以上，所持机动车驾驶证只具有低速载货汽车、三轮汽车准驾车型； （10）机动车驾驶证依法被吊销或者驾驶许可依法被撤销

2 道路交通信号和道路通行规则

教学项目	道路交通信号和道路通行规则
教学目标	熟练掌握道路交通信号灯、道路交通标志、道路交通标线、交通警察手势的含义和作用；熟练掌握各类道路条件下的通行规则；熟练掌握变更车道、跟车、超车与限制超车、会车、避让行人和非机动车、掉头与倒车、停车等的规定
教学内容	1.道路交通信号 （1）交通信号灯：交通信号灯有红、黄、绿三种颜色。红灯亮表示禁止通行，绿灯亮表示准许通行，黄灯亮表示警示。 （2）交通标志：交通标志有警告标志、禁令标志、指示标志、旅游区标志、道路施工安全标示、指路标志、辅助标志7种。 （3）交通标线：交通标线按功能可分为指示标线、禁止标线、警告标线3种。 （4）交通警察手势信号：交通警察手势信号有停止信号、直行信号、左转弯信号、左转弯待转信号、右转弯信号、变道信号、减速慢行信号、示意车辆靠边停车信号8种。 2.道路通行规则 （1）道路通行规定：道路划分为机动车道、非机动车道和人行道的路段，机动车、非机动车和行人实行分道行驶。在没有划分车道的道路上，机动车在道路中间通行。 （2）变更车道：驾驶机动车在道路上变更车道，不能影响其他车辆正常行驶。在道路同方向划有2条以上机动车道的路段，变更车道的机动车不得影响相关车道内正常行驶的机动车的正常行驶。 （3）跟车：驾驶机动车与同车道行驶的前车应注意保持足以采取紧急制动措施的安全距离，否则一旦前车采取紧急制动，容易发生追尾事故。 （4）超车与限制超车：驾驶机动车超车时，提前开启左转向灯，在确认有充足的安全距离后，从前车的左侧超越，在与被超车辆拉开必要的安全距离后，开启右转向灯，驶回原车道。 驾驶机动车不得在铁路道口、交叉路口、窄桥、弯道、陡坡、隧道、人行横道、市区交通流量大的路段等没有超车条件的路段超车。 （5）会车：驾驶机动车在没有中心隔离设施或者没有中心线的道路上，遇相对方向来车时，要减速靠右行驶，并与其他车辆、行人保持必要的安全距离。 （6）避让行人和非机动车：驾驶机动车通过没有交通信号控制的交叉路口时，要减速慢行，让行人和非机动车先行。在没有方向指示信号灯的交叉路口转弯时，要让直行的行人和非机动车先行。 （7）掉头与倒车：驾驶机动车掉头时，要严格控制车速，仔细观察道路前后方情况，确认安全，并不得妨碍正常行驶的其他车辆和行人的通行。在有禁止掉头或者禁止左转弯标志、标线的地点以及在铁路道口、人行横道、桥梁、急弯、陡坡、隧道或容易发生危险的路段，不得掉头。 驾驶机动车倒车时，要查明车后情况，确认安全后倒车。不得在铁路道口、交叉路口、单行路、桥梁、急弯、陡坡或者隧道中倒车。 （8）停车：驾驶机动车停车，要在规定地点停放。需要在路边停车时，选择在停车泊位内停放

3 驾驶行为和违法行为处罚

教学项目	驾驶行为和违法行为处罚
教学目标	熟练掌握法律法规中有关驾驶行为的规定和要求；熟悉主要交通安全违法行为情形和驾驶机动车的禁止行为；掌握交通事故责任承担原则，交通肇事罪和危险驾驶罪的含义；掌握法律责任的基本知识
教学内容	1.驾驶行为 （1）基本要求：机动车驾驶员要严格遵守道路交通安全法律、法规的规定，按照操作规范安全驾驶、文明驾驶。驾驶机动车上道路行驶前，驾驶员要对机动车的安全技术性能进行认真检查，不得驾驶安全设施不全或者机件不符合技术标准等具有安全隐患的机动车。 （2）避让特殊车辆：驾驶机动车遇到执行紧急任务的警车、消防车、救护车、工程救险车等特种车辆，以及正在进行作业的道路养护车辆、工程作业车时要注意避让。 （3）高速公路安全行驶：驾驶机动车从匝道驶入高速公路，在高速公路三角地带开启左转向灯，注意观察行车道内的车辆，正确选择汇入行车道的时机，确保安全。在高速公路上发生故障时，要迅速将车移至不妨碍交通的地方停放。故障车难以移动的，要立即开启危险报警闪光灯，在故障车来车方向150m以外设置警告标志，车上人员应当迅速转移到右侧路肩或者应急车道内，并且迅速报警。 2.违法行为处罚 驾驶员违反道路交通安全法律、法规的规定，发生重大交通事故，构成犯罪的，将被依法追究刑事责任，并由公安机关交通管理部门吊销机动车驾驶证。造成交通事故后逃逸的，由公安机关交通管理部门吊销机动车驾驶证，且终生不得重新取得机动车驾驶证。对道路交通安全违法行为的处罚种类包括：警告、罚款、暂扣或者吊销机动车驾驶证、拘留

4 机动车登记、交通事故处理

教学项目	机动车登记、交通事故处理
教学目标	了解机动车登记的有关规定；了解道路交通事故快速处置方法，事故现场保护、事故报警与求助
教学内容	1.机动车登记 （1）注册登记：驾驶员初次申领机动车号牌、行驶证时，要到机动车安全技术检验机构对机动车进行安全技术检验，取得机动车安全技术检验合格证明后，向所在地的车辆管理所申请注册登记。机动车达到国家规定的报废标准的不能办理注册登记。 （2）变更登记：已注册登记的机动车改变车身颜色、变更发动机、更换车身或者车架、因质量问题更换整车、营运机动车改为非营运机动车、住所迁出或者迁入车辆管理所管辖区域时，机动车所有人都应当向登记地车辆管理所申请变更登记。 （3）转移登记：已注册登记的机动车所有权发生转移时，现机动车所有人要自机动车交付之日起30日内向登记地车辆管理所申请转移登记。机动车所有人申请转移登记前，要将涉及该车的道路交通安全违法行为和交通事故处理完毕。 （4）抵押登记：机动车所有人将机动车作为抵押物抵押时，要向登记地车辆管理所申请抵押登记；抵押权消灭的，向登记地车辆管理所申请解除抵押登记。 （5）注销登记：机动车已达到国家强制报废标准、机动车灭失、机动车因故不在我国境内使用、因质量问题退车时，机动车所有人要到登记地车辆管理所办理注销登记。 2.交通事故处理 （1）事故现场报警和处置：在道路上发生交通事故时，驾驶员要立即停车，保护现场；在确保安全的原则下，立即组织车上人员疏散到路外安全地点，避免发生次生事故。因抢救受伤人员变动现场的，要标明位置。 （2）自行协商事故处理：在道路上发生仅造成轻微财产损失、未造成人身伤亡的交通事故，当事人对事实及成因无争议时，可以即行撤离现场，将车辆移至不妨碍交通的地点，恢复交通，自行协商处理损害赔偿事宜。移动车辆时，当事人要在确保安全的原则下对现场拍照或者标划事故车辆现场位置。 （3）事故现场的强制撤离：交通警察使用简易程序处理道路交通事故时，固定现场证据后，责令当事人撤离现场，恢复交通。对应该自行撤离现场而未撤离的当事人，可责令撤离现场，对造成交通堵塞的驾驶员处200元罚款

2 机动车基本知识

1 车辆结构常识、车辆主要安全装置及驾驶操纵机构的作用

教学项目	车辆结构常识、车辆主要安全装置及驾驶操纵机构的作用
教学目标	了解车辆的基本构成及各组成部分的基本功能；掌握安全头枕、安全带、安全气囊、灯光、喇叭、后视镜、逃生出口、仪表、报警灯、防抱死制动系统、儿童安全座椅的作用；掌握三角警告牌、灭火器等安全设备的作用；掌握转向、加速、变速、行车制动和驻车制动等操纵机构的作用；掌握离合器操纵机构的作用
教学内容	1.车辆结构常识、主要安全装置 （1）车辆的基本构成：汽车主要由发动机、底盘、车身和电气设备四部分组成。发动机产生的动力，通过离合器、变速器、万向传动轴和差速器传给驱动车轮，驱动汽车行驶。 （2）主要安全装置的配置：汽车的安全装置主要有安全头枕、安全带、安全气囊、防抱死制动系统、儿童安全锁、仪表装置、照明与信号装置等。 （3）防抱死制动系统：汽车紧急制动时，防抱死制动系统可防止车轮抱死，最大限度发挥制动器效能，在提供最大制动力的同时能使汽车前轮保持转向的能力，消除制动过程中的跑偏、甩尾等不稳定状态，并获得良好的制动效果。 （4）仪表装置：汽车仪表盘上安装有各种仪表、指示灯及警示灯，用于帮助驾驶员观察和掌握汽车各系统的工作情况，提示异常现象和故障，以便及时消除危险隐患。 （5）照明与信号装置：照明与信号装置主要包括前照灯、雾灯、转向信号灯、制动灯、倒车灯以及喇叭等，这些灯光与信号装置对车辆安全行驶起着重要的作用。 2.驾驶操纵机构的作用 （1）转向盘：转向盘是驾驶员操纵汽车行驶方向的装置，转向盘通过转向机构控制转向轮向右、向左改变汽车行驶方向或保持汽车直线行驶。 （2）加速操纵装置：加速踏板是驾驶员操纵汽车发动机转速的装置，用于控制进入发动机汽缸内燃料和空气的量。驾驶员踩下加速踏板，发动机转速提高，动力增加，抬起加速踏板，发动机转速和动力下降。 （3）制动操纵装置：制动踏板是驾驶员操纵汽车行车制动器的装置，用于汽车减速和停车。驾驶员踩下制动踏板，产生制动作用，抬起制动踏板，制动解除。 （4）变速器操纵器：驾驶员操纵变速器操纵杆变换变速器内不同齿轮的啮合，可改变汽车的动力、速度和进退方向，使汽车加速、减速或实现倒车。 （5）驻车制动操纵装置：驻车制动器操纵杆是驾驶员控制驻车制动系统的装置，可以使汽车可靠地停住而不溜滑。驾驶员拉紧驻车制动器操纵杆起制动作用，放下操纵杆，制动作用解除。 （6）离合器操纵装置：离合器是传递发动机和变速器之间动力的装置，驾驶员踩下离合器踏板，离合器分离，动力被切断；抬起离合器踏板，离合器接合，动力被传递

2 车辆性能、车辆检查和维护及车辆运行材料

教学项目	车辆性能、车辆检查和维护及车辆运行材料
教学目标	了解车辆性能与安全行车的关系；掌握车辆日常检查和维护的基本知识；了解轮胎、燃油、润滑油、冷却液、风窗玻璃清洗液等运行材料的使用常识
教学内容	1.车辆性能、车辆检查和维护 车辆性能好坏对车辆的安全行驶起着至关重要的作用，车辆行驶前驾驶员要对汽车的有关部位进行清洁和检查。汽车维护以行驶里程或时间为依据，需要由专业的维修厂完成。 2.车辆运行材料 （1）汽油：我国车用汽油一般有90号、92号和95号三个牌号。汽油牌号越高，其抗爆震性能越好（爆震是发动机汽缸内的一种不正常燃烧现象）。加注汽油时，按照汽车使用说明书要求选用规定牌号的汽油。 （2）发动机润滑油（简称机油）：机油分为冬季用机油、非冬季用机油和多级机油（四季通用）三类。号数越大，机油的黏度越高，适用的气温越高。添加机油时，按照汽车使用说明书要求选用规定牌号的机油。 （3）冷却液：冷却液是水与防冻剂按一定比例配制而成的，为了便于识别冷却液，在其中加入了着色剂，冷却液呈蓝绿色或黄色。水与防冻剂的比例不同，冷却液的冰点也不同。要按照汽车使用说明书要求选用和定期更换规定牌号的冷却液，不同牌号的冷却液不能混用。 （4）风窗玻璃清洗液：风窗玻璃清洗液主要由水、清洁剂和酒精配制而成。风窗玻璃清洗液分为夏季用和冬季用两种类型，添加时要根据气温情况来选用，要尽量避免混用不同牌号的清洗液

二 第二部分

《教学与考试大纲》规定的第二部分"基础和场内驾驶"教学内容主要有基础驾驶、场地驾驶、综合驾驶及考核3个教学项目。教学目标为：掌握基础驾驶和场地驾驶理论知识；掌握基础的驾驶操作要领，具备对车辆控制的基本能力；熟练掌握基础操作和场内驾驶的基本方法，具备合理使用车辆操纵机件、正确控制车辆运动空间位置的能力，能够准确地控制车辆的行驶位置、速度和路线。

小型汽车（包括小型自动挡汽车）基础驾驶包括驾驶姿势、操纵装置的规范操作、起步前车辆检查与调整；场地驾驶包括倒车入库、坡道定点停车和起步、侧方停车、曲线行驶、直角转弯。

1 基础驾驶

1 驾驶姿势、操纵装置的规范操作

教学项目	驾驶姿势、操纵装置的规范操作
教学目标	掌握正确的驾驶姿势，合理使用安全带掌握转向盘、变速器操纵杆、驻车制动装置、行车制动装置、加速操纵装置的正确操作方法；掌握灯光信号、喇叭及其他操纵装置的正确操作方法，掌握离合器踏板的正确操作方法
操作方法	1.驾驶姿势操作步骤 （1）腰部、背部靠在座椅上，调整座位，身体对正转向盘，距离保持在10cm以上，以双手能握住转向盘顶部为最合适的角度为准，头部端正，看远顾近。 （2）左、右两膝自然分开，膝盖微弯曲，能够轻松自如地踏加速踏板、离合踏板和制动踏板。 （3）两手分别轻松地握住转向盘两侧边缘，肘部微曲。 2.操纵装置操作步骤 （1）握转向盘：双手左高右低扶握，转动转向盘以左手为主，右手为辅。 （2）驻车制动：拉紧→松开。 （3）踏板识别：从左至右→离合踏板→制动踏板→加速踏板。 （4）挡位识别：空挡→1～5挡前进挡→倒车挡。 （5）通电起动：解锁→通电→起动。 （6）仪表灯光识别与应用。 （7）离合器踏板，一次踏到底，抬踏板时要做到两快两慢一停顿
教学难点	抬离合器踏板： 驻车制动操纵杆待放状态→（快）抬离合器踏板接近半联动→踩加速踏板（量与坡度成正比）→慢抬离合器踏板至联动点（发动机声音由清脆变沉闷或汽车有前行趋势。）→停顿（或将离合器压一压）→松驻车制动器操纵杆→慢抬离合器踏板，同时踏加速踏板→快抬离合器踏板（脚放在底板上）
注意事项	（1）换挡时，两眼注视前方，不得低头下看，不得强推硬拉变速器操纵杆。 （2）发现挂错挡位，应立即踏下离合器踏板重挂。 （3）不可用脚尖或脚心踩离合器踏板，以免操纵无力或脚滑离踏板。 （4）踩踏板时动作要迅速，一踩到底，使离合器分离彻底

2 起步前车辆检查与调整

教学项目	起步前车辆检查与调整
教学目标	掌握调整座椅、头枕、后视镜，以及系、松安全带的正确方法；掌握检查操纵装置、起动发动机、检查仪表、停熄发动机的正确方法
操作方法	调整座椅→头枕→后视镜→系松安全带→检查操作装置→起动发动机→检查仪表→停熄发动机

续上表

教学项目	起步前车辆检查与调整
教学难点	起动发动机操作： （1）动发动机时，踏下离合器踏板，稍踏加速踏板，旋动点火开关至Ⅲ（START）起动位置后，发动机起动后立即松开钥匙（不松钥匙的时间不得超过2.5s）。 （2）每次起动发动机的时间不得超过5s，再次起动应间隔15s；切忌发动机起动后猛踏加速踏板或连续踏抬加速踏板。 （3）发动机运转平稳后，放松离合器踏板和加速踏板。 （4）保持发动机怠速运转，检查仪表有无异常情况
注意事项	（1）系安全带：肩部安全带部分必须通过肩部中间，切勿勒过颈部、手臂，从手臂下或肩部后面通过。腰部安全带部分必须始终从髋部前面通过，切勿从腹部勒过。安全带不得打卷、扭曲，必须牢固插入插座内，防止安全带插到邻座插座上。 （2）起动发动机前，一定要先将变速器模拟杆置于空挡位置，发动机起动后，立即松开点火开关，遇到点火开关转不动时，可一边轻轻晃动转向盘，一边转动钥匙。 （3）正确调整好车辆内外后视镜，以减少后视盲区

2 场地驾驶

1 倒车入库

教学项目	倒 车 入 库
教学目标	掌握参照地面目标；合理操纵车辆从两侧倒入和驶出车库的正确操作方法
操作要求	从道路一端控制线（两个前轮触地点在控制线以外），倒入车库停车，再前进出库向另一端控制线行驶，待两个前轮触地点均驶过控制线后，倒入车库停车，前进驶出车库，回到起始点。考试过程中，车辆进退途中不得停车。项目完成时间不得超过3.5min
操作方法	驶入起始点→向右倒车→停车→直行→向左上线→停车→向左倒车→停车→驶离科目场地。 

续上表

教学项目	倒 车 入 库
操作方法	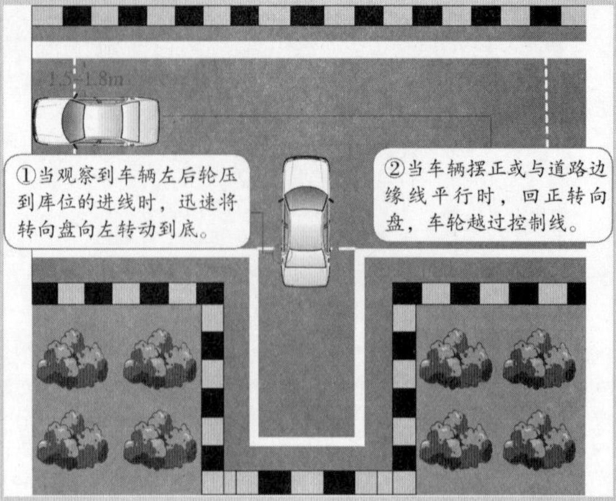 注意要点： （1）正确运用离合器半联动控制车速，保持车速平稳、缓慢，中间不能停顿，车身不能触轧道路及库位边缘线。 （2）在车辆倒入库位时，发现偏差要及时进行修正，调整转向盘的幅度不宜过大，一般控制在1/4圈范围内。 （3）学员在初次上车操作倒车入库时，容易出现将转向盘转反和错把加速踏板当制动踏板踩下等不安全因素，教练员要随车指导，确保安全
评判标准	（1）不按规定路线、顺序行驶的，不合格； （2）车身出线的，不合格； （3）倒库不入的，不合格； （4）在倒车前，未将两个前轮触地点均驶过控制线的，不合格； （5）项目完成时间超过规定时间的，不合格； （6）中途停车的，每次扣5分

2 坡道定点停车和起步

教学项目	坡道定点停车和起步
教学目标	掌握操纵车辆定点停车和坡道平稳起步的正确操作方法
操作要求	控制车辆准确停车，平稳起步，车辆不后溜。起步时间不得超过30s
操作方法	沿道路右侧边缘线内侧行驶（三点法）→找准定点停车参照物→按停车操作要领停车→坡路起步稳定性（离合器接合点、加速踏板与驻车制动或制动踏板三者配合能力）。 

续上表

教学项目	坡道定点停车和起步
操作方法	 注意要点： 把握设定目标点停车的准确性和起步的稳定性，强化操纵驻车制动器操纵杆、离合器踏板、加速踏板的配合
评判标准	（1）车辆停止后，汽车前保险杠未定于桩杆线上，且前后超出50cm的，不合格； （2）车辆停止后，车身距离路边缘线超出50cm的，不合格； （3）起步超过规定时间的，不合格； （4）车辆停止后，汽车前保险杠未定于桩杆线上，且前后不超出50cm的，扣10分； （5）车辆停止后，车身距离路边缘线超出30cm，未超出50cm的，扣10分； （6）停车后，未拉紧驻车制动器的，扣10分

3 侧方停车

教学项目	侧　方　停　车
教学目标	掌握操纵车辆顺向停入道路右侧车位(库)的正确操作方法
操作要求	车辆在库前方一次倒车入库，中途不得停车，车轮不触轧车道边线，车身不触碰库位边线。再前进向左前方出库，出库前应开启左转向灯，出库过程中车轮不触轧车道边线，车身不触碰库位边线，出库后关闭转向灯。项目完成时间不得超过1.5min
操作方法	驶入侧方停车起始位置→停车→直线倒车→选择向右转动转向盘时机→向右转动转向盘→（或转正转向盘）→选择向左转转向盘时机→向左转动转向盘→选择停车时机→停车→驶离科目。 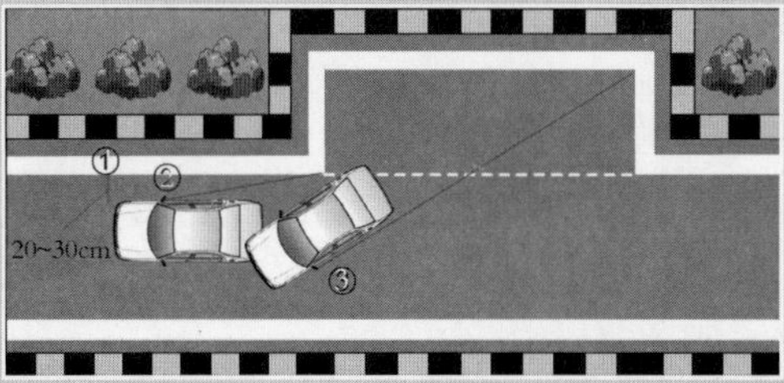  注意要点： 转动方向判断的方向和时机把握，严格要求驾驶姿势和车速

续上表

教学项目	侧 方 停 车
评判标准	（1）车辆入库停止后，车身出线的，不合格； （2）项目完成时间超过规定时间的，不合格； （3）行驶中车轮触轧车道边线的，每次扣10分； （4）行驶中车身触碰库位边线的，每次扣10分； （5）出库时不使用或错误使用转向灯的，扣10分； （6）中途停车的，每次扣5分

4 曲线行驶

教学项目	曲 线 行 驶
教学目标	掌握操纵转向盘；控制车辆进行曲线行驶的正确操作方法
操作要求	驾驶车辆以二档（含）以上挡位从弯道的一端前进驶入，从另一端驶出。行驶中转向、速度平稳。中途不得停车，车轮不得碰轧车道边线
操作方法	进入左转S形曲线行驶：控制转向盘→左弯，车辆尽量靠右行→视线沿车前的一点与右侧边线重叠并兼顾看后视镜行驶→弯道转换时，回正前轮→车行驶在路中间→右转，车辆尽量靠左行→视线沿车前的一点与左边侧边线重叠并兼顾看后视镜行驶→驶离科目场地  注意要点： 正确判断外侧车轮行驶位置，在车辆转弯时看后视镜；行驶中车速要均匀，中间不能停顿，车轮不得轧线
评判标准	（1）车轮轧道路边缘线的，不合格； （2）中途停车的，不合格； （3）行驶时挡位未挂在二挡以上的，扣5分

5 直角转弯

教学项目	直 角 转 弯
教学目标	掌握在急转弯路段正确操纵转向盘；准确判断内外轮差的方法
操作要求	驾驶车辆按规定的线路行驶，由左向右或由右向左直角转弯，一次通过，中途不得停车，车轮不得碰轧车道边线。转弯前，应开启转向灯，完成转弯后，关闭转向灯

续上表

教学项目	直角转弯
操作方法	（左直角转弯）驾驶车辆按规定的线路低速行驶→靠右侧行驶→选参照物→向左操纵转向盘→再选参照物→向右操纵转向盘→驶离科目场地。 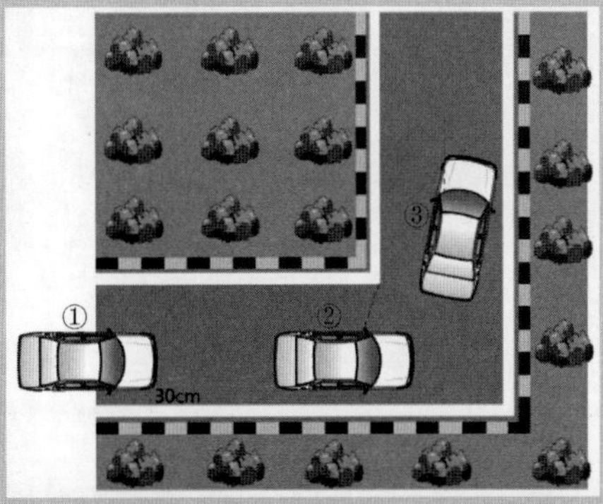 注意要点： 左直角转弯时，靠边、直线行驶，车身与右边线保证距离20～30cm
评判标准	（1）车轮轧道路边缘线的，不合格； （2）转弯时不使用或错误使用转向灯，转弯后不关闭转向灯的，扣10分； （3）中途停车的，每次扣5分

三 第三部分

《教学与考试大纲》规定的第三部分“道路驾驶”教学内容主要有跟车行驶、变更车道、靠边停车、掉头、通过路口、通过人行横道、通过学校区域、通过公共汽车站、会车、超车、夜间驾驶、恶劣条件下的驾驶、山区道路驾驶、高速公路驾驶、行驶路线驾驶、综合驾驶及考核16个教学项目。教学目标为：掌握道路驾驶时的安全行车相关知识；熟练掌握一般道路和夜间驾驶方法，能够根据不同的道路交通状况安全驾驶；具备自觉遵守交通法规、有效处置随机交通状况、无意识合理操纵车辆的能力，做到安全、文明、谨慎驾驶。

小型汽车（包括小型自动挡汽车）道路驾驶包括上车准备、起步、直线行驶、加减挡位操作、跟车行驶、变更车道、靠边停车、直行通过路口、路口左转弯、路口右转弯、通过人行横道线、通过学校区域、通过公共汽车站、会车、超车、掉头、夜间行驶、模拟夜间灯光使用、恶劣条件下的驾驶、山区道路驾驶、高速公路驾驶。

《机动车驾驶培训教学与考试大纲》规定的“第四部分安全文明驾驶常识”教学内容与 “第三部分道路驾驶”交叉融合。不再单独列出。

① 上车准备

<table>
<tr><th>教学项目</th><th>上　车　准　备</th></tr>
<tr><td>教学目标</td><td>规范上车动作，确保行车环境安全</td></tr>
<tr><td>操作要求</td><td>逆时针绕车一周，观察车辆外观和周围环境，确认安全。打开车门前应观察后方交通情况</td></tr>
<tr><td>操作方法</td><td>逆时针绕车一周对其外观及周围环境进行充分检查→上车→检查调整→系安全带。

注意要点：
上车前逆时针绕车一周，注意观察</td></tr>
<tr><td>评判标准</td><td>（1）未逆时针绕车一周检查车辆外观及周围环境的，不合格；
（2）打开车门前不观察后方交通情况的，不合格</td></tr>
</table>

② 起步

<table>
<tr><th>教学项目</th><th>起　　步</th></tr>
<tr><td>教学目标</td><td>掌握起步前检查、调整、观察的要领和安全平稳起步的驾驶方法</td></tr>
<tr><td>操作要求</td><td>起步前检查车门是否完全关闭，调整座椅、后视镜，系好安全带，检查驻车制动器、挡位，起动发动机。检查仪表，观察内、外后视镜，回头观察后方交通情况，开启转向灯，挂挡，松驻车制动，起步。
起步过程平稳、无闯动、无后溜，不熄火</td></tr>
</table>

续上表

教学项目	起　步
操作方法	充分观察后视镜→平稳起步。  注意要点： 强化起步过程中动作的协调性训练，熟练进行驻车制动器操纵杆、离合器踏板及加速踏板三者协调配合操作，安全、平稳起步
评判标准	（1）制动气压不足起步的，不合格； （2）车门未完全关闭起步的，不合格； （3）起步前，未观察内、外后视镜，回头观察后方交通情况的，不合格； （4）起动发动机时，挡位未置于空挡(驻车挡)的，不合格； （5）不松驻车制动器起步，未及时纠正的，不合； （6）不松驻车制动器起步，但能及时纠正的，扣10分； （7）发动机起动后，不及时松开起动开关的，扣10分； （8）道路交通情况复杂时起步不能合理使用喇叭的，扣5分； （9）起步时车辆发生闯动的，扣5分； （10）起步时，加速踏板控制不当，致使发动机转速过高的，扣5分； （11）起动发动机前，不检查调整驾驶座椅、后视镜、检查仪表的，扣5分

3 直线行驶

教学项目	直　线　行　驶
教学目标	掌握根据道路情况合理控制车速、使用挡位，保持直线行驶，跟车距离适当，行驶过程中适时观察内、外后视镜的驾驶方法
操作要求	根据道路情况合理控制车速，正确使用挡位，保持直线行驶，跟车距离适当，行驶过程中适时观察内、外后视镜，视线不得离开行驶方向超过2s
操作方法	行驶方向的控制：正确的驾驶姿势，直线行驶位置稳定性训练；行驶速度的控制：注意观察，适时调整车速；安全距离的控制：安全距离的识别，纵横向安全距的控制。 注意要点： 转向盘操作的稳定性，挡位的使用、跟车距离的确定

续上表

教学项目	直 线 行 驶
评判标准	（1）方向控制不稳，不能保持车辆直线运行的，不合格； （2）遇前车制动时不及时采取减速措施的，不合格； （3）不适时通过内、外后视镜观察后方交通情况的，扣10分； （4）未及时发现路面障碍物或发现路面障碍物未及时采取减速措施的，扣10分

4 加减挡位操作

<table>
<tr><th>教学项目</th><th>加减挡位操作</th></tr>
<tr><td>教学目标</td><td>掌握根据道路交通状况和车速，合理加减档，及时、平顺换挡的驾驶方法</td></tr>
<tr><td>操作要求</td><td>根据路况和车速，合理加减挡，换挡及时、平顺</td></tr>
<tr><td>操作方法</td><td>加速→加挡训练；减速→减挡训练；连续逐级→加挡和减挡训练；根据车速→越级减挡训练。

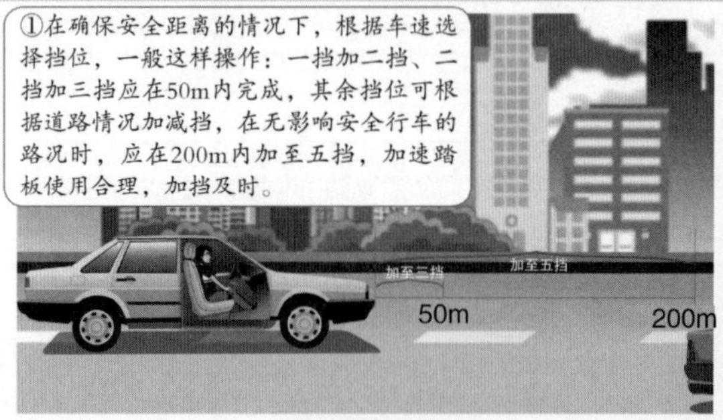

注意要点：
增强及时加挡意识，把握减挡时机，合理使用挡位</td></tr>
<tr><td>评判标准</td><td>（1）未按指令平稳加、减挡的，不合格；
（2）车辆运行速度和挡位不匹配的，扣10分</td></tr>
</table>

5 跟车行驶

教学项目	跟 车 行 驶
教学目标	熟悉跟车时合理控制跟车速度、保持跟车距离知识；掌握跟车行驶的安全驾驶方法
操作要求	根据车辆所处交通环境，以不同的行驶速度尾随前车，保持安全距离

续上表

<table>
<tr><th>教学项目</th><th>跟 车 行 驶</th></tr>
<tr><td>操作方法</td><td>车速与前车保持一致；前车加速时，及时加速，如前车过快就要放弃跟车；安全距离与车速有关，车速快时，适当加大跟车距离，车速慢时，适当缩小跟车距离；在极低速跟车时，应保持能看到前车整体后轮位置的跟车距离。

注意要点：
跟车行驶中，不仅要看前车，还要注意观察前车动态，特别是能够根前车情况及时制动，同时警示后车</td></tr>
</table>

6 变更车道

<table>
<tr><th>教学项目</th><th>变 更 车 道</th></tr>
<tr><td>教学目标</td><td>熟悉变更车道时观察、判断安全距离；控制行驶速度知识；掌握使用灯光信号、合理选择变更车道时机、平稳变更车道的安全驾驶方法</td></tr>
<tr><td>操作要求</td><td>变更车道前，正确开启转向灯，通过内、外后视镜观察，并向变更车道方向回头观察后方道路交通情况，确认安全后变更车道，变更车道完毕关闭转向灯。变更车道时，判断车辆安全距离，控制行驶速度，不得妨碍其他车辆正常行驶</td></tr>
<tr><td>操作方法</td><td>观察道路情况，不妨碍其他道路交通参与者→确认安全，遵守相关法律规定→开启转向灯→观察道路情况→确认不妨碍其他车辆正常行驶→逐渐将车辆变更到所需车道→关闭转向灯。

注意要点：
准确把握临近车道路况，确保安全</td></tr>
</table>

续上表

教学项目	变 更 车 道
评判标准	（1）变更车道前，未通过内、外后视镜观察，并向变更车道方向回头观察后方道路交通情况的，不合格； （2）变更车道时，判断车辆安全距离不合理，妨碍其他车辆正常行驶的，不合格； （3）变更车道时，控制行驶速度不合理，妨碍其他车辆正常行驶的，不合格

7 靠边停车

教学项目	靠 边 停 车
教学目标	熟悉靠边停车时正确使用灯光信号；观察后方和两侧交通状况知识；掌握靠路边顺位停车、倒入路边车位(S形倒车入位)、倒入车库(L形倒车入位)的驾驶方法
操作要求	开启右转向灯，通过内、外后视镜观察后方和右侧交通情况，并回头观察确认安全后，减速，向右转向靠边，平稳停车。拉紧驻车制动器，关闭转向灯。停车后，车身距离道路右侧边缘线或者人行道边缘30cm以内。需要下车的，回头观察左后方交通情况，确认安全后，缓慢打开车门，下车后关闭车门
操作方法	观察后方和右侧交通情况→开启右转向灯→适量踩下制动踏板→向右转动转向盘→车速降至一挡时踏下离合器踏板→右前轮靠近路沿时向左转动转向盘→向左回转动转向盘。  注意要点： 停车前后要注意观察四周交通情况，停车后熄火，关好车门
评判标准	（1）停车前，不通过内、外后视镜观察后方和右侧交通情况，并回头观察确认安全的，不合格； （2）考试员发出靠边停车指令后，未能在规定的距离内停车的，不合格； （3）停车后，车身超过道路右侧边缘线或者人行道边缘的，不合格； （4）需要下车的，在打开车门前不回头观察左后方交通情况的，不合格； （5）下车后不关闭车门的，不合格； （6）停车后，车身距离道路右侧边缘线或者人行道边缘超出50cm的，不合格； （7）停车后，车身距离道路右侧边缘线或者人行道边缘超出30cm，未超出50cm的，扣10分； （8）停车后，未拉紧驻车制动器的，扣10分； （9）拉紧驻车制动器前放松行车制动踏板的，扣10分； （10）下车前不将发动机熄火的，扣5分

8 直行通过路口、路口左转弯、路口右转弯

教学项目	直行通过路口、路口左转弯、路口右转弯
教学目标	合理观察交通状况知识；掌握减速或停车瞭望；直行通过路口的安全驾驶方法；熟悉路口合理观察交通状况及视野盲区知识；掌握减速或停车瞭望；正确使用灯光信号；左、右转弯通过路口的安全驾驶方法

续上表

<table>
<tr><th>教学项目</th><th>直行通过路口、路口左转弯、路口右转弯</th></tr>
<tr><td>操作要求</td><td>合理观察交通情况，减速或停车瞭望，根据车辆行驶方向选择相关车道，正确使用转向灯，根据不同路口采取正确的操作方法，安全通过路口</td></tr>
<tr><td>操作方法</td><td>抬(松加速踏板)→摆(摆正车道)→踩(降速)→看(观察)→转(转向)→换(换挡)→提(加速)→回(回车轮)。直线通过路口，少一个“转向”步骤。
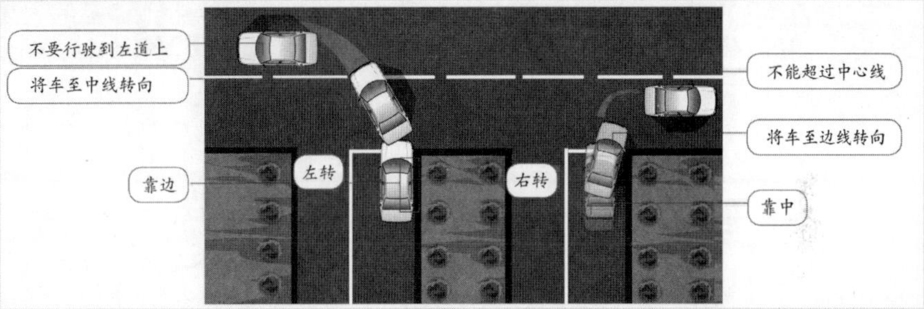

注意要点：
克服急促心理，忙而不乱</td></tr>
<tr><td>评判标准</td><td>（1）不按规定减速或停车瞭望的，不合格；
（2）不观察左、右方交通情况，转弯通过路口时，未观察侧前方交通情况的，不合格；
（3）不主动避让优先通行的车辆、行人、非机动车的，不合格；
（4）遇有路口交通阻塞时进入路口，将车辆停在路口内等候的，不合格；
（5）左转通过路口时，未靠路口中心点左侧转弯的，扣10分</td></tr>
</table>

9 通过人行横道线、通过学校区域、通过公共汽车站

教学项目	通过人行横道线、通过学校区域、通过公共汽车站
教学目标	熟悉在人行横道前观察两侧交通状况、提前减速、礼让行人知识；掌握安全通过的驾驶方法；熟悉通过学校区域时要提前减速观察；文明礼让；避让学生和校车知识；掌握安全通过的驾驶方法；熟悉通过公共汽车站提前减速；观察公共汽车进、出站动态和上下车乘客动态及预防行人横穿道路知识；掌握安全通过的驾驶方法
操作要求	减速，观察两侧交通情况，确认安全后，合理控制车速通过，遇行人停车让行；提前减速至30km／h以下，观察情况，文明礼让，确保安全通过，遇有学生横过马路时应停车让行；提前减速，观察公共汽车进、出站动态和乘客上下车动态，着重注意同向公共汽车前方或对向公共汽车后方有无行人横穿道路

续上表

教学项目	通过人行横道线、通过学校区域、通过公共汽车站
操作方法	通过人行横道训练，车辆接近人行横道线时，提前减速观察，随时准备停车礼让行人；通过校区训练，行至学校门口，提前减速，注意观察学生动态，随时准备避让横过道路的学生和儿童；通过公共汽车站训练，接近公共汽车站时，减速慢行，注意避让非机动车或行人，预防车站上下乘客从车前车后横穿道路。  注意要点： 时刻注意可能随时出现在车辆前方的儿童、行人等
评判标准	（1）不按规定减速慢行的，不合格； （2）不观察左、右方交通情况的，不合格； （3）未停车礼让行人的，不合格

⑩ 会车

教学项目	会　　车
教学目标	熟悉正确判断会车地点、会车时机及与对方车辆保持安全间距知识；掌握安全会车驾驶方法
操作要求	正确判断会车地点，会车有危险时，控制车速，提前避让，调整会车地点，会车时与对方车辆保持安全间距
操作方法	会车，留有足够的横向距离→避免危险“三点交会”；让车，在道路条件许可→应及时减速、让道。  注意要点： 保持车速，控制车辆间横向距离
评判标准	（1）在没有中心隔离设施或者中心线的道路上会车时，不减速靠右行驶，或未与其他车辆、行人、非机动车保持安全距离的，不合格； （2）会车困难时不让行的，不合格； （3）横向安全间距判断差，紧急转向避让对方来车的，不合格

11 超车

教学项目	超　车
教学目标	熟悉超车前观察被超越车辆动态；合理选择超车时机；超车中保持与被超越车辆安全间距和超车后驶回原车道知识；掌握安全超车驾驶方法
操作要求	超车前，保持与被超越车辆的安全跟车距离。开启左转向灯，通过内、外后视镜观察后方和左侧交通情况，并回头观察确认安全后，选择合理时机，鸣喇叭或交替使用远近光灯，从被超越车辆的左侧超越。超车时，观察被超越车辆情况，保持横向安全距离。超越后，开启右转向灯，通过内、外后视镜观察后方和右侧交通情况，并回头观察确认不影响被超越车辆正常行驶的情况下，逐渐驶回原车道，关闭转向灯
操作方法	同向超车：超车前观前后及左侧交通情况→确认安全→开启左转向灯发出超车信号→选择超车时机→保持安全距离→从左超越→超车后开启右转向灯→驶回原车道→关闭转向灯。 借道超车：发出超车信号→尾随待超→确认让车，且来车无碍→超车→发出回原车道信号→回道车（不妨碍其他车辆）→关闭转向信号。 让超车：发现超车信号→具备让车条件→开启右转向灯→减速→靠右行驶。 注意要点： 超车中，遇突然情况要慎用紧急制动，应及时减速，然后尾随，待时机成熟再超车；超越停放车辆，要注意开门、前方盲区，行驶中增大车距，鸣喇叭慢速通过
评判标准	（1）超车前，不通过内、外后视镜观察后方和左侧交通情况并回头观察确认安全的，不合格； （2）超车时机选择不合理，影响其他车辆正常行驶的，不合格； （3）超车时，未回头观察被超越车辆动态的，不合格； （4）超车时未与被超越车辆保持安全距离的，不合格； （5）超车后，驶回原车道前，不通过内、外后视镜观察后方和右侧交通情况并回头观察确认安全的，不合格； （6）在没有中心线或同方向只有一条行车道的道路上从右侧超车的，不合格； （7）当后车发出超车信号时，具备让车条件不减速靠右让行的，扣10分

12 掉头

教学项目	掉　头
教学目标	熟悉超车前观察被超越车辆动态；合理选择超车时机；超车中保持与被超越车辆安全间距和超车后驶回原车道知识；掌握安全超车驾驶方法
操作要求	观察前、后交通情况，确认安全后减速或停车，开启左转向灯、掉头。掉头时不妨碍其他车辆和行人的正常通行
操作方法	选择掉头地点→开启转向灯→减速或停车→前后观察→确认安全→操纵转向盘→完成掉头。 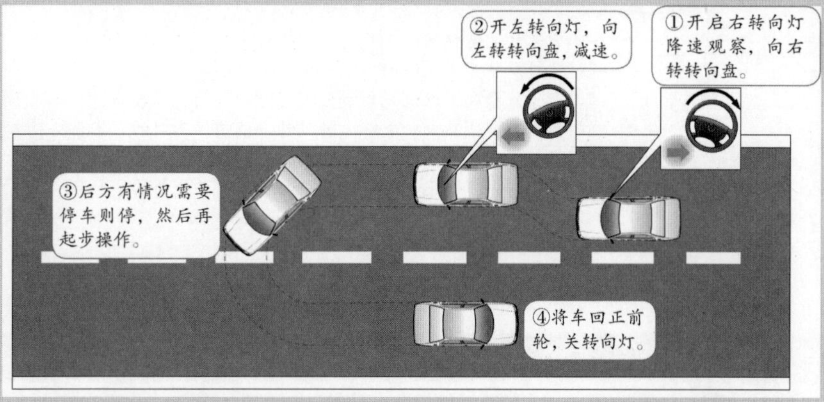 注意要点： 掉头过程中观察和转动转向盘同时进行，相互配合

续上表

教学项目	掉　头
评判标准	（1）不能正确观察交通情况选择掉头时机的，不合格； （2）掉头地点选择不当的，不合格； （3）掉头前未开启左转向灯的，不合格； （4）掉头时，妨碍正常行驶的其他车辆和行人通行的，扣10分

13 夜间驾驶和模拟夜间灯光使用

教学项目	夜间驾驶和模拟夜间灯光使用
教学目标	熟悉夜间起步、会车、超车、通过急弯、通过坡路、通过拱桥、通过人行横道或者在没有交通信号灯控制的路口正确使用灯光知识；掌握夜间安全驾驶方法
操作要求	起步前开启前照灯。行驶中正确使用灯光。无照明、照明不良的道路使用远光灯；照明良好的道路、会车、路口转弯、近距离跟车等情况，使用近光灯。超车、通过急弯、坡路、拱桥、人行横道或者没有交通信号灯控制的路口时，应交替使用远近光灯示意
操作方法	起步灯光使用，起步前开启近光灯，要确认安全后起步；有路灯、照明良好，使用近光灯；没有路灯或照明不良的道路行驶，使用远光灯。 会车：没有路灯或照明不良的道路上会车，提前变换远近灯光，后改用近光防炫目灯。在照明条件好的道路会车时，用近光灯，交会时关闭近光灯，使用小灯或示廓灯。 跟车：使用近光灯，保持安全距离。 超车：提前开启左转向灯，向左变更车道，变换远近光灯。 通过交叉路口：进行远近光灯变换。 通过人行横道：交替使用远近光灯。 通过坡、拱桥：交替使用远近光灯。 发生故障或事故：开启危险报警闪光灯、示廓灯、后位灯。 注意要点： （1）夜间行车要注意一只灯亮的机动车，防止由于灯坏，而发生撞车事故。 （2）对面远光灯照射看不到道路情况时，要降低车速或停车；雨天夜间行驶，应注意路面反光，防止看不清道路情况
评判标准	（1）不能正确开启灯光的，不合格； （2）同方向近距离跟车行驶时，使用远光灯的，不合格； （3）通过急弯、坡路、拱桥、人行横道或者没有交通信号灯控制的路口时，不交替使用远近光灯示意的，不合格； （4）会车时不按规定使用近光灯的，不合格； （5）通过路口时使用远光灯的，不合格； （6）超车时未交替使用远近光灯提醒被超越车辆的，不合格； （7）在有路灯、照明良好的道路上行驶时，使用远光灯的，不合格； （8）在路边临时停车不关闭前照灯或不开启示廓灯的，不合格； （9）进入无照明、照明不良的道路行驶时不使用远光灯的，扣5分

14 恶劣条件下的驾驶

教学项目	恶劣条件下的驾驶
教学目标	熟悉雨天、雾(霾)天、冰雪路面、泥泞道路、涉水等恶劣条件下的安全驾驶要领和方法
操作要求	合理使用灯光，控制车速，保证安全，可采用驾驶模拟设备教学

续上表

教学项目	恶劣条件下的驾驶
操作方法	（1）雨天行驶：控制速度，发生车辆（横）侧滑时，不可急转方向或紧急制动，利用发动机牵阻减速。 （2）雾霾天行驶：开启防雾灯、示廓灯，必要时开启近光灯，控制速度，保持安全距离。 （3）冰雪路驾驶：低速行驶，转向盘不可急打急回，发生侧滑，适当向后轮侧滑一方打方向，调整车身。 （4）泥泞道路行驶：中低速行驶，尽量少用制动器，匀速缓慢通过，发生侧滑时，松抬加速踏板，将转向盘向后轮侧滑一侧适当缓转修正方法。 （5）涉水驾驶：了解水深、水流、水底情况，车速均匀有足够动力"一气"通过涉水路段 可进行模拟练习

15 山区道路驾驶

教学项目	山区道路驾驶
教学目标	熟悉山区道路的安全驾驶要领和方法
操作要求	合理控制车速，安全跟车、会车，可采用驾驶模拟设备教学
操作方法	（1）坡道行驶：上坡前提前换入中低速挡，保持足够动力，驶上坡顶，下坡行驶减挡减速，利用发动机制动，不得空挡滑行；转弯行驶：减速、鸣喇叭、靠右行。 （2）跟车行驶：保持纵向安全距离，前车突然放慢速度时，采用间歇缓踏制动踏板辅以驻车制动的方法。 （3）会车：选择安全地点，在靠山一侧会车，确保安全缓缓通过 可进行模拟练习

16 高速公路驾驶

教学项目	高速公路驾驶
教学目标	熟悉高速公路的安全驾驶要领和方法
操作要求	安全驶入、行车、停车、驶离高速公路，可采用驾驶模拟设备教学
操作方法	（1）通过收费处后，注意观察指路标志，选择驶入的匝道。 （2）在高速公路上通行时，严格遵守最高时速和最低时速规定。在有限速标志的路段，及时将车速控制到限速以内。 （3）必须停车时，停车后，立即开启危险报警闪光灯，在车后方150m以外设置警告标志。 （4）行驶到出口预告标志后，左侧车道以上行驶的车辆，逐渐变道至最右侧行车道。 可进行模拟练习

第四章 安全文明驾驶意识的培养

车辆在行驶过程中，会遇到各种交通风险。如果驾驶员安全意识淡薄，无法预先辨识各种危险情境并采取应对措施，就可能引发道路交通事故。教练员应重视培养学员的安全意识、文明意识，让学员了解安全驾驶的影响因素、交通风险与安全驾驶方法。

一 强化安全驾驶知识传授

传授安全行车知识和安全驾驶方法，培养学员安全驾驶理念，是驾驶教练员教学工作的核心内容。教练员的驾驶态度和理念，直接影响学员的驾驶行为。教练员正确的驾驶态度、安全教学意识、安全驾驶理念，是培养安全文明驾驶学员的土壤。教练员在驾驶教学中，要正确认识教学过程中影响教学安全的因素，始终坚持安全教学理念，规范驾驶教学行为，运用预见性安全驾驶教学方法，让学员养成良好的安全驾驶习惯，安全独立地驾驶准驾车型。

1 教练员的安全意识和理念

教练员的安全意识包含安全知识和安全体验，具有主观能动性，对教学活动有着调节作用。安全意识是安全教学的灵魂，教练员把安全意识贯穿到教学中，以达到培养学员安全意识的目的，这是确保安全教学的关键。

教练员的安全意识，是在教学过程中对可能造成自身、学员和他人伤害的意外情况或事故所保持的一种戒备和警觉的心理状态。教练员的安全意识对教学安全、学员的安全及安全驾驶行为具有决定性作用，而对不安全行为具有抑制作用。教练员安全意识的高低，取决于教练员出行和教学时的安全需要及对教学中危险因素的认识能力。安全需要过低就会漠视生命，危险认识能力不足往往表现为冒险蛮干而忽视危险的存在。

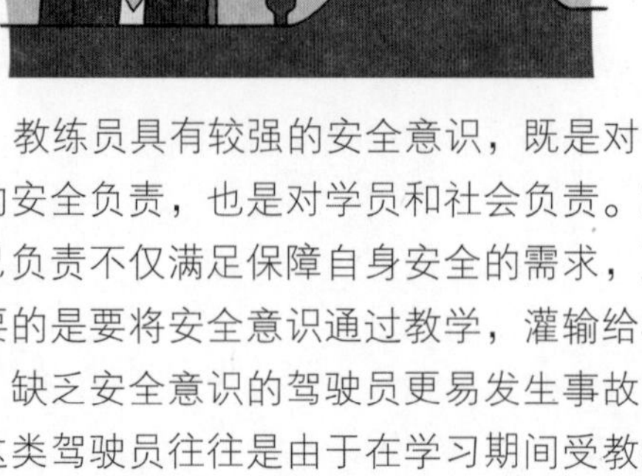

教练员具有较强的安全意识，既是对自己的安全负责，也是对学员和社会负责。对自己负责不仅满足保障自身安全的需求，更重要的是要将安全意识通过教学，灌输给学员。缺乏安全意识的驾驶员更易发生事故，而这类驾驶员往往是由于在学习期间受教练员的影响，没有养成尊重生命的理念和安全驾驶的习惯。学员学习期间，教练员的安全意识，会直接影响到学员的驾驶道德、风格、理念和驾驶行为习惯。

安全驾驶教学主要体现在遵纪守法、珍爱生命、安全驾驶、文明行车、减少事故、确保行车安全等方面。安全驾驶理念的核心是安全责任意识，主要包括社会责任意识和遵章守法意识。安全责任意识是教练员的精神灵魂，教练员既要对自己的安全负责，又要对学员的安全和社会的公共安全负责，让自己的安全意识、思想能够融入学员学习当中去。对学员负责、对未来的道路交通参与者负责，是教练员精神境界的具体表现。

教练员要有合理的知识结构和丰富的专业知识储备，并且能够随着道路交通安全法律法规、车辆技术和现代化教学手段等知识的不断更新，自觉加强业务学习，巩固专业知识。在驾驶培训过程中，教练员要注意培养学员的安全驾驶理念，不仅要教学员怎么做，更重要的是教学员为什么这样做，做到晓之以理，才有利于学员理解和掌握。教练员应教育学员学会“安全驾驶是一生的追求，避免交通事故是终生的努力”。

2 安全与谨慎驾驶教学

安全与谨慎驾驶教学是培养学员安全驾驶行为的基础，普及安全行车知识是学员遵章守法、安全行车的重要前提。教练员在教学中，要让学员掌握必要的安全行车知识，不仅让学员明白为什么要这样做，而且让学员知道如不这样做会有哪些潜在的安全隐患，才能使学员在处理道路交通情况中具备独立分析问题和解决问题的能力。

集中注意力教学，要培养学员在各种交通情况和外界干扰条件下，始终集中注意力观察车辆周边交通情况的能力。教学中教练员不仅要向学员强调集中注意力对安全驾驶的重要性，而且要让学员认识到行车过程时刻伴随着各种危险的存在，瞬间的粗心大意和疏忽，都可能酿成交通事故。此外，还要教会学员在不同交通环境中正确地评价自己的驾驶能力和采取必要的预防措施，经常保持对周边情况的观察，即使在比较熟悉的路段也要高度集中注意力，根据自己的承受能力，确定驾驶时间和行驶速度。

仔细观察教学，要注意培养学员集中注意力对周边道路交通情况的观察能力，教会学员如何从最佳视角观察道路情况，合理分配和转移注意力，及时发现道路上的障碍和危险。教学中，教练员要提醒学员经常观察后视镜，利用后视镜观察交通情况，必要时可通过转头的方式进行观察；对于车内无法看到的盲区，要下车进行观察，确认安全；在交叉路口右转弯时，不仅要观察交通信号灯、交通标志标线，更重要的是要观察左后方、左前方、右前方的道路情况；在有人行横道的路口要注意观察行人的动态，做好停车让行准备。

提前预防教学，主要是培养学员及时预测潜在的危险，提前作出正确应对措施的能力。要求学员能够观察和正确判断潜在的危险，对可能出现的危险及时作出正确地反应，采取预见性驾驶。教学中教练员向学员强调观察危险是预见性驾驶的前提，发现危险并采取恰当措施是预见性驾驶的最终目的，任何时候行车都要考虑危险的存在，侥幸心理、麻痹大意和盲目驾驶都是发生事故的重要诱因。

3 预见性驾驶方法教学

交通事故多是因为驾驶员对危险的认识不够，或者已经认识到了危险，但在判断时有失误而造成的错误预测危险。做出正确判断，是安全驾驶的一个很重要的方面。能意识到潜在危险的驾驶叫防范驾驶，存有侥幸心理的驾驶叫主观驾驶。防范驾驶能避免很多事故的发生，主观驾驶则容易发生事故。教练员在教学中，要培养学员的危险意识，让学员明确驾驶机动车是一种危险的行为，稍不谨慎，就会危及自己和他人的生命，造成车毁人亡的交通事故。

培养学员的防范驾驶意识，是防止交

通事故发生的一个必不可少的教学要点。防范就是要提前做好对意外情况的预判，把一些可能发生的情况都充分估计到，采取安全的防范措施。例如，在城市街道行车，没看见行人，就认为没有行人，不减速行驶，是很危险的。没看见不一定是不存在，要意识到车辆、障碍物的后面有可能会突然跑出行人。通过交叉路口一定要减速，即便是在绿灯亮的情况下，也要做好有人或车辆违法闯入路口的准备。前方停有一辆公交车，就要预测到有可能会有行人从公交车前面走出。

提示学员注意观察死角、视线盲区，预测可能存在的危险，是驾驶教学的重要环节，也是在教学过程中容易被忽视的内容。教练员要让学员学会判断在实际的道路上经常会遇到一些观察死角，要严格按照“没看见不一定不存在”来判断死角可能会出现什么样的危险。例如，两侧都停车时，两侧都形成死角，必须对两侧都进行观察。因为儿童个子矮，即便是小轿车这样不高的车辆也容易形成死角，加之儿童步行速度慢，死角存在时间会延长。交叉路口处有很多的死角，并且有很多重要的信息，驾驶员有必要对其进行正确的判断，若只注意到了从左边过来的车辆，却未发现从右边过来的摩托车，则很可能为时已晚。在同一转弯处，是否存在障碍物，死角的范围不同。一般情况下，在转弯处死角的范围较大，若存在有障碍物的话，在同一个转弯处，死角的范围就会更大。

侥幸心理是发生交通事故的重要诱因，学员在技术不过硬、经验还不足时，常带着一种紧张的、怕出事故的心情来驾驶，时刻担心自己的行为会造成危险，表现得小心翼翼，而一旦自己认为熟练了，驾驭行为会在不知不觉中则会转变为主观驾驶。能熟练驾驶，既有积极的一面，又有消极的一面。积极的一面是可以根据经验很容易地预知危险；消极的一面是容易变成主观驾驶，从而犯一些基本的操作失误。在教学中，教练员始终要强调侥幸心理的危害，可以举一些现实的事故案例教育学员，预防学员的“主观驾驶”行为。

二 注重文明礼让驾驶习惯的养成

“文明是一种意识，礼让是一种行动”。培养安全文明的高素质驾驶员，是夯实道路交通安全基础的重要保障，是提升人民群众生活品质的重要方面。学员文明礼让驾驶习惯的养成，要从第一天学习驾驶开始。教练员要从日常的点滴出发，将安全文明礼让的教育贯穿于教学全过程，注重增强学员遵守优先通行与安全礼让的道德意识；培养学员尊重行人、敬畏生命、遵循公共道德；强化学员文明驾驶知识的学习；教育学员在驾驶机动车通过人行横道、学校区域、公共汽车站等人群聚集区和遇到卫生急救、消防救灾等特种车辆时主动礼让；努力培养安全文明、高素质的驾驶员。

1 文明驾驶

文明行为标志着人类的进步、开化，是有益于他人和社会的行为，是人们在社会公共生活中符合社会公德的行为。汽车文明驾驶体现在每一个驾驶员的日常行车中，文明行车、规范驾驶，是每个驾驶员的自觉行为准则。积极营造文明有序的行车环境，要从文明驾驶开始。教练员要注意培养学员的道德修养，使学员养成良好的文明行为习惯；鼓励学员之间要互相学习、互相帮助，取长补短；告诉学员对善意提醒要虚心学习，认真听取，在一些细小的做法上都要注意良好行为习惯的养成。

文明驾驶的核心是珍爱生命。交通事故不仅会给受害者，而且也会给受害者的家人带来很大的不幸。教练员要把文明驾驶、敬畏生命的理念贯穿整个教学过程，教育学员尊重自己和他人的生命，文明驾驶、安全行车，遇到违法行驶、占道抢行、强行超车等不文明的行为，要保持良好、冷静的心态，谨慎处理，礼让行车，时刻牢记安全第一，生命高于一切。

教练员在驾驶教学中，要对学员进行安全驾驶的习惯养成教育，培养学员安全驾驶、文明行车，养成不开英雄车、冒险车、赌气车和带病车的良好驾驶习惯。让学员能够正确评价自己的驾驶能力，牢记谨慎驾驶的三条黄金原则，做到安全行车，文明礼让。

2 礼让行车

“礼让”是一种积极的生活态度，包含了一个人对他人、对社会的智慧与美德，是传统道德中既重要而又广为人知的道德规范。“礼让”作为公共交通最基本的道德规范，在文明交通中具有重要意义。道路交通法规为保障所有人能安全顺畅地通行而制定了尽可能最小限度的限制，但实际驾驶时还会出现许多仅靠交通法规所无法解决的问题。解决这些问题的关键就是要相互关心和互相礼让。

礼让行人是以人为本、珍爱生命理念的具体体现，也是对弱势群体的尊重。这种礼让是基于现代人类文明的一种理念：相对于驾车者，行人处于弱势地位；强弱相遇，则强势一方有责任让渡一部分权利给弱势一方，从而让对方取得优先的权利。教练员在教学过程中，要注意培养学员礼让行人的意识，不仅在斑马线前礼让行人，在任何情况下驾驶机动车与人相遇，都要礼貌减速，甚至停车让行人安全通过。霸道逞强，强行开“霸王车”，逼迫行人让路，是缺乏守法意识和公德的表现。当人车和谐，人行横道真正成为行人的安全通道时，交通秩序一定会大为改观，交通事故一定会大幅度减少，社会一定会更加文明和谐。教练员在进行通过交叉路口的教学中，要强调平面交叉路口是机动车、行人和自行车等各种交通参与者相互交织的路段，容易形成交通冲突，引发交通事故。安全驾驶、礼让行车，杜绝违法行为和不文明行为，能有效地缓解路口压力、避免路口交通冲突、减少交通事故。要培养学员路口文明礼让的意识，注意观察路口的交通动态，不仅要礼让遵章守法的行人和车辆，更要注意对那些在路口不文明、不守法的行人和车辆的避让。强调路权，与行人争道抢行，都是不道德的驾驶行为，也是非常危险的。表4-1为几种在平面交叉路口发生冲突情形的礼让方法。

几种在平面交叉路口发生冲突情形时的礼让方法 表4-1

驾驶行为	冲突情形	礼让方法
直行通过路口	与左右侧闯红（黄）灯的直行车辆和行人发生冲突	通过路口前，要减速观察，必要时停车让行，不要贸然加速通过；绿灯亮时，也要预防有违法车辆和行人冲进路口
路口左转弯	与对向驶来的右转弯车辆发生冲突	减速慢行，看到对面车辆抢行右转弯时，要保持平和的心态，让右转弯的车辆先行
路口右转弯	与右侧车道左转车辆和右侧行人或自行车发生冲突	减速或停车观察右侧道路情况和行人或自行车动态，礼让车辆、行人或自行车先行

续上表

驾驶行为	冲突情形	礼让方法
通过人行横道	与横过路口的行人或自行车发生冲突	遇行人通过人行横道时，要减速或停车避让，不得与行人抢行或加速从行人前、后方绕过；遇到老年人和儿童，不能鸣喇叭催促
路口掉头	与对向驶来的直行或转弯车辆发生冲突	注意观察对向车辆的动态，看到对向车辆直行或左转时，要及时停车等待，不得抢行掉头
驶入高速公路行车道	与高速公路行车道内正常行驶的车辆发生冲突	在加速车道将车速提到60km/h以上，在不妨碍高速公路行车道上行驶车辆正常通行的情况下驶入行车道

教练员在进行教学时，要注意对学员驾驶礼让行为的培养，强调违法驾驶和侵犯性驾驶行为往往会引起交通冲突。当驾驶员遇到其他驾驶员违法驾驶或不良行为侵害时，如果以自我为中心的行动意识变强，则容易失去自制力，往往会产生着急、焦虑、愤怒、随众等心理，开斗气车、赌气车，这些心理状态都是很危险的，容易引发交通事故。要注意培养学员的文明礼让意识，行车中要经常保持冷静的好心态，当觉察到处于一种心理不安状态时，为了使心情恢复到平静，可试着用第三者冷静的眼光来观察自己的心情，是否有焦虑、强行驾驶、兴奋的表现。强调路权，对驾驶侵犯者进行报复或争道抢行，不仅不能解决问题，反而会导致冲突升级，甚至引发交通事故。切记：忍一忍心平气和，让一让道路畅通。表4-2为几种典型驾驶行为发生冲突时的礼让方法。

几种典型驾驶行为发生冲突时的礼让方法 表4-2

驾驶行为	危险情形	礼让方法
在交通拥堵路段行驶	与突然强行加塞的车辆发生冲突	保持平和的心态，注意避让，不开斗气车、赌气车，更不要故意不让或采取危险的报复动作
经过停有公交车的车站	与公交车前突然跑出的行人或起步后突然向左弯道的公交车发生冲突	提前减速，与公交车保持足够的横向安全间距，注意观察周边的动态；预测到危险时，要及时停车礼让，不得加速或持续鸣喇叭强行通过
路侧有玩耍的儿童	与玩耍的儿童发生冲突	提前降低车速，与儿童保持较大的横向安全间距，注意观察其动态，不要连续鸣喇叭提示
遇前方车辆突然掉头	与掉头的车辆发生冲突	注意减速或者停车避让，对违法掉头车辆，要提防其突然制动或改变行驶路线，不要连续鸣喇叭催促或抢行
后车近距离跟行且不停鸣喇叭或变换灯光	与后方跟行车辆发生冲突	可换位思考，后车很可能时间紧迫或有紧急需要，及时减速靠右让行或通过手势示意其先行，不要斗气不让
遇前车无故占道慢行	与前方慢行的车辆发生冲突	可换位思考，前车驾驶员可能是新手，或不熟悉地形在寻找路口，要保持安全距离跟行，不要强行从两侧超越
遇对向来车占道行驶	与占道行驶的对向来车发生冲突	提前减速或停车，可鸣喇叭或变换灯光提示对方，密切观察对向来车的动态情况，不可盲目向左或向右避让
遇对向来车占道强行超车	与占道强行超车的对向来车发生冲突	为了安全，可采用减速后停车的方法，尽可能让出车道让对方来车先行
障碍物路段会车	与障碍物对面的来车发生冲突	减速慢行，观察对向来车意图，可适当鸣喇叭或变换灯光提示；发现对方车辆抢行超越障碍物时，减速或停车让行
夜间会车	与不变换近灯光的对向来车发生冲突	变换远、近光灯提示对方，对方仍使用远光灯时，要及时减速或靠边停车避让，不要使用远光灯对射

三 重视驾驶危险性的教育

合格的驾驶员，不仅要求有熟练的驾驶技术，更重要的是要具备防范危险的意识。技能培养固然重要，但是不具备防范危险意识的驾驶员，即使技术再高，也会经常发生交通事故。因此，教练员要重视驾驶危险性教育，强化在道路上行驶、通过路口处、特殊路段和气象条件行车等情况下存在的危险教学，培养学员安全驾驶行为的责任感，正确认识驾驶的危险性，正确评价自己的驾驶能力，严格遵章守法，理智驾驶机动车，这对防止道路交通事故的发生是十分必要的。

1 危险性教育的必要性

教练员在教学过程中重视驾驶危险性教育，对学员的安全意识培养十分重要。道路上的交通情况瞬息万变，危险随时都会出现，事故瞬间可能发生，复杂的道路交通情况，随时都会出现意想不到的险情。只要具备一定的防范风险意识，应急措施到位，就会避免危险和事故的发生。教练员要让学员知道驾驶机动车时刻都面临着危险，任何一点疏忽，都会威胁交通参与者生命财产安全，损害公众的利益，给社会带来危害。

机动车是移动的危险源，驾驶机动车是具有高风险的社会行为，是对周围环境有高度危险的作业。驾驶员生理心理不适应、违法驾驶行为和不文明驾驶行为，都是导致驾驶危险的主要因素。教练员在教学中，要帮助学员分析自身容易出现的危险行为，充分认识驾驶危险性的社会危害，及时纠正学员的不良驾驶行为，培养遵章守法、安全文明驾驶的习惯，规避因违法驾驶行为或驾驶错误导致的交通事故。

教练员培养学员防范危险的意识，就要培养学员遵章守法、安全文明行车的理念，并将其贯穿教学过程始终，让学员认识到在享受机动化带来舒适、便捷的同时，危险也随之降临。交通事故严重影响着人们的正常生活和出行，因此，教练员应教育学员不能漠视生命，牢记生命无价，树立高度的社会责任感，将安全驾驶和安全礼让有机结合，使学员能够充分理解和体谅其他交通参与者的行为，本着对自己和他人生命尊重和珍爱的原则，自觉遵守道路通行原则，采取预见性驾驶方式，文明行车，确保行车的安全。

2 在道路上行驶存在的危险

道路上明显存在的危险，一般通过观察可以直接发现，这种观察来自于交通信号的提示和直接能够看到的障碍或危险行为。道路上设置的警告、禁令、指示交通信号，主要是告诉交通参与者前方路段有危险。路边的障碍物、路中遗撒物、横过道路的行人、路边玩耍的儿童、停在路中的车辆、路边行走的动物、明显违法行驶的车辆等，构成能够提前看到的动态危险。遇到这类明显的危险，只要提前注意防范，就会化险为夷。

道路上潜在的危险，是引发道路交通事故的罪魁祸首。往往有些已发现的或者尚未发现的情况似乎没有危险，实际却存在着致命的潜在危险。在车辆行人各行其道、车辆行人少、视线好、没有明显路口和急弯等有条件提高车速的环境下，看似没有危险，往往容易使驾驶员放松警惕，忽视危险的存在，一旦遇到行人、机动车、非机动车、动物等突然出现或违法通行，很容易造成恶性事故。行车中遇到情况比较好的路段，不要放松对危险的提防，应集中注意力，谨慎驾驶，这种潜在的危险有很多线索是可以提前发现的。

3 通过路口处存在的危险

有信号灯控制的路口，驾驶员往往都认为是最安全的，但实际存在潜在危险，并且造成了大量交通事故。不遵守信号灯规则的车辆和行人会破坏正常的通行秩序，给通行造成危险。有很多车辆驾驶员和行人不知道信号灯的作用，不去观察信号灯的变化，随意进入路口，有的甚至抢黄灯、闯红灯，构成了路口的危险。如果按照通行权加速通过，一旦有车或人闯入必然会引发交通事故。通过这种路口时，即便是有优先权，也不能大意，要减速慢行，注意观察，防范潜在的危险。

绿灯亮时的路口，周围有很多观察不到的区域，仍然是危险汇聚的地方。遇其他车辆遮挡视线，驾驶员的视野将会变得更加狭窄。直行与对向左转弯的车辆会形成交叉点；直行遇右侧右转弯的车辆会遮挡视线；两侧有大型车辆遮挡视线的区域出现其他车辆或行人，极易引发事故；转弯时，行人、非机动车即使减速慢行，注意观察，也可能因个别车辆闯红灯或斜穿路口阻断通行路线，造成险情。因此，在绿灯亮的路口通行时，也要注意预防各种危险。

交叉路口交织点多，属于危险区域。在没有信号灯的路口，危险往往会随时出现。尤其在通行权不明确的路口，车辆、行人会随意通过，互不礼让，危险因素多，事故发生率高。简单地判断或盲目地通过路口，都会因不同方向车辆、行人的违法行为而引发事故。在没有信号灯的路口，即便处在优先通行的位置，也要考虑到其他交通参与者可能会抢行通过，应注意观察，减速慢行，注意防范其他车辆违法和出错带来的危险。

环岛的出口与入口处，由于车辆无规律的变道，会出现交通混乱，构成危险。最内侧车道的车辆驶出环岛时，会对处在右侧第二或第三车道的车构成威胁。同一车道的前车驶出时减速过急，也会对后车构成严重威胁。如果出现一辆随意变道的车辆，就会雪上加霜，危险接连不断。进入环岛，要注意驶入车辆占道构成的危险；驶出环岛，要注意驶出车辆占道构成的危险。

4 特殊路段和气象条件行车存在的危险

驾驶车辆通过人车稠密路段、下长坡路段、浓雾路段或雨、雪、潮湿、泥泞、结冰等路段时，危险随时存在。在人、车稠密的路段，人、车随时可能变化，危险也会随时出现。下长坡长时间使用行车制动，制动器就会因为剧烈摩擦而温度升高，从而使制动效果急剧下降，严重时会使制动失效。在雨、雪、潮湿、泥泞、结冰等路段，急减速、急制动、急转向都会发生侧滑，造成车辆失控。冬季雨雪后，阳光照射到的地方是干燥路面，而阳光照射不到的局部路段仍是潮湿、泥泞、有雪及结冰的危险路段。特殊路段和气象条件下行车，要格外谨慎小心，提前采取防范危险的措施，避免出现驾驶错误。

四 突出危险源的分析和预测

道路上的危险源，往往最容易出现险情，是直接引起人员伤亡、财产损失或环境破坏的根本原因，是导致交通事故发生的主体，并决定事故后果的严重程度。驾驶培训过程中，教练员要根据培训教学要求，强化学员掌握必要的分析和预测危险源与险情的知识，帮助学员学会分析和预测典型危险源与险情，正确地辨识危险源，对道路状况、交通情况和周围环境进行主动观察，有预见性地进行分析和判断，对前方潜在的各种交通风险作出预先估计，并及时采取相应的预防措施。能有效规避危险，减少由于操作错误或失误而导致的事故，是安全驾驶的重要因素。

1 跟车行驶危险源分析

车辆追尾事故是发生较多的交通事故类型之一，主要原因就是前后车辆之间的距离太近，后车行驶速度过快。

跟车行驶时，前车对于后车就是一个危险源，前车的行驶速度、行驶方向随时都会发生变化，驾驶机动车时要预见到前车随时都会减速、制动或者紧急制动。如果跟车距离过近、车速过快或者前车制灯亮时后车来不及采取应急措施，必然会发生追尾事故。

对于行驶中的前车，后方跟随的车辆也是一个危险源，尤其是跟行在大型车后方的小型车辆，更不容易被发现，危险性更大。遇车流行驶缓慢、天气或路况较差，特别是在能见度低或前方路面很难判断时，后车一般会紧紧跟随前方车辆行驶，前车驾驶员应时刻保持警惕，避免发生事故。

2 会车危险源分析

车辆会车过程中，道路交通情况随时都会发生变化。对向车辆的车型、车速、装载和行驶状况，会车地点的障碍物，对向车辆后方的行人、车辆、牲畜，窄桥、坡道、隧道、涵洞、急转弯及路面情况，都会对会车构成危险。侵占对向车辆行驶路线，会使会车横向距离变小，容易发生剐蹭事故，因此一些不正确选择行车路线、违法占据对向车道行驶的现象，是造成道路拥堵、引发交通事故的重要原因。不注意观察对向车的动态，对车后的情况没有预防，或在不具备会车条件的路段强行会车，就会引发交通事故。

3 超车危险源分析

超车是一种危险的驾驶行为，每超越一辆正常行驶的机动车，就会面临一次发生交通事故的危险。被超越的车辆和将要进入超车道的车辆都存在着安全隐患。超车过程中，被超车辆突然变道、超车使用的车道有障碍、对面有车辆对向驶来，都会非常危险，甚至引发交通事故。

4 变更车道危险源分析

驾驶车辆超车、通过路口、绕过障碍、转弯、靠路边停车时，都需要变更车道。行驶的车辆、路口、障碍、弯道、行车道上的突然情况等对于变更车道的车辆都是危险源，不同的情况所面临的危险源不同。变更车道时，不观察车辆两侧和后方道路交通情况，不开启转向灯，随意频繁变更车道或强行突然变道，连续侵占正常通行车辆的行驶路线，会形成来自各个方向的危险，严重扰乱道路通行秩序，是导致道路拥堵和剐蹭、碰撞事故的主要原因。

5 转弯危险源分析

车辆转弯时，弯道、路面障碍、车辆、行人、路边树木等都会对行车构成危险。大型车辆和汽车列车的车身较长，转弯时往往会占用较大的空间，如果转弯前不提前降低车速，选择好行驶路线，仔细观察道路及周边的情况，就有可能撞到其他车辆、行人或者剐蹭路侧的树木、电线杆等。转弯行驶车速太高，轮胎失去附着力，车辆会发生侧滑，直接滑出路面。重心高的车辆，轮胎虽然有附着力，也会因离心力的作用发生侧翻。

6 停车危险源分析

停车位置的选择、路边的低空障碍物、非机动车和行人、路边路基的情况，都是影响安全的危险因素。停车位置选择错误，停车没有考虑路边低空障碍物，停车时对路边的行人动态判断错误，雨天在路边松软路基上停车，都会发生危险甚至引发事故。

7 倒车危险源分析

倒车与前进相比，看不见的部分（死角）非常多，操作难度大。车辆周围的情况在驾驶室内无法看到，车后的情况随时都会变化，车辆死角里停放的车辆、伏在车底下的动物、在车周围通行的行人、玩耍的儿童，都会让驾驶员防不胜防，如果观察不到，就会面临危险。倒车过程中车辆周围同样也会面临着情况的变化，突然进入驾驶员死角的机动车、非机动车和行人，都会对倒车安全构成威胁。

8 掉头危险源分析

驾驶车辆掉头有多种情况，每次掉头都会面临各种不安全的因素。在交叉路口、各种道路都会有由于某种原因需要掉头行驶的情况。在掉头过程中，路口交叉通行的车辆和行人，道路上的各种车辆、行人和障碍，拥堵路段相继掉头的车辆等，都会对掉头带来危险。不观察道路情况，不注意避让其他车辆和行人，盲目掉头，都可能引发事故。

9 交叉路口危险源分析

道路交叉路口处，车辆和行人交织在一起，是危险因素最多的地方，也是交通阻塞和交通事故多发地段。在交叉路口抢黄灯或闯红灯的车辆和行人，右转不让行人、左转弯占用直行道的车辆，加塞、抢行的车辆等，都是引发交通事故的危险源。

10 通过铁路道口危险源分析

铁路道口是比较特殊的平面交叉路口，路面不平整，机动车、行人及非机动车等混行，构成了铁路道口的交通危险源。驾驶员在通过铁路道口时不注意观察，盲目抢越铁路线或与列车抢行，是造成铁路道口事故多发的重要因素。

11 山区道路危险源分析

山区道路依山傍崖，环山修建，道路条件相对较差。上下坡路段、陡坡路段、限速路段、易滑路段、事故多发路段、横风路段、施工路段、不平路段、落石路段、傍山险路、急转弯道、隧道、窄路、窄弯、桥涵、交叉路口、穿行的村庄均会形成路面的危险源。停在路边的车辆、行人、非机动车、牲畜、路中障碍物、路边的故障车、事故现场、违法占道的车辆、违法超车的车辆、长时间轧中心线的车辆、超速行驶的车辆等形成了动态的危险源。雨天道路、冰雪路面、雾天等形成了环境危险源。

12 乡村道路行车危险源分析

乡村道路等级相对较低，养护条件差，道路交通情况复杂，道路交通参与者普遍缺乏安全意识和交通安全常识，占道摆摊、晒粮、放牧牲畜非常普遍，尤其遇到农村集市，摊位占道，人员拥挤，交通环境恶劣，雨天容易出现泥泞坑洼、路基松软等情况，增加了行车风险。

13 桥梁危险源分析

道路上的桥梁种类很多，窄桥、简易桥、危桥、单行桥等条件差的桥梁，危险性较大。上、下桥时，桥上横风、机动车、行人、非机动车、牲畜等交织在一起混合通行形成了动态的危险源。雨天、雪天、雾天等恶劣条件下，桥面湿滑等则形成了环境危险源。

14 隧道危险源分析

隧道内见不到阳光，通风条件不良，常年处于潮湿状态，汽车排放的尾气和车辆淋水装置遗留的污水，使隧道内存在很多行车安全隐患和事故陷阱。水和油污造成的道路湿滑，驾驶机动车在进入、驶出隧道时眼睛的暗适应和明适应，隧道口的横风及驾驶员隧道行车知识匮乏、安全意识淡薄、法律观念不强等，都是引发隧道交通事故的危险源。

15 高速公路危险源分析

高速公路上车速较快，路面情况单一，路面状态、车辆动态、环境条件等都在不断地变化，存在着各种各样的危险因素。高速公路的限速路段、易滑路段、事故多发路段、弯道、横风路段、上长坡路段、下长坡路段、施工路段、立交桥、跨江大桥、隧道、匝道口、收费站等形成路面的危险源。高速公路上违法停在路边的车辆，横穿的动物、行人和非机动车，破碎的轮胎，掉在路中的货物，事故现场，违法占道的车辆，违法变道的车辆，长时间轧车行道分界线行驶的车辆，停靠在紧急停车带或者路肩的车辆，停在行车道的车辆，违法超速行驶的车辆，在高速路段低速行驶的车辆等形成了动态的危险源。雨天道路、冰雪路面、雾天道路通过高速公路等形成恶劣环境危险源。

16 雾天行车危险源分析

雾天，能见度低，视野变窄，视线模糊，不易发现对面来车和路面障碍，跟车行驶不能准确判断距离。浓雾天气会使看到的物体变形，根本无法预见危险，雾天是行车最危险的恶劣气候。雾天行车，对车速和跟车距离的判断会出现偏差，容易发生追尾事故。另外，由于看不清路面标线，车辆很可能骑轧道路中心线行驶，而与对面来车迎面相撞。

17 雨天行车危险源分析

雨天路面湿滑，视线受阻，路面附着力减小，制动距离增大，高速行驶容易出现“水滑”现象，使用行车制动器紧急制动容易导致车辆失控，发生横滑或侧滑。雨天行车，风窗玻璃容易形成水雾影响视线；暴雨后，低洼区域或者道路排水系统不畅的路面容易形成积水，给车辆通行带来危险。连续降雨天气，可能会出现路肩疏软和堤坡坍塌现象，车辆在上面行驶会出现路面下沉的危险。雨天忙乱躲避的行人和骑车人，也是非常危险的因素。

18 雪天行车危险源分析

雪天道路易结冰，路面溜滑，附着力大大降低，制动性能极差，制动距离延长，车辆的稳定性降低，方向易跑偏。积雪对光线的反射，易造成炫目而使驾驶员产生错觉。加速过急，车轮易空转或溜滑。制动减速或转向过急，易发生侧滑、甩尾或转向失控。积雪覆盖的路面，道路的轮廓难以辨别，车辆容易驶出路面发生危险。路上通行的行人和非机动车稳定性差，容易发生因失控而摔倒的危险。

19 高温天气行车危险源分析

高温炎热天气，路面的沥青会软化变

黏，轮胎的附着力下降，车辆有发生侧滑的危险。发动机温度上升或冷却液沸腾，胎温、胎压过高，均会影响行车安全。电路、油路等出现线路软化、短路、漏油等情况，容易引起车辆自燃。另外，在高温天气驾驶员容易出现烦躁情绪，疲劳驾驶。清晨和傍晚外出散步和纳凉的行人，也是构成危险源的因素之一。

五 加强风险与事故预防教学

驾驶机动车具有一定的风险性，道路上通行的行人、车辆及各种道路交通环境中都存在着各种风险，威胁着行车安全。教练员要注重驾驶风险教学，让学员掌握驾驶风险与事故预防知识，了解交通参与者的行为特性和风险因素，增强对安全操作的理解，提高对驾驶相关风险的认识，培养安全驾驶的意识及能力，有效避免潜在的事故风险。

1 行人的风险与事故预防

在驾驶培训教学中，教练员要向学员重点介绍各种行人在道路交通中的行为特性，分析来自于这些群体的风险因素，根据不同类的行人进行预防教学。教练员的教学应重点强调驾驶对行人生命安全的重要性。行人作为道路交通的弱势群体，容易受到伤害，要本着对生命的充分尊重，照顾、礼让弱势人群，尤其是儿童、老人和残疾人，提倡体贴驾驶和文明行车。表4-3为行人的行为特点、风险因素及预防教学方法。

行人的行为特点、风险因素及预防教学方法 表4-3

行　人	行为特点	风险因素	预防教学方法
儿童	不能正确判断道路交通危险，没有自我保护意识和自我保护能力，行为无规律，注意力容易被其他事情分散	身材矮小，会形成驾驶盲区；玩耍时不顾周边情况，遇突发事件，会惊慌失措，错误地选择应对的行为	强调看到儿童时，集中注意力、注意观察动态，提前采取措施的重要性，特别提醒学员关注儿童，保护儿童的安全
青少年	喜欢东张西望，并排行走，走捷径，表现为勇敢而不顾行为的后果	无视交通法规，占道通行，任意横穿道路	提示学员发现青少年无视周边交通情况时，可鸣喇叭示意其遵守交通规则
老年人	行动迟缓，视力与听力差，反应迟钝，思维容易只集中到某个事物上	不遵守交通法规，经常会滞留在路中，有时横过道路或路口途中突然折身返回	提醒学员遇到老年人时，要减速慢行避让，充分体贴和照顾老年人，礼让他们先通过
盲人	看不见外界情况，但听觉比较灵敏，路边行走要借助盲人通道，横穿街道需其他人帮助	行走遇到干扰时，会突然绕向一侧躲避，且容易出现方向错误，横穿道路需要较长的时间	遇到盲人，要提前减速避让，尽量不要鸣喇叭，防止惊吓和干扰到盲人
聋哑人	听觉较差，对声音刺激感觉迟钝或没有反应	听不到汽车的声音和喇叭声，背向行走或横过道路时不能及时躲避车辆	遇到前方行人没有反应时，要及时减速避让

2 机动车的风险与事故预防

道路上行驶的机动车，由于设计结构、使用功能不同，表现出的交通特点和潜在风险也不同，尤其是机动车的违法行为严重威胁交通安全。教练员要结合实际教学向学员介绍各种机动车的交通特点，分析风险因素，根据不同的机动车进行预防教学。教学中，教练员要重点提醒学员，遇到机动车时要注意观察动态，控制速度，保持安全距离，预防事故风险，避免发生交通事故。表4-4为机动车交通特点、风险因素及预防教学方法。

机动车交通特点、风险因素及预防教学方法　表4-4

机动车	交通特点	风险因素	预防教学方法
大型客、货车	体积大、盲区大、惯性大、速度慢、控制较难	转向需要较大的空间，转弯内轮差大，容易占道，较大的盲区造成视野受限	提醒学员遇到大型车时，要提前减速，注意保持足够的安全间距，注意观察盲区的交通情况，不要强行超车
城市公交车	起步、停靠和人员上下频繁，盲区比较大	截头停车，起步后突然横跨多车道向左变道；车站停车时会常有人猛然从车前方跑出	让学员注意加大与公交车的安全间距，从公交车侧面经过时，要减速慢行，注意避让横穿的行人
小型汽车	车体小、加速性能好、速度快、操纵灵活	经常会占道抢行，超车后会突然向右行驶或制动	根据小型汽车特点和潜在危险，向学员强调礼让行车的重要性，避免与小型车抢行
摩托车	体积较小、速度较快、转弯灵活，稳定性差，安全保障设施差	突然向左或向右行驶，频繁穿插行驶，容易摔倒，没有安全保护	提醒学员发现行驶的摩托车时，要防止摩托车的穿插、摔倒，引发交通事故
特种车辆	速度快、享有特权与优先权，执行任务时无减速意识	执行任务时不受行驶速度、路线、方向和交通信号限制，随时都会变更行驶路线或抢行	向学员强调礼让特种车辆的重要性，并介绍避让特种车辆的方法，让学员深刻认识到这是一种责任

3 非机动车的风险与事故预防

在道路上通行的非机动车，由于结构、用途、驾驭方式的差异很大，动态规律难以掌握，因而存在各种风险因素，尤其是非机动车的违法和无序通行，已成为道路交通事故的重要隐患。教练员要根据非机动车的通行特点，分析存在的风险因素，进行预防教学。教学中，教练员应重点提示学员，遇到非机动车时要提前做好防范，避免发生剐蹭事故。表4-5为非机动车通行特点、风险因素及预防教学方法。

非机动车通行特点、风险因素及预防教学方法　表4-5

非机动车	通行特点	风险因素	预防教学方法
自行车	体积小、速度慢、转弯灵活，稳定性比较差，干扰性大，安全保障措施较差	行驶中不观察前后方情况，见空就钻，逢慢必超，逢阻必停，逢碰必倒，多车经常会并行后追逐行驶	提醒学员遇到自行车时，要注意观察自行车的动态，保持安全间距，减速慢行
人力车	结构简单、速度缓慢、起步困难、避让车辆不及时，载货时占道面积较大	负重时上坡缓慢、往往曲线行驶，下坡则会快速滑行、停车会困难，通过坑洼路段时会突然绕行	提醒学员遇到人力车注意提前减速，仔细观察其动态，超越和交会时，留出安全间距，避免人力车不能及时停住引起相互碰撞
畜力车	车速慢、牲畜容易受惊，不可控因素较多	遇到意外刺激，易发生惊车；夜间赶车人困乏时，牲畜往往会走到道路中间或左侧，不避让机动车	提醒学员遇到人力车注意提前减速，仔细观察其动态，超越和交会时，留出安全间距，避免人力车不能及时停住引起相互碰撞

4 典型交通环境的风险与事故预防

驾驶机动车在各种交通环境中行驶，都可能面临着风险，不同的交通环境构成的危险各不相同。教练员要根据典型交通环境的交通特点，分析风险因素，进行预防教学。教学中，教练员要重点提醒学员在不同的交通环境中，注意观察，控制速度，提前采取预防措施，确保安全行车。表4-6为典型交通环境的交通特点、风险因素及预防教学方法。

典型交通环境的交通特点、风险因素及预防教学方法 表4-6

典型环境	交通特点	风险因素	预防教学方法
平面交叉路口	交通冲突点和交织点多，视线盲区多，车流大，交通情况非常复杂	视线易被路口的车辆与物体遮挡，转弯交通冲突较多，事故发生的概率增加	提醒学员降低车速，注意观察交通信号、车辆和行人动态、转弯时注意避让行人和其他车辆
铁路道口	道口路面不平坦，放行路段宽度一般都比较窄，列车制动距离长，灵活性不高	通过道口时容易颠簸或被卡住，车辆、行人混合在一起相互之间会产生干扰	提醒学员在通过铁路道口前，要注意停车瞭望，进行安全确认；通过铁路道口时，选择正确的挡位，避免在铁轨上加速、减速、制动和停车
人行横道	行人横过道路专用，行人有优先权，很多行人通行没有规律	行人通过时，不遵守红绿灯通行规则，会出现突然折身返回或滞留在人行横道上的情况	提醒学员在人行横道前，要降低车速，注意观察、判断行人和非机动车的动态，注意避让行人，文明行车，确保行人安全
学校附近	上下学高峰时段，人员、车辆密集，交通混乱；学生的安全意识相对薄弱	车辆和行人相互交织，交通情况非常复杂；学生喜欢嬉戏、打闹，甚至在马路上追赶、奔跑	提醒学员提前减速，仔细观察交通情况，随时做好停车准备，尤其途经小学，幼儿园附近，注意观察和避让小朋友
隧道	内外明暗反差较大，隧道内光线通常比较暗，路面滑湿	进出隧道眼睛有明暗适应过程，隧道内容易侧滑，出口处会受到横风影响，雨天出口处会出现雨幕“帘布效应”	提醒学员进隧道前，开启示廓灯和近光灯，减速靠右行驶，不得超车；在出口处，握稳转向盘，防止横风影响造成偏移或受“帘布效应”造成错觉
弯道	弯道处两侧遮挡视线，急弯道看不到对面的情况	转弯时离心力对车辆行驶影响大，弯道处难以及时发现前方障碍物	提醒学员减速、鸣号、靠右行，跟车增大车间距，掌握转动和回正转向盘时机，减小转弯时的离心力，提高行驶稳定性

第五章 紧急情况应急处置

车辆行驶过程中，可能会发生轮胎爆裂、转向失控、制动失效、车辆侧滑等紧急情况，此时能否有效地规避危险和逃生，将取决于驾驶员应急措施是否及时、恰当和有效。驾驶员只有具备良好的心理素质，掌握一定的应急处置方法，在遇到险情时才能临危不慌，遵循紧急情况处置原则，冷静地采取行之有效的方法减轻损失。因此，教练员应让学员掌握一些典型紧急情况下的应急驾驶方法，以避免或减少交通事故的发生。

第一节 培养紧急情况临危处置的意识和能力

教练员要注意培养学员紧急情况临危处置的意识和能力，要让学员认识到，严格遵守交通法规、掌握熟练驾驶技术，是保证安全行车的基础；临危处置，是规避险情和减少损失的关键技术。面对千变万化的道路交通状况，驾驶机动车必须具备处理突发交通情况的知识与较强的应变能力，遇到危险或紧急情况时，才能采取有效的应急处置措施。教练员在驾驶教学过程中，要让学员掌握紧急情况下应急处置的原则和方法，并利用各种教学手段给学员讲授临危处置知识，让学员了解一些常见的临危应急处置知识，增强应急处置意识，培养临危处置的能力。在将来一旦遇到类似情况时，正确应对，不至于手忙脚乱，不知所措，甚至引发事故。

1 紧急情况处置的原则

（1）先人后物：驾驶机动车遇到紧急情况或危险危及人员伤亡时，先人后物、损物不伤人，是避险时最基本的处置原则。人的生命是最宝贵的，在任何情况下，首先应当考虑人的安全，只要确保人身安全，其他的一切都是可以通过人的努力去改变的。

（2）避重就轻：驾驶机动车遇到紧急事态或突然出现在车前的障碍物时，采用避重就轻的原则，就是要采取将损失减少到最低限度的避险措施，尽量避开损失较重或危害较大的一方，而向着损失较轻或危害较小的一方避让。在车速较高的状态下紧急避险，应先制动减速，使车辆处于停止或低速行进状态后再转向避让。在低速行驶的情况下紧急避险，可采取先转向后制动的应急措施。

2 轮胎漏气或爆胎的应急处置

车辆行驶中常见的轮胎故障表现为轮胎漏气和轮胎爆裂，尤其是在高速公路上行车时，轮胎爆裂的事故后果更为严重。汽车轮胎故障已经成为安全行车的一大隐患。如何减少轮胎故障，避免因轮胎故障而导致的伤亡事故，是驾驶教学的一项重要内容。

行车中发现轮胎漏气时，要紧握转向盘，极力控制行驶方向，缓慢制动减速，尽快驶离行车道，停到安全的地方。在轮胎气压较低的状态下行驶时，随着胎压的下降，轮胎与地面的摩擦成倍增加，胎温急剧升高，轮胎变软，强度急剧下降，轮胎会出现波浪变形而导致爆胎。

行车中意识到前轮胎爆裂时，要保持镇定，松抬加速踏板，双手紧握转向盘，极力控制住行驶方向，尽量保持车身正直向前直线行驶。同时，迅速采用抢挂低速挡、轻踏制动踏板的措施，利用发动机制动缓慢减速，尽快平稳停车。在发动机制动作用尚未控制住车速时，不可采取紧急制动停车，以免车辆横甩发生更大的危险。

3 转向突然不灵或失控时的应急处置

汽车行驶中常见的转向系故障主要表现为转向突然不灵或转向失控，如果不能采取正确有效的处置方法，很容易发生车辆倾翻、碰撞等交通事故。行车中发现转向突然不灵或失控时，最有效地控制方法就是平稳制动，尽快减速，选择安全地点将车停住，严禁继续行驶。当行车中发生转向失控时，要立即松抬加速踏板，缓踩制动踏板，及时将车速降下来。不可采取紧急制动来减速。转向失控后，车辆偏离直线行驶方向时，要果断地连续“踩踏-放松”制动踏板，使车辆尽快减速停车。遇车辆转向失控，行驶方向偏离，碰撞事故已经无可避免时，要尽快减速，尽可能地缩短停车距离，减轻撞击力度，减小损失。

装有动力转向的车辆突然发现转向困难、操作费力时，安全的处置方法是尽快减速，选择安全地点停车，查明原因。因转向失控、行驶方向偏离，事故已经无可避免时，要果断地采取紧急制动，也可采取果断地连续“踩踏-放松”制动踏板，尽量缩短停车距离，减轻撞车力度。

4 制动突然失灵时的应急处置

行车中发现制动突然失灵时，要沉着镇静，握紧转向盘，以控制方向为第一应急措施，再利用“抢挡”或驻车制动器减速。使用驻车制动器时，为发挥其最大制动作用，不可将操纵杆一次性拉紧。在冰雪、湿滑、砾石路面或者比较光滑的路面上制动失灵后车辆偏离方向时，应立即松开制动踏板，在控制方向后再采用减速措施。

在山路下坡中制动突然失效时，应首先利用道路边专设的避险车道停车。不得已的情况下，可利用车身靠向路边的岩石或树林碰擦，或用前保险杠侧面撞击山坡，迫使车辆停住。如果没有可以利用的地形和时机，可迅速逐级或越一级减挡，利用发动机制动作用控制车速。

5 发动机突然熄火时的应急处置

行车中发动机突然熄火后，要保持冷静，先开启右转向灯，尽快靠右减速行驶，在低车速行驶条件下重新起动发动机。若不能再次起动发动机时，将车缓慢滑行到路边停靠，开起危险报警闪光灯，放置故障车警告标志牌后，检查熄火原因。不得在行车道或高速行驶中尝试起动发动机，靠右行驶或停车时一定要注意道路上的车辆和行人动态，避免发生交通事故。

6 车辆侧滑时的应急处置

行车中因转向、制动或碰撞等原因引起车辆侧滑时，要迅速抬起加速踏板，同时向侧滑的一侧转动转向盘适量修正，并及时回转进行调整，待方向修正后再继续行驶。车辆侧滑时，不可使用行车制动，更不能进行紧急制动，紧急制动时的反作用力，会使车轮与路面附着力变小，加大侧滑力，使车辆失去控制。

7 遇横风时的应急处置

驾驶车辆行至高速公路隧道出口或凿开的山谷出口处，遇到横风的干扰时，要抬起加速踏板，握稳转向盘；受横风影响而发生明显偏离时，适当地向迎风一侧缓慢修正方向。车速较快时，可连续轻踏制动踏板减速，不得猛转转向盘和紧急制动，以免因速度过快，附着力变差，稳定性下降，在离心力的作用下，发生横向滑移，甚至发生翻车事故。

8 车辆碰撞时的应急处置

行车中与其他车辆有迎面碰撞可能时，可先向有利的一侧稍转方向，随即适量回转，努力使迎面碰撞变为侧面碰撞或剐蹭，减小伤害。与其他车辆已不可避免地发生正面碰撞时，应紧急制动，以减少正面碰撞力。若无法避免与来车正面相撞时，要迅速判断撞击的方位和力量，如果判断撞击的方位不在驾驶员一侧或撞击力较小时，可紧握转向盘，两腿向前蹬直，身体向后倾斜，紧靠座椅后背，以此形成与惯性方向相反的力，保持身体平衡，避免车辆在撞击时，头撞到驾驶室其他物体上受伤；如果判断撞击的方位临近驾驶座位或撞击力较大时，要迅速放开转向盘，并抬起双腿，身体侧卧于右侧座位上，或尽量往右侧驾驶座位上移动，避免身体被转向盘抵住，可以降低驾乘人员受伤害的程度。

9 车辆倾翻时的应急处置

行驶中意外发生缓慢翻车有可能跳车逃生时，要向翻车相反方向跳车。车辆向深沟连续翻滚时，身体应迅速躲向座椅前下方，抓住转向盘管或踏板等固定物将身体稳住，避免身体滚动受伤。应在车中感到不可避免地要被抛出车外时，应在被抛出的瞬间，猛蹬双腿，增加向外抛出的力量，借势跳出车外。落地后，要力争双手抱头顺势向惯性力的方向多滚动一段距离，以躲开车体，增大离开危险区的距离。

10 遇到大、暴雪时的应急处置

冬季行车突然遇到暴雪时，要及时减速，当刮水器不能及时清理风窗玻璃的积雪时，要选择安全地点停车，并打开示廓灯和危险报警闪光灯，待雪小时再继续行驶。路面积雪变深、道路的轮廓难以辨别时，要根据道路两旁的树木、电杆等参照物判断行驶路线，控制车速，低速行驶；在有车辙的路段应循车辙行驶，不可急打急回转向盘，以防车辆侧滑偏出道路。

大雪天在弯路、坡道及河谷等危险地段行驶时，更要注意选择好行驶路线；路况稍有可疑要立即停车，待察看清楚确认安全后再继续行驶。通过傍山险路降雪路段，要根据雪的厚度、坡道大小、弯道急缓及路面宽窄等情况，决定能否通过，必要时停车勘察，不可盲目冒险行驶。

11 车辆发生火灾时的应急处置

行车中发生火灾时，要设法将车辆停在远离城镇、建筑物、树木、车辆及易燃物的空旷地带，及时把事故情况和地点通报给救援机构。在高速公路上发生火灾时，不可将车驶进服务区或停车场。在逃离火灾前，要关闭点火开关、电源总开关，并设法断开油路。发动机着火时，严禁开启发动机舱盖灭火；燃油着火时，不能用水灭火，以防加剧火势蔓延。防冻液着火时，可立即用水浇泼着火部位，以降低酒精防冻液的浓度。

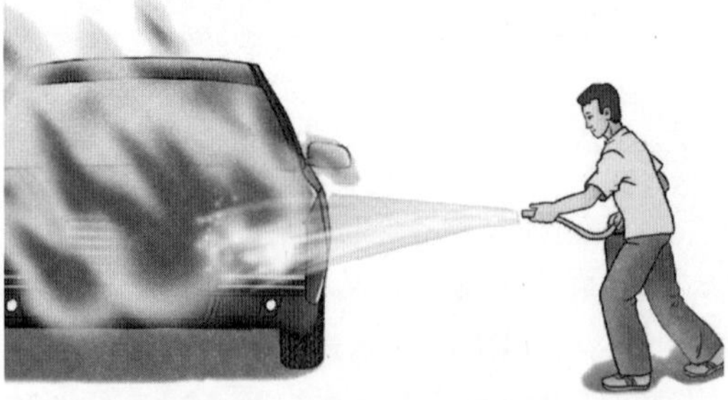

救火时要脱去所穿的化纤服装，注意保护暴露在外面的皮肤，不要张嘴呼吸或高声呐喊，以免烟火灼伤上呼吸道。使用灭火器灭火时人要站在上风处，尽量远离火源，灭火器瞄准火源。

12 车辆落水后的应急处置

车辆行驶中突然落水时，要保持清醒的头脑，并告知乘员不要慌张，做好深呼吸。同时迅速判明水底、水面的方向和水的深度，判断水是否能淹没车辆。如果驾驶室不会被淹没，要待车辆稳定后，再设法从安全的出处脱离车辆。由于外部水的压力较大很难开启车门时，可迅速开启车窗或敲碎车窗玻璃或用脚踹碎车窗玻璃，才有逃生的希望。如果有条件，可找大塑料袋套在头上，匝紧脖子（注意不要漏气），塑料袋内的空气可以保证足够上浮的氧气。如果不会游泳，可在离开车前在车内找一些能浮的物件抓住。只要浮出水面，就会有更多获救的希望。

13 遇到大、暴雨时的应急处置

行车中遇到突降大雨时，要及时打开刮水器，减速行驶，仔细观察道路交通情况，注意道路上通行的车辆和行人，做好随时停车的准备，预防车辆和行人突然改变行驶路线和行走方向而发生危险。遇到特大暴雨，能见度很低，刮水器的作用不能满足要求时，不要冒险行驶，要选择安全地点停车，并打开示廓灯和危险报警闪光灯，待雨小或雨停时再继续行驶。

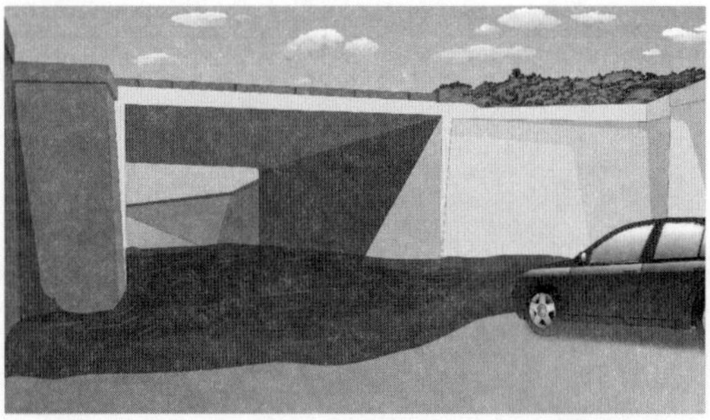

大暴雨中通过涵洞、低洼路面时，要注意蓄水高度，并充分估计道路排水能力，及时减速或停车进行观察，水的深度超过车辆通行的最高水位线时，及时改变行驶路线绕行，不要盲目通行，更不能加速通过，以免陷入深水中。暴雨天通过漫水路、漫水桥前，要停车测试水的深度、流速、流向，判断路或桥面是否被水冲坏，不得盲目涉水。水的深度不影响正常通过时，要用低速挡缓行通过。水深超过车辆规定涉水深度时，不得盲目冒险通过。

14 高速公路紧急情况的应急处置

在高速公路行车遇到前车掉下货物、突然横穿的动物或发现前方有人横穿时，不能急转方向躲避，最安全的应急处置措施是立即制动减速，使车辆处于低速行进或停止状态下碰撞。高速行驶状态下，迅速转向躲避或先转向后制动，都会导致车辆失控，危及生命安全。

在高速公路遇突然情况必须停车时，要迅速向右逐渐变更车道，离开行车道后在紧急停车带或路肩上停车。如果不能离开高速公路行车道，要立即开启危险报警闪光灯，驾乘人员尽快转移到防护栏以外较远的安全地带，迅速在行驶方向后方150m以外设立警告标志，夜间需开启示廓灯和后位灯。大雾天遇事故不能继续行驶时，尽快从右侧离开车辆，开启危险报警闪光灯和示廓灯，驾驶员不要迎着来车设置警告标志。

雨天在高速公路行车中发生“水滑”现象时，要握稳方向，逐渐降低车速，不要急踩制动踏板或猛打转向盘。在高速公路意外碰撞护栏时，采取的保护措施是稳住方向，迅速向碰撞一侧转向，迫使车辆减速停住。迅速修正转向盘或向相反方向转向，会导致车辆发生连续碰撞两侧护栏，甚至发生倾翻事故。

第二节 事故现场的应急处置及常用伤员救护方法

一 事故现场的应急处置

1 立即停车

交通事故发生后，驾驶员必须立即停车，拉紧驻车制动器操纵杆，切断电源，开启危险报警闪光灯，并在车辆后方按规定设置危险警告标志。如在夜间发生交通事故，还需要开启示廓灯和尾灯。

2 及时报案

在道路交通事故发生后，驾驶员应及时将事故发生的时间、地点、人员伤亡情况等，通过拨打122报警电话或委托过往车辆、行人向附近的公安交通管理部门报案并向所在企业报告相关情况。涉嫌交通肇事逃逸的，还应当说明肇事车辆的车型、颜色、特征及其逃逸方向、逃逸驾驶员的体貌特征等有关情况。在报案的同时，可向附近的医疗单位、急救中心求援。如果现场发生火灾，还应向消防部门报告。

3 抢救伤员

在确认伤员的伤情后，能采取紧急抢救措施的，应尽最大努力对其实施抢救，救护方法包括止血、包扎、固定、搬运和心肺复苏等。

4 保护现场

为使公安交通管理部门准确勘查现场，为分析事故原因提供确切的资料，驾驶员应在不妨碍抢救伤员的情况下，尽力保护好事故现场。在条件允许的情况下，迅速用粉笔、砖、石块等将伤员倒卧的位置和姿势记下来。遇有雨、雾天和大风等天气时，为保护事故现场痕迹不被破坏，应用席子、塑料布、油布等盖上现场痕迹。对事故现场散落的物品，应妥善保护，注意防盗防抢。

5 做好防火防爆措施

在交通事故现场，驾驶员还应做好防火防爆措施。首先，应关闭发动机，消除一切可能引起火灾的隐患。如事故现场有扩大事故的因素，如油箱撞破，燃油外泄，应立即疏散乘客到安全地点，并隔离现场。载有危险物品的车辆发生交通事故时，要及时将危险物品的化学特性（是否有毒、是否易燃易爆、是否具有腐蚀性）以及装载量、泄漏量等情况通知相关部门，以便采取相应的防范措施。

二 伤员救护原则

交通事故中的伤员可能是多发伤、复合伤或群体伤，加之交通事故现场环境比较复杂、混乱，救护条件较差，现场救护需要分轻重缓急，坚持“先救命、后治伤，先救重伤员，再救轻伤员”的救护原则，尽量采取减轻伤员痛苦和减少死亡的措施。进行伤员救护要做到以下几点：

（1）对事故现场周边的环境要进行认真观察，确认无安全隐患，同时确保自身和伤员的安全后，开始采取救护措施，并要求操作迅速、平稳。

（2）认真查看伤员的伤情，判断伤员是否有意识、呼吸和心跳，对呼吸和心跳停止的伤员，应迅速采取心肺复苏措施。

（3）对脊柱损伤的伤员不能采取拖、拽、抱的方式；伤员大量出血时，首先应快速、有效地对其进行止血操作。

（4）对需要进行包扎处理的伤员，应先包扎其头部、胸部和腹部伤口，再包扎其四肢伤口；对需要进行固定处理的伤员，应先固定颈部，再固定四肢。

三 危重伤员的应急救护措施

1 头部损伤伤员的救护

如果伤员神志清醒，呼吸脉搏正常，损伤不严重时，可进行伤部止血，包扎处理后，扶伤员靠墙或树旁坐下，找一块垫子将头和肩垫好。若伤员出现昏迷，则要保持其呼吸道畅通，并密切注意其呼吸和脉搏的情况。在救护转移时，护送人员扶置伤员呈半侧卧状，头部用衣物垫好，略加固定后再转移。

2 失血伤员的救护

如果伤员失血过多，将会出现休克等症状，对生命造成很大威胁。对失血伤员，可通过外部压力使伤口流血止住，然后系上绷带。流血止住后，接着应采取一些防止休克的措施。

3 昏迷不醒伤员的救护

昏迷失去知觉的伤员，其症状是不会讲话，抢救前应先检查其呼吸情况，并使其保持侧卧位。

4 休克伤员的救护

受伤者失血过多会出现休克，其症状为面色苍白、四肢发凉、额部出汗、口吐白沫、显著焦躁不安，脉搏跳动变得越来越快和虚弱，最后脉搏几乎摸不出来。这些症状有时会部分出现，有时也会同时出现。休克时间过长，可能致伤员死亡，伤员出现休克时应及时采取下列急救措施：

（1）将伤员安置到安静的环境。

（2）抬起伤员腿部直到处于与地面垂直状态，使休克停止。

（3）采取保暖措施，防止热损耗。

（4）反复检查呼吸和脉搏情况。

（5）迅速呼救并送往医院。

5 呼吸中断伤员的救护

呼吸中断伤员的症状为无呼吸声音和无呼吸运动。伤员呼吸中断后，应立即进行抢救，否则会由于缺氧而危及生命。抢救时，抬起下颏部使呼吸道畅通，对恢复呼吸作用很大；如果伤员仍不能呼吸，要进行口对口的人工呼吸。如果人工呼吸不能起作用时，要检查嘴和咽喉中是否有异物，并设法排除，继续进行人工呼吸。

6 烧伤伤员的救护

烧伤伤员的症状为皮肤发红、起泡、感觉疼痛。内部组织受损的烧伤可引起呼吸困难、休克、烧伤性疾病等危险。对烧伤伤员应采取下列急救措施：

（1）迅速扑灭衣服上的火焰或脱掉烧着的衣服。

（2）全身燃烧时，可向身上喷冷水。

（3）用消过毒的绷带包扎伤口。

（4）防止热损耗，可饮适当浓度的盐水。

（5）伤口处不可使用粉剂、油剂、油膏或油等敷料。

（6）脸部烧伤时，不要用水冲洗，也不要覆盖。

（7）反复检查呼吸和脉搏，防止休克。

7 中毒伤员的救护

（1）迅速把中毒的伤员送到有新鲜空气的地方，以防止继续中毒。

（2）对昏迷不醒的伤员要使其保持侧卧位。

（3）反复检查呼吸和脉搏，如呼吸停止，应对其进行人工呼吸。

四 伤员急救常识

驾驶员往往是交通事故的第一现场人员，掌握正确的伤员救护知识，对于赢得宝贵的抢救时间，获得较好的伤员救治效果，减少事故伤残率、死亡率，具有十分重要的意义。

1 事故现场的伤员救护原则

（1）正确判断伤情。在事故现场发现伤员时，应先对伤员的处境和伤情进行全面检查和判断，比如，是否有重物压在伤员的身上，是否有异物插入伤员的体内，伤员是否出现昏迷、呼吸中断等症状，伤员是否出血、骨折等。对于意识清醒的伤员，应询问哪里疼痛和不适，初步判断受伤部位和伤情，以便选择正确的急救方法；对于意识不清醒的伤员，应保持其呼吸道开放畅通，视情采取心肺复苏抢救措施。

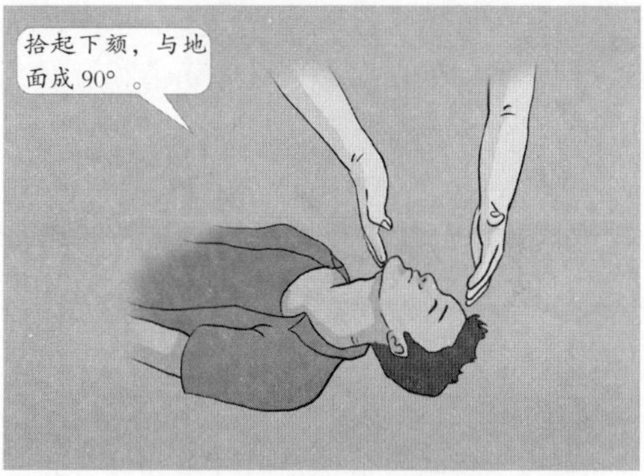

（2）科学施救，避免造成二次伤害。抢救人员要沉着、仔细，根据伤员的处境和伤情，科学实施救护。从车体中移出伤员时，动作要轻柔，尽可能移开压在伤员身上的物品，而不要强行拉拽伤员的肢体；不要随意拔出插入伤员体内的异物；正确搬运伤员，避免因搬运不当造成伤员的伤势加重。

（3）选择安全的场所实施救护。尽快将伤员救离事故现场，尽量选择广场和空地等开阔区域，在救护车能够接近的安全地方和夜间有照明的地方实施抢救，不能在弯道、坡道或交叉路口等危险区域实施抢救。应尽可能用救护车运送伤员，使伤员平卧，减少运送途中的二次损伤。

（4）先救命，后治伤。在等待专业救护人员赶赴事故现场时，应先抢救存在昏迷、休克、呼吸中断等症状的重伤员，再护理一般的伤员，对伤员进行伤口包扎、固定等处理。

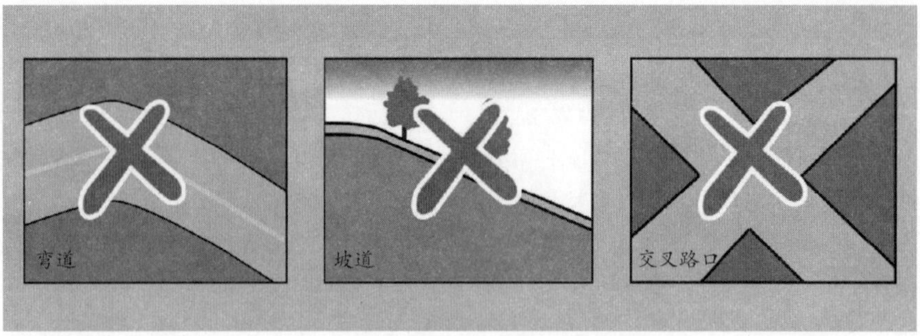

2 常用伤员急救方法

交通事故造成的损伤往往以外伤、颅脑损伤和骨折伤居多，而且具有伤势严重、伤情隐蔽和伤情发展迅速的特点。在事故现场，救护者应根据伤员的具体伤情和现场条件，采取正确的救护方法。

1 对意识清醒的伤员进行救护

对于意识清醒的伤员，应询问哪里疼痛和不适，初步判断受伤部位，以便选择正确的搬运方法，将伤员搬离受损车辆或行车道，实施紧急救护。

搬运伤员时要根据伤情轻重和种类分别采取搀扶、背运和多人搬运等措施；对疑有脊柱、骨盆骨折不宜站立行走者，宜多人水平搬运或担架搬运；对有下肢骨折、内脏损伤者宜担架搬运。

具体的搬运方法有：

（1）单人腋下平躺拖行。救援者弯腰下蹲，双手从伤员腋后插入腋下，钩住伤员腋窝，水平拖行。

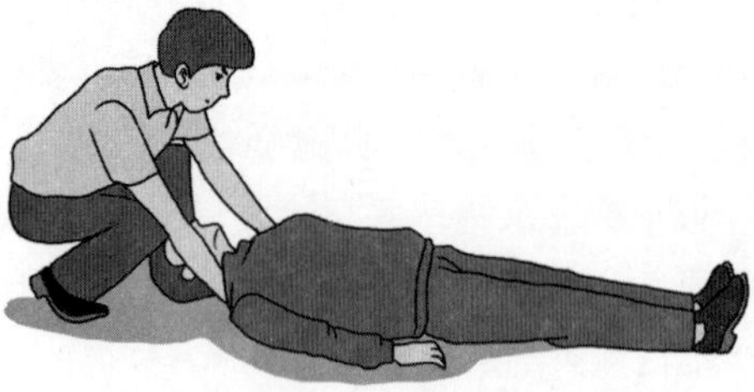

（2）单人抱持。救援者位于伤员一侧，一手托住伤员的双腿，另一只手紧抱伤员腰部或肩部。

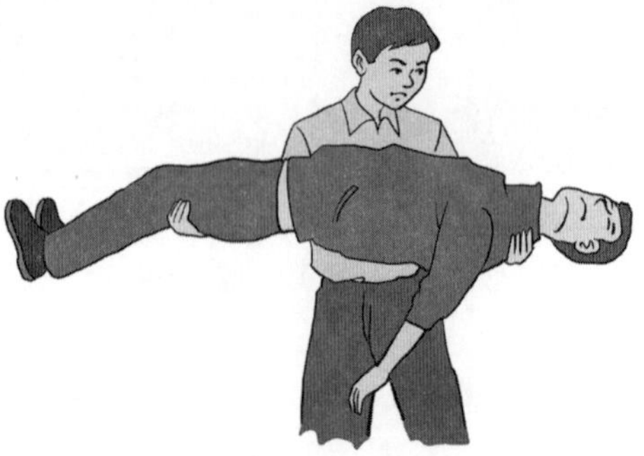

（3）多人平抬法。这种方法主要针对怀疑有颈椎损伤和脊柱损伤的伤员。具体办法是:一人抱伤员双肩和头部，一人托住伤员腰臀部，第三人托住双下肢，水平搬运伤员。疑有颈椎损伤时宜有一人托住头颈搬运。

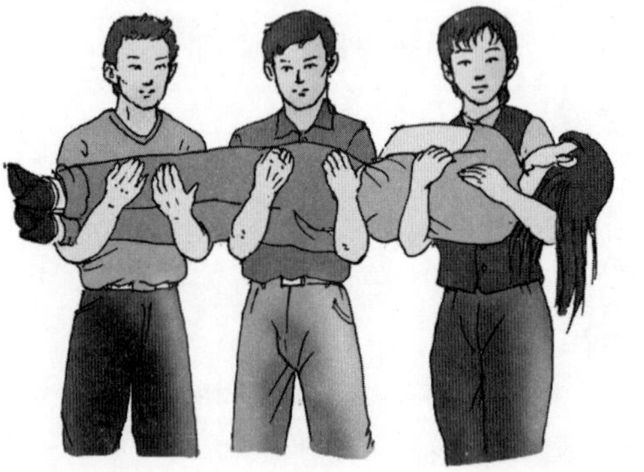

2 对无法言语、存在意识丧失和心跳、呼吸骤停伤员的抢救

对于这类伤员的基本抢救步骤如下：

（1）判断意识。轻推呼喊伤员，如对此刺激无反应，表明意识丧失，应立即将伤员改为侧卧位，救援者位于伤员一侧，并紧急高声呼叫其他救援者帮助。

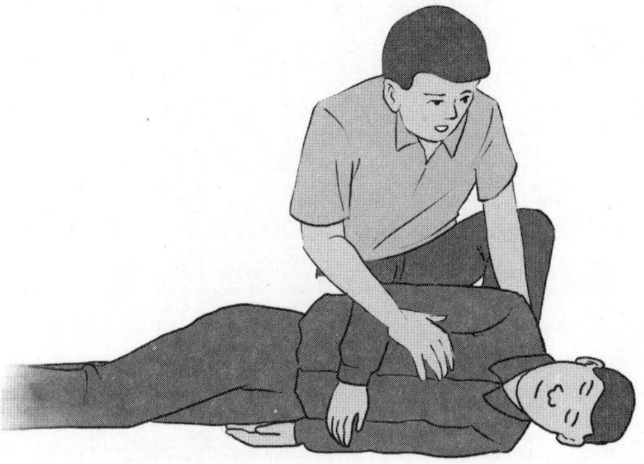

（2）保持呼吸道开放畅通。抬起伤员下颏，清理气道和口中可能存在的异物，保持其呼吸气道的开放畅通，贴近伤员5s，判断有无呼吸。如果没有呼吸，应立即进行口对口人工呼吸，具体方法为：捏紧伤员鼻翼，包严嘴唇，用力连续吹气2次，每次2s，如果吹气后胸部起伏，说明气道通畅；如果无胸部起伏，说明气道没有开放，需要重新清理口腔和鼻腔内异物，抬高下颏，再次开放气道。

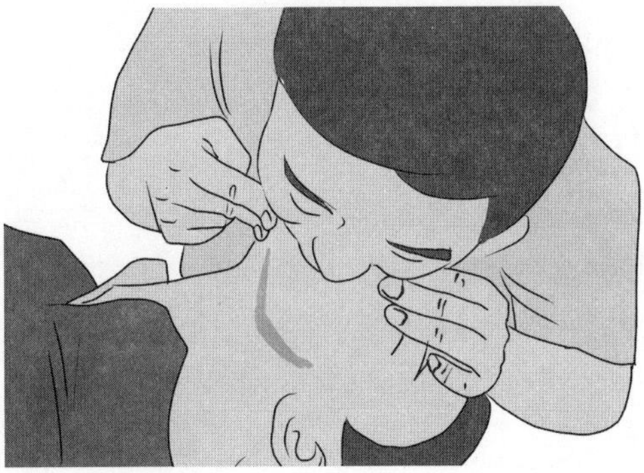

（3）实施胸外心脏按压。触摸伤员颈动脉，如果没有搏动，说明心脏停跳、循环停止，应立即进行胸外心脏按压，具体方法为：双手交叉重叠，用手掌根垂直向下施力，按压位于胸骨中下部1/3处部位，要求双臂伸直，每次下压胸部4～5cm后自然放松，但手掌不离开胸部，频率为100次/min，以每15次按压后加做2次口对口吹气作为一遍操作，连续做4遍或进行3～4min后，重新评估呼吸、循环系统的状况。

如果伤员心跳恢复，则停止操作，继续监测呼吸、脉搏，等待专业救援；如果仍旧没有恢复，则继续实施心肺复苏，每隔3～4min停止操作，监测呼吸、循环系统状况一次，直到呼吸、循环系统功能恢复，在专业救援人员到达之前不要轻易放弃，也可以2人轮换对伤员进行心肺复苏，但是中断时间不要超过5s。心肺复苏成功后的治疗由专业医护人员进行。

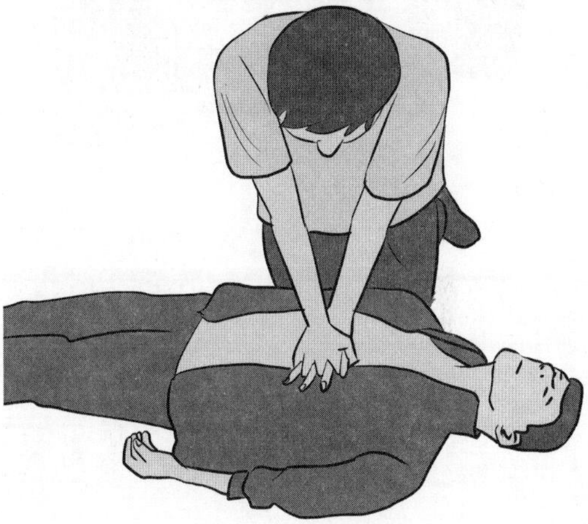

（4）心肺复苏的中止条件：伤员自主呼吸和脉搏恢复，复苏成功；专业救援人员到场接替；有医生到场宣布伤员死亡；救护人员经过长时间积极复苏，以至伤员精疲力尽，仍无自主呼吸和脉搏恢复。

3 对开放性骨折伤员的处理

肢体的开放性骨折，表现为创面大量出血，伤员很快会因为出血而产生休克。救护时首先应进行止血和包扎(按活动性出血处理)，然后针对不同的肢体部位进行相应的固定。救护时要注意：千万不要将骨折块还纳复位。

对上肢的骨折可用夹板或树枝固定，用三角巾悬吊绑缚，并检查末端血液循环的情况，以防肢体缺乏血液供应而坏死。

对下肢的骨折可采用加压包扎后用长夹板或木板固定，并检查肢体末端血液循环的情况，以防肢体缺乏血液供应而坏死。

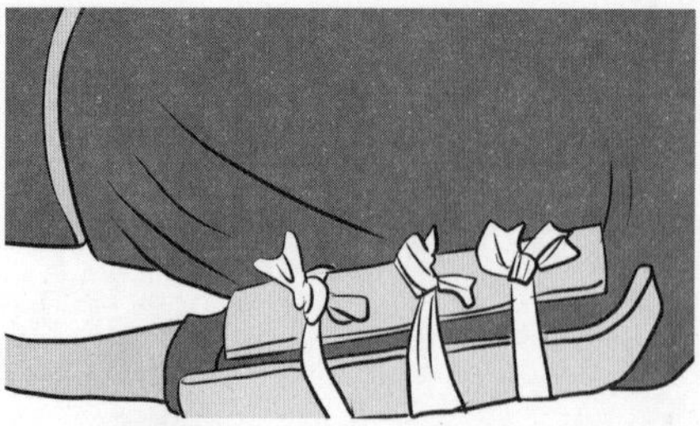

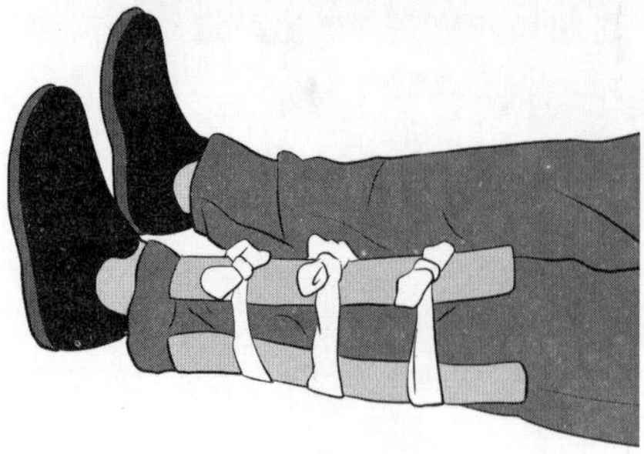

4 对脊柱、颈椎损伤伤员的救护

脊柱骨损伤常常造成瘫痪，伤员自感腰部疼痛或下肢神经减退，因此，救护时要使脊柱骨折伤员就地静卧，切忌脊柱弯曲或扭转，以免造成终身截瘫。

（1）脊柱损伤伤员的搬运。在运送脊柱损伤伤员时，应由3人站在伤员右侧，分别托住肩背部、臀腰部和双下肢，在一人口令下，协同将伤员搬至硬质担架上。

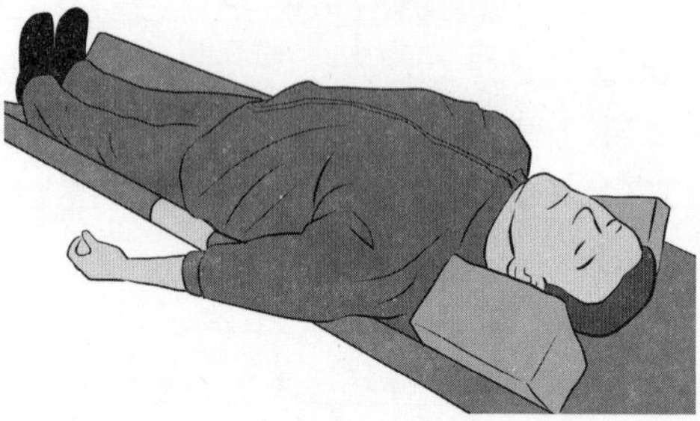

（2）颈椎骨折伤员的搬运。颈椎骨折伤员应由一人负责托住头部，保持头与身体成一直线，其他人员在伤员左侧，分别托下肢、臀腰部和肩背部，在统一口令下协同将伤员搬至硬质担架上。严禁强行搬动头部，伤员睡到担架上后，用沙袋或折好的衣物放在颈的两侧加以固定。

5 对严重烧伤伤员的处理

应迅速扑灭严重烧伤者身上的明火，脱去燃烧的衣物，用冷水对燃烧部位进行喷洒，并让伤员适量饮用淡盐水，以防脱水休克。对烧伤创面应使用消毒纱布或清洁的被单覆盖(但是脸部宜暴露，不宜覆盖)，同时要注意防止创面再次污染。对烧伤的伤员，不要轻易使用粉剂、油膏等敷料，最好尽快将伤员转送附近医院。

6 酸碱腐蚀性化学品外泄受伤的伤员的处理

在救护酸碱腐蚀性化学品外泄引起受伤的伤员时，救护者首先要做好自我防护。防护的办法包括:用湿毛巾外覆口鼻，减少呼吸道刺激；戴好防护手套或穿好防化服。

对被少量腐蚀化学品沾染的部位，应立即用干毛巾或纸巾蘸吸，并用大量清水冲洗15min以上；如果伤员身体被大面积沾染，应迅速脱去其身上衣服，用大量清水冲洗20min以上；如果伤员将腐蚀液误入口腔，可用牛奶、鸡蛋清或米汤面糊等灌食，以保护胃肠道。

第六章 环境保护及新能源汽车

汽车保有量的井喷式增长使得我国石油供需矛盾愈发突出，同时也加剧了大气环境污染，严重威胁着人们的健康。节能和环保已经是我们无法回避的课题，发展新能源汽车迫在眉睫。教练员和驾驶员作为车辆的使用者，必须要承担起节约能源、减少排放的绿色责任。

第一节 节能与环保驾驶

随着汽车保有量的持续增加，汽车的能源消耗、尾气排放和噪声污染等给人类和环境带来了严重的危害。驾驶员树立节能与环保意识，提高节能与环保驾驶技能水平，是实现社会可持续发展的重要保障，也是驾驶员的社会责任。

一 车辆的污染

汽车给环境带来噪声、废气、衍生形成的光化学烟雾和车辆废弃物等多方面污染。

1 排放污染

汽油发动机排放的主要污染物有一氧化碳（CO）、碳氢化合物（HC）和氮氧化合物（NO_X）。其中，HC和NO_X在阳光照射下，在大气中形成光化学烟雾，对人的眼睛和呼吸系统产生极大的危害；NO_X还可以在大气中可产生酸雨效应，破坏土壤和水体，危害人类健康。

柴油发动机排放的主要污染物是NO_X和微粒粉尘，微粒粉尘会危害人的眼睛和呼吸道。

汽车完全燃烧所产生的二氧化碳（CO_2）气体，则会产生温室效应，加剧地球变暖。汽车主要污染物及其危害如表6-1所示。

汽车主要污染物及其危害　　表6-1

污染物	对人体的危害
CO	使血液输氧能力降低，可引起头晕、头痛等症状，严重时会使心血管工作困难，甚至死亡
HC	可引起头晕、头痛、失眠等症状，还可导致白血病、癌症等
NO_X	使血液输氧能力降低，会损害心脏、肝脏、肾脏等器官；是产生酸雨、光化学烟雾的主要原因
微粒粉尘	有致癌作用

2 噪声污染

道路交通噪声是城市环境噪声的主要组成部分，占到城市噪声的75%左右。交通噪声主要来自于行驶的机动车，其中以汽车噪声的影响最大，汽车噪声一般是60～90dB的中强度噪声。由于汽车产生的噪声污染，我国城市道路交通噪声平均等效声级达71.5dB，80%左右的交通干线两侧环境噪声均超过国家安全标准。

汽车噪声主要来自于发动机噪声、排气噪声、轮胎噪声、喇叭声、车体振动和传动系噪声等。高于70dB的噪声会令人心情烦躁、疲倦等，引发头晕、失眠等病症。汽车噪声不仅会影响周边环境，还会使驾驶员工作效率下降、反应时间延长，增加交通事故发生的概率。

二 车辆燃料、轮胎的合理选用

车辆燃料的质量对车辆节能、环保以及车辆的使用寿命有较大的影响，因此，合理选用车辆燃料举足轻重。合理选用轮胎，可以延长轮胎的使用寿命，增加行车的安全，减小车辆行驶时的滚动阻力，从而间接地减少燃油的消耗，达到节能、环保的目的。

1 车用燃料的合理选用

1 汽油牌号的选用

汽油牌号按照辛烷值（抗爆震能力）的高低来表示，目前汽油牌号有90号、93号和97号等几种类型（汽油品质由国IV标准上升为国V标准后，牌号分别调整为89号、92号、95号）。选择的牌号过低会使车辆发动机产生爆震，影响动力性和增加燃油的消耗，严重时还会使发动机损坏。

驾驶员可根据车辆使用说明书推荐的汽油牌号来选择汽油。选择的牌号过高，虽能提高车辆排放的质量，但并不能提高燃烧的效能，而且还会额外增加汽油使用的费用。

2 柴油牌号的选用

柴油的牌号按照其冷凝点的高低来表示。柴油牌号有0号、−10号、−20号、−35号、−50号等几种类型。牌号低的柴油低温流动性好，发动机在低温情况下易起动，从而减少起动时的燃油消耗。

驾驶员主要依据车辆行驶地区的最低气温来选择柴油的牌号，一般以低于当地最低气温4～6℃为宜，如表6-2所示。

柴油牌号适用地区与季节 表6-2

牌　号	当地最低温度	使用地区季节
0号	4℃以上	全国各地4～9月，长江以南冬季
−10号	−5℃以上	长城以南冬季，长江以南严冬季节
−20号	−14℃以上	长城以北冬季，长城以南黄河以北严冬季节
−35号	−29℃以上	东北和西北地区严冬季节
−50号	−44℃以上	最北地区严冬季节

无论是添加汽油还是柴油，在燃油表显示剩余燃油不足1/4的时再添加，且每次加至燃油表刻度的2/3～4/5为宜。

2 车辆轮胎的合理选用

（1）与斜交轮胎相比，子午线轮胎具有使用寿命长、轮胎与路面间的附着性能好、滚动阻力小、承载能力大、可以更好地吸收路面对轮胎的冲击能量的优点，使用时应当优先选择子午线轮胎。子午线轮胎的规格表示方法中比斜交轮胎多一个字母“R”。

（2）在车辆的同一轴上应使用品牌、规格、花纹和磨损程度相同的轮胎，不得将斜交轮胎与子午线轮胎、有内胎轮胎和无内胎轮胎（无内胎子午线轮胎用“TUBELESS”标识）同车混装。

（3）轮胎的规格中有负载指数和车速级别标志。选用轮胎时，轮胎承受的荷载值不能大于轮胎的额定荷载，轮胎速度级别不能低于装配车辆的最高车速要求。

（4）经常高速行驶的汽车不宜采用加深花纹和横向花纹的轮胎，经常低速行驶的汽车适宜采用加深花纹或超深花纹轮胎，可以防止轮胎过分生热造成早期损坏。

（5）乘用车、挂车轮胎上的花纹深度应不小于1.6mm（胎面磨损至磨损标记“▲”），其他车辆转向轮的轮胎花纹深度应不小于3.2mm；其余轮胎花纹深度应不小于1.6mm，超标时，应及时更换。

（6）轮胎气压不符合规定的标准气压，是造成轮胎早期损坏的最主要原因之一，如表6-3所示。

轮胎气压对轮胎使用寿命和油耗的影响 表6-3

胎压	负面影响	原因分析
过高	汽车的燃料消耗增加	不平路面上行驶时，汽车振动加剧，汽车垂直位移增加而消耗能量
	汽车轮胎和其他部件的磨损加剧	轮胎与路面的接触面积减小，单位面积承受的压力增大，加大轮胎的磨损；汽车平顺性下降，加速汽车部件的磨损
过低	汽车的燃料消耗增加	滚动阻力增大
	轮胎磨损不均匀	轮胎在接触面上的压力不均匀
	轮胎磨损加剧，轮胎温度急剧上升	轮胎径向变形增大，周期性的压缩变形，加速轮胎的磨损；变形使轮胎的摩擦产生更多的热量

第二节 新能源汽车发展

一 新能源汽车分类

根据《新能源汽车生产企业及产品准入管理规定》（中华人民共和国工业和信息化部令2017年第39号），新能源汽车是指采用新型动力系统，完全或者主要依靠新型能源驱动的汽车，包括插电式混合动力（含增程式）汽车，纯电动汽车和燃料电池汽车等。

二 新能源汽车简介

1 电动汽车

1 纯电动汽车

这里所讲述的电动汽车是指以蓄电池或燃料电池为动力、在市区街道或城间公路上行驶的用电动机驱动的汽车，不包括无轨电车及在车站、码头或厂区内使用的电动叉车和普通的蓄电池车。

由车载可充电蓄电池或燃料电池提供电能、由电动机驱动的汽车称为纯电动汽车。纯电动汽车的电动机相当于传统汽车的发动机，蓄电池相当于原来的油箱。

纯电动汽车没有内燃机产生的排气污染，具有无污染、振动及噪声小、结构简单、使用维修方便、能源有效利用率高、多样化等优点。目前，只有电动汽车能做到零排放污染。其缺点一是一次充电所能行驶的里程短，装载与汽油质量相同的铅酸蓄电池电动汽车，其续驶里程仅为汽油机汽车的1/70。二是动力电源使用成本高，蓄电池及电机控制器价格昂贵是电动汽车成本高的主要原因，另外，蓄电池寿命短，折旧费高。三是充电时间长，一般需要6～10h。

上汽荣威E50 纯电动汽车

奇瑞S18 纯电动汽车

中国南车TEG6129 型串联式混合动力客车

本田思域并联型混合动力轿车

丰田普锐斯串并联型混合动力轿车

② 混合动力汽车

混合动力汽车是指装有内燃机与电动机两种动力的汽车。按照内燃机与电动机连接方式的不同，混合动力汽车分为串联型、并联型和串并联型三种。混合动力汽车既保持了传统发动机汽车的优良性能，又能降低石油燃料的消耗并能减少汽车对环境的污染，突出体现了节能和环保的优越性。相比于汽油车，混合动力汽车的燃料消耗降低了约一半，但混合动力汽车动力系统结构复杂，制造成本高，以及由于动力系统质量增加，导致占用空间增大。

③ 燃料电池汽车

燃料电池汽车是指由车载燃料电池提供电能，由电动机驱动的电动汽车。燃料电池汽车与普通燃油汽车的区别在于动力系统不同。燃料电池汽车的动力系统主要由电驱动系统、燃料电池组、动力控制单元、燃料箱、蓄电池、功率转换器以及燃料加入口等组成。我国第一辆燃料电池客车于2000年由多家企业与高校、科研机构共同研制生产。

"清能一号"燃料电池客车

2 燃气汽车

燃气汽车是指用压缩天然气（CNG）、石油液化气（LPG）和液化天然气（LNG）作为燃料的汽车。过去十几年来，压缩天然气和石油液化气汽车技术日趋成熟，相对价格较低的天然气和液化石油气以及显著的污染物减排效果，推动了压缩天然气汽车和液化石油汽车保有量的快速增加。

技术成熟、燃料丰富的燃气汽车具有较大的增长潜力。

3 醇类燃料汽车

醇类燃料由于来源广泛、丰富，抗爆性好，与石油燃料的理化性能相近，因而受到更多的重视。甲醇和乙醇都是相对分子质量较小的物质，燃烧产物中基本没有碳烟，是一种低污染燃料。醇类燃料汽车与电动汽车、燃气汽车一样，都是新能源和清洁代用燃料汽车。

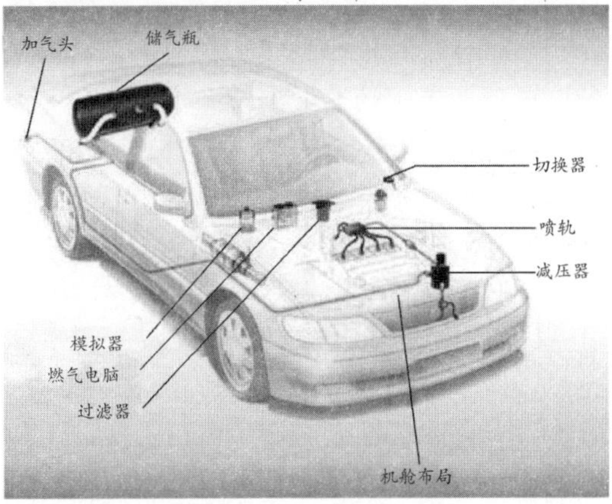

压缩天然气汽车

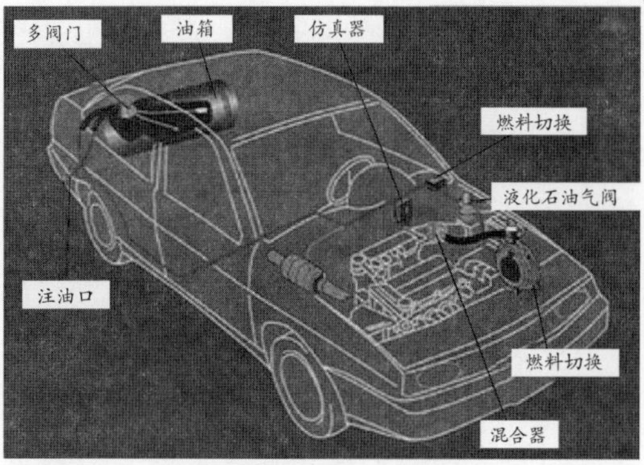

液化石油气汽车

三 新能源汽车实际操作方法及使用

1 电动汽车

电动汽车在日常使用中，要注意进行保养和维护，从电池的充电到电动汽车零部件的维护及驾驶安全操作都不可忽视，只有做到对电动汽车勤维护并安全驾驶，才能延长电动汽车的使用寿命。

临时不用时，要每过一个月充一次电，要将电池里的电充溢后存放，切忌在亏电的状态下存放。在使用前，应检查电池组维修开关是否处于闭合状态；检查电动机舱内电池组的接线与电源线束是否连接良好，确保电池组及连接线束清洁，连接和安装固定可靠；保持电池组存电量充足；确保充电接口盖闭合可靠。

车辆电动机工作时，检查各仪表有无故障报警信号，有无异响现象。汽车起步后，应以20~30km/h 的速度低速行驶1~2km，之后再正常速度行驶，冬季气温较低时，低速行驶的距离应适当延长至3~4km。气压制动的电动汽车，应使储气筒的气压达到安全行车标准后再起步。与普通汽车一样，电动汽车起步时要求平稳不蹿动，踩加速踏板时需要柔和，做到轻踏缓抬，车速平稳增加为宜，如果电动机出现迟滞无力，应稍抬制动踏板。行车中减速应尽量利用汽车滑行减速，这个过程是将车辆的动能转换为向电池组充电的电能，在安全的前提下尽量避免使用行车制动器。

预见前方有障碍、转弯、会车、红灯等需要减速的情况时，应松抬加速踏板，依靠电动机对汽车的阻滞力减速滑行，必要时用行车制动器制动。汽车下长坡时，抬起加速踏板，并根据速度情况使用行车制动器间歇制动控制车速。在预期速度下平衡行驶，应保持好该状态下的位置使汽车等速行驶，避免位置频繁变化，并保持适当的跟车距离。操纵汽车转向时，应平顺并提前开启转向灯，避免突然变向或急转弯。

在行车过程中，应保持直线行驶，避免来回转动转向盘。变更车道时，应在确认与前后左右的汽车处于安全距离的情况下，提前开启转向灯，夜间还应变换使用远光灯、近光灯，然后平稳地转动转向盘，并以较大的行车轨迹缓加速驶入另一车道。当因超车变换车道时，在超车后应及时返回原车道。同时，应尽量避免频繁变更车道行驶。

预见坡道时，驾驶员应提前预测坡度、坡长，判断需用的速度，在上坡前500m处，应轻微加速并保持位置不动，尽量以汽车的惯性冲坡。在距隧道入口50m处，应提前减速，开启前照灯、示廓灯、后位灯，仔细观察前方情况。在隧道内行驶，应保持合适的跟车距离和行驶速度。在隧道出口前，应握紧转向盘，避免隧道出口处的横向风引起汽车偏离行驶路线。驶入和驶出隧道时，在明、暗适应的过程中不应加速行驶。

如果电动汽车的续行里程在短时间内突然大幅度下降十几公里，则很有可能是电池组中最少有一块电池出现问题，应及时到销售中心或代理商维修部进行检查、修复或配组。车辆刚起动时，应缓慢加速，防止瞬间急加速损伤元器件。

使用过程中，在保证安全的前提下，行驶中应尽量减少频繁制动、起动，以节省电能。同时，应根据实际情况准确掌握充电时间，参照平时使用频率及行驶里程情况，掌握充电频次。一般情况蓄电池平均充电时间在10h左右，过度充电、过度放电和充电缺乏都会缩短电瓶寿命。电动汽车严禁在阳光下暴晒。温度过高的环境会使蓄电池内部压力增加而使电池失水，引发电池活性下降，加速电极板老化。

电动汽车的清洗应依照正常洗车方法，清洗过程中应注意防止水流入车体充电插座，防止车身线路短路。电动汽车的手工清洗方法为：待车身温度降至40℃以下时，用水管将松动的脏物冲掉；用中性洗车剂清洗车辆，用软布浸上清洁液清洗，但不要用力擦，以免损坏漆面。

使用过程中，还应经常检查轮胎气压，每月至少检查1~2次轮胎气压，不正确的轮胎气压会造成耗电、行驶里程短，降低驾驶的舒适性，降低轮胎寿命并降低行车安全性。行驶过程中，转向盘的操纵变得沉重并偏向一侧时，应立即停车检查轮胎气压，检查车轮制动器有无拖滞、发热现象，驻车制动器作用是否可靠，转向、制动装置和传动轴、轮胎、悬架等各连接部位是否牢固可靠。

在行驶过程中，应经常注意查看车上各种仪表，查听电动机和底盘的声音，如发觉操纵困难、车身跳动或颤动、电动机动力突然下降、机件异响或异常气味、冷却水温异常等现象时，应立即停车检查并进行必要的调整和维修。

电动汽车驾驶节能操作与驾驶安全操作密不可分，其核心是柔和、预见性驾驶。驾驶电动汽车必须要做到心态平和、车况正常、路线最佳、平稳起步、及时升挡、车机同热，挡位准确、转速最优、切忌高速，操控平顺、直线等速，长停熄火、入位准确、合理使用空调。

驾驶电动汽车应注意的事项包括：禁止在车辆未完全停止时挂倒挡挡位；禁止制动踏板和加速踏板同时踩下；车辆行驶过程中，要求平稳，避免急转弯、急加速和急制动；车辆行驶过程中，如果仪表盘上的电池组电量不足警告灯点亮时，应尽快到就近的充电站充电，不得继续亏电行驶，否则电池组和电动机容易早期损坏；车辆出现故障不能行驶拖运车辆时，尽量采用驱动轮离地方式，若确需拖行的，必须低速短距离行驶。

2 双燃料汽车

双燃料车在驾驶使用和维护、修理方面与普通汽油车有所不同，主要有以下七个方面需要特别注意：

（1）首次维护过后才能加气：双燃料汽车需要先加油行驶，直到首次维护完成后，才能加气行驶。其原因是相对于汽油而言，天然气成分更干燥，所以在磨合期会在一定程度上损害齿轮之间的磨合。同时，给双燃料车首次加气后，要回4S店进行检测，主要是检验钢瓶是否有漏气的情况。

（2）点火时最好用汽油机：点火时要用汽油打火。双燃料车在转向盘左下方有一个控制开关，开关上一端标注着汽油的标志，一端标注着“G”字母，代表天然气。将钥匙插入后，首先要确保这个控制开关在汽油标志处。双燃料车虽然两种燃料都可以进行打火，但是如果用气体打火对于车辆的润滑等系统有一定的损害，所以最好用汽油机打火。

（3）汽油量不少于1/4箱：双燃料车虽然主要使用天然气，但是因为在起动时是需要用汽油作为燃料，所以双燃料车的汽油箱也要保证一定的储油量，一般油量要保证不少于1/4油箱。

（4）长时间不用关掉气瓶总开关：如果超过3天不用双燃料车，最好将气瓶的总开关关闭，否则可能跑气，若遇明火，易发生事故。

（5）行驶中注意不要追尾：驾驶双燃料汽车时尤其需要注意避免车辆追尾。双燃料车的气瓶都置于行李舱内，所以在行驶中速度不要过高，尤其要关注前后车的距离，一旦发生追尾事故，容易发生爆炸。

（6）加气时车上人员要下车：双燃料车加气时是在发动机舱里进行，气枪注入加气口加气。加气时需要特别注意，车上人员最好全部下车，一方面可以减少车辆的载重和压力。另一方面是避免加气时气枪不稳定喷射出气体，危及车上人员的安全。

（7）维护与汽油车基本相同：双燃料车在维护方面与普通汽油车基本相同，机油、机滤等方面都是同样进行保养。只是更换火花塞时需要更换双燃料车专用火花塞。

附录一

机动车驾驶培训教学与考试大纲

（交运发〔2016〕128号）

机动车驾驶培训教学大纲

为了加强机动车驾驶培训管理工作，规范驾驶培训教学行为，提高驾驶培训质量，制定本大纲。

一、制定依据

根据《中华人民共和国道路交通安全法》及实施条例、《中华人民共和国道路运输条例》、《机动车驾驶员培训管理规定》、《机动车驾驶证申领和使用规定》等有关规定制定本大纲，主要包括：机动车驾驶培训教学大纲和驾驶培训教学日志。

二、学时安排

1. 机动车驾驶培训教学的学时安排见下表：

学时安排表

内容 \ 学时 \ 车型	A1、B1	A2	A3	B2	C1	C2	C3	C4、D、E、F	C5
总学时	82	88	120	118	62	60	50	38	62
道路交通安全法律、法规和相关知识	10	10	14	12	12	12	12	10	12
基础和场地驾驶	36	40	53	54	16	14	14	10	16
道路驾驶	20	22	33	32	24	24	16	10	24
安全文明驾驶常识	16	16	20	20	10	10	8	8	10

备注：每学时为60min。其中，有效教学时间不得低于45min。

2. 本大纲的学时为各车型基本学时要求。

3. 增加考试内容和项目的,须相应增加学时。

4. 每个学员课堂学习时间每天不得超过 4 学时,实际操作学习时间每天不得超过 4 学时。

三、教学要求

1. 本大纲分为“道路交通安全法律、法规和相关知识”“基础和场地驾驶”“道路驾驶”和“安全文明驾驶常识”四部分内容。每部分内容培训结束后,应对学员的学习进行考核。“基础和场地驾驶”“道路驾驶”两部分考核不合格的,由考核员提出增加复训的内容和学时建议。鼓励机动车驾驶员培训机构(以下简称驾培机构)聘用二级及以上教练员担任考核员。

2. “道路交通安全法律、法规和相关知识”和“安全文明驾驶常识”教学可采取多媒体教学、远程网络教学、交通安全体验等多种方式,倡导课堂教学与远程网络教学相结合。课堂教学不得低于 6 学时,其中,“道路交通安全法律、法规和相关知识”不得低于 4 学时,“安全文明驾驶常识”不得低于 2 学时。

3. “基础和场地驾驶”中“操纵装置的规范操作”和“起步前车辆检查与调整”教学内容,应采用驾驶模拟设备教学;“道路驾驶”中“恶劣条件下的驾驶”“山区道路驾驶”“高速公路驾驶”等内容,可采用驾驶模拟设备教学。模拟教学学时为 4 学时。

4. “安全文明驾驶常识”教学应与“道路驾驶”教学交叉融合;“基础和场地驾驶”与“道路驾驶”可交叉训练。

四、其他

1. 驾培机构应根据本大纲制定教学计划,倡导根据学员特点进行差异化教学。

2. 轮式自行机械车(M)、无轨电车(N)、有轨电车(P)三种准驾车型的培训教学大纲,由各省根据需要和地方特点自行制定,并报交通运输部备案。

3. 各省应当根据实际对各准驾车型培训里程做出相关要求,但最低不得少于300km。

4. 大型客货车驾驶员职业教育,参考本大纲,按有关规定另行制订人才培养方案。

五、培训教学大纲

第一部分　道路交通安全法律、法规和相关知识

教学目标:掌握法律、法规和规章中与道路交通安全有关的相关规定;熟练掌握各类道路条件下的通行规则;熟练掌握道路交通信号的含义和作用;掌握地方性法规的重点内容;了解机动车基本知识,掌握机动车主要仪表、指示灯和操纵机构、安全装置的基本知识。

教学项目	教学内容	教 学 目 标	适用车型
1. 法律、法规及道路交通信号	机动车驾驶证申领与使用	了解法律法规中关于机动车驾驶证申领与使用的规定	A1、A2、A3、B1、B2、C1、C2、C3、C4、C5、D、E、F
	道路交通信号	熟练掌握道路交通信号灯、道路交通标志、道路交通标线、交通警察手势的含义和作用	
	道路通行规则	熟练掌握各类道路条件下的通行规则； 熟练掌握变更车道、跟车、超车与限制超车、会车、避让行人和非机动车、掉头与倒车、停车等的规定	
	驾驶行为	熟练掌握法律法规中有关驾驶行为的规定和要求	
	违法行为处罚	熟悉主要交通安全违法行为情形和驾驶机动车的禁止行为； 掌握交通事故责任承担原则，交通肇事罪和危险驾驶罪的含义； 掌握法律责任的基本知识	
	机动车登记	了解机动车登记的有关规定	
	交通事故处理	了解道路交通事故快速处置方法，事故现场保护、事故报警与求助	
	地方性法规	掌握地方性法规的重点内容	
2. 机动车基本知识	车辆结构常识	了解车辆的基本构成及各组成部分的基本功能	A1、A2、A3、B1、B2、C1、C2、C3、C4、C5、D、E、F
	车辆主要安全装置	掌握安全头枕、安全带、安全气囊、灯光、喇叭、后视镜、逃生出口、仪表、报警灯、防抱死制动系统、儿童安全座椅的作用； 掌握三角警告牌、灭火器等安全设备的作用	
	驾驶操纵机构的作用	掌握转向、加速、变速、行车制动和驻车制动等操纵机构的作用	
		掌握离合器操纵机构的作用	A1、A2、A3、B1、B2、C1、C3、C4、D、E、F
	车辆性能	了解车辆性能与安全行车的关系	A1、A2、A3、B1、B2、C1、C2、C3、C4、C5、D、E、F
	车辆检查和维护	掌握车辆日常检查和维护的基本知识	
	车辆运行材料	了解轮胎、燃油、润滑油、冷却液、风窗玻璃清洗液等运行材料的使用常识	

教学项目	教学内容	教 学 目 标	适用车型
2. 机动车基本知识	客车制动与安全装置	熟悉客车行车制动装置、缓速器、驻车制动装置及客车乘客门、安全出口、安全窗、安全锤等的作用	A1、B1
	公交车制动与安全装置	熟悉公交车行车制动装置、驻车制动装置及公交车乘客门、安全出口、安全窗、安全锤等的作用	A3
	汽车列车制动系统、连接与分离装置	了解汽车列车制动系统的结构特点及作用； 了解汽车列车连接与分离装置的结构	A2
3. 综合复习及考核	道路交通安全法律、法规和相关知识	熟练掌握道路交通安全法律、法规、道路交通信号等相关知识； 掌握车辆的主要安全装置及作用	A1、A2、A3、B1、B2、C1、C2、C3、C4、C5、D、E、F

第二部分 基础和场地驾驶

教学目标：掌握基础驾驶和场地驾驶理论知识；掌握基础的驾驶操作要领，具备对车辆控制的基本能力；熟练掌握基础操作和场内驾驶的基本方法，具备合理使用车辆操纵机件、正确控制车辆运动空间位置的能力，能够准确地控制车辆的行驶位置、速度和路线。

教学项目	教学内容	教 学 目 标	适用车型
1. 基础驾驶	基础驾驶操作理论知识	掌握基础驾驶操作的要求及作用	A1、A2、A3、B1、B2、C1、C2、C3、C4、C5、D、E、F
	驾驶姿势	掌握正确的驾驶姿势，合理使用安全带	
	操纵装置的规范操作	掌握转向盘、变速器操纵杆、驻车制动装置、行车制动装置、加速操纵装置的正确操作方法； 掌握灯光信号、喇叭及其他操纵装置的正确操作方法	
		掌握离合器踏板的正确操作方法	A1、A2、A3、B1、B2、C1、C3、C4、D、E、F
		掌握转向盘、制动和加速迁延控制手柄的正确操作方法； 掌握制动和加速迁延控制踏板的正确操作方法； 掌握灯光信号、喇叭及其他操纵装置的正确操作方法	C5

教学项目	教学内容	教 学 目 标	适用车型
1. 基础驾驶	操纵装置的规范操作	掌握转向盘、转向盘控制辅助手柄、制动和加速迁延控制手柄、转向信号灯迁延开关的正确操作方法； 掌握驻车制动辅助手柄、灯光信号、喇叭及其他操纵装置的正确操作方法	C5
		掌握转向盘、变速器操纵杆迁延控制装置或专用装置的正确操作方法； 掌握灯光信号、喇叭及其他操纵装置的正确操作方法	C5
	起步前车辆检查与调整	掌握调整座椅、头枕、后视镜，以及系、松安全带的正确方法； 掌握检查操纵装置、起动发动机、检查仪表、停熄发动机的正确方法	A3、B2、C1、C2、C3、C4、C5
		掌握调整后视镜的正确方法； 掌握佩戴安全头盔的正确方法； 掌握检查操纵装置、起动发动机、检查仪表、停熄发动机的正确方法	D、E、F
	牵引车与挂车的连接与分离	掌握牵引车与挂车的连接与分离的正确操作方法和注意事项	A2
	上车、下车动作	掌握正确的上车、下车动作	A3、B2、C1、C2、C3、C4、D、E、F
	车上轮椅（拐杖）的放置	掌握轮椅（拐杖）的安全放置方法	C5
	上车前的观察	掌握上车前观察，确认安全的正确方法	A1、A2、A3、B1、B2、C1、C2、C3、C5
	下车前的观察	掌握下车打开车门前观察，确认安全的正确方法	
	起步、停车	掌握起步前观察后方、侧方交通情况，安全平稳起步、停车的正确操作方法	A1、A2、A3、B1、B2、C1、C2、C3、C4、C5、D、E、F
	变速、换挡、倒车	掌握加速、减速、换挡和倒车的正确操作方法	
	行驶位置和路线	掌握根据道路情况合理控制车速，保持车辆沿正确位置和路线行驶的正确操作方法，养成良好的车感和空间感	

教学项目	教学内容	教 学 目 标	适用车型
2. 场地驾驶	场地驾驶理论知识	掌握速度控制、转向控制、空间位置对安全行车的影响	A1、A2、A3、B1、B2、C1、C2、C3、C4、C5、D、E、F
	倒车入库	掌握参照地面目标，合理操纵车辆从两侧倒入和驶出车库的正确操作方法	C1、C2、C3、C5
	坡道定点停车和起步	掌握操纵车辆定点停车和坡道平稳起步的正确操作方法	A1、A2、A3、B1、B2、C1、C2、C3、C4、C5、D、E、F
	侧方停车	掌握操纵车辆顺向停入道路右侧车位（库）的正确操作方法	A1、A2、A3、B1、B2、C1、C2、C3、C5
	曲线行驶	掌握操纵转向盘，控制车辆进行曲线行驶的正确操作方法	
	直角转弯	掌握在急转弯路段正确操纵转向盘，准确判断内外轮差的方法	
	通过单边桥	掌握准确运用转向盘，正确判断车轮直线行驶轨迹，顺利通过单边桥的方法	A1、A2、A3、B1、B2、C4、D、E、F
	通过限宽门	掌握在一定车速下准确判断车身空间位置，顺利通过限宽门的正确操作方法	A1、A2、A3、B1、B2
	通过连续障碍	掌握准确判断车轮行驶轨迹和内外轮差，顺利通过连续障碍的方法	
	起伏路行驶	掌握操纵车辆以最小颠簸方式平顺通过起伏路面的正确操作方法	
	窄路掉头	掌握操纵车辆三进二退完成掉头的方法	
	侧方移位、倒车进库	掌握准确判断车辆行驶空间位置，操纵车辆进行倒车进库、移位和出库的方法	
	模拟高速公路驾驶	掌握操纵车辆在模拟高速公路完成驶入（出）高速公路收费口、匝道入主道、变更车道、驶离高速公路的方法	
	模拟连续急弯山区路驾驶	掌握操纵车辆在模拟急弯山区路完成减速、鸣喇叭（非禁鸣区）、靠右行驶、通过弯道的方法	
	模拟隧道驾驶	掌握操纵车辆在模拟隧道完成减速、开启（关闭）灯光、鸣喇叭（非禁鸣区）的方法	

教学项目	教学内容	教 学 目 标	适用车型
2. 场地驾驶	模拟雨（雾）天驾驶	掌握操纵车辆在模拟雨（雾）天气路段完成减速、选择刮水器挡位、开启灯光的方法	A1、A2、A3、B1、B2
	模拟湿滑道路驾驶	掌握操纵车辆在模拟湿滑路完成减速、以低速挡匀速行驶的方法	
	模拟紧急情况处置	掌握操纵车辆模拟在紧急情况出现时，完成制动、停车、开启危险报警闪光灯、摆放三角警告牌、撤离车内人员的正确方法	
	模拟城市街道驾驶	掌握通过人行横道、路口、学校区域、居民小区、公交车站、医院、商店、铁路道口等的驾驶要领	C1、C2、C5
	跟车行驶	掌握 50km/h 或 70km/h 跟车行驶的方法	A3、B2、C1、C2、C5
	绕桩驾驶	掌握从起点绕桩前进驶出，再倒车绕桩反向驶回的方法	C4、D、E、F
	停靠货台	掌握倒车尾靠货台、倒车侧靠货台、前进侧靠货台，准确停靠到位的方法	A2、B2
	停靠站台	掌握倒车侧靠站台、前进侧靠站台，准确停靠到位的方法	A1、A3、B1
	独立驾驶	能独立在场内安全驾驶车辆	A1、A2、A3、B1、B2、C1、C2、C3、C4、C5、D、E、F
3. 综合驾驶及考核	基础和场地驾驶	综合运用所学内容，熟练完成基础驾驶和场地驾驶	A1、A2、A3、B1、B2、C1、C2、C3、C4、C5、D、E、F

第三部分 道路驾驶

教学目标：掌握道路驾驶时的安全行车相关知识；熟练掌握一般道路和夜间驾驶方法，能够根据不同的道路交通状况安全驾驶；具备自觉遵守交通法规、有效处置随机交通状况、无意识合理操纵车辆的能力，做到安全、文明、谨慎驾驶。

教学项目	教学内容	教 学 目 标	适用车型
1. 跟车行驶	跟车距离和跟车速度控制	熟悉跟车时合理控制跟车速度、保持跟车距离知识，掌握跟车行驶的安全驾驶方法	A1、A2、A3、B1、B2、C1、C2、C3、C4、C5、D、E、F
2. 变更车道	安全变更车道	熟悉变更车道时观察、判断安全距离，控制行驶速度知识，掌握使用灯光信号、合理选择变更车道时机、平稳变更车道的安全驾驶方法	

教学项目	教学内容	教 学 目 标	适用车型
3. 靠边停车	顺位停车 S 形倒车入位 L 形倒车入位	熟悉靠边停车时正确使用灯光信号，观察后方和两侧交通状况知识，掌握靠路边顺位停车、倒入路边车位（S 形倒车入位）、倒入车库（L 形倒车入位）的驾驶方法	A1、A2、A3、B1、B2、C1、C2、C3、C5
4. 掉头	安全掉头	熟悉掉头时降低车速，观察交通状况知识，掌握正确选择掉头地点和时机安全掉头的驾驶方法	
5. 通过路口	直行通过路口	熟悉路口合理观察交通状况知识，掌握减速或停车瞭望，直行通过路口的安全驾驶方法	
	路口左转弯、路口右转弯	熟悉路口合理观察交通状况及视野盲区知识，掌握减速或停车瞭望，正确使用灯光信号，左、右转弯通过路口的安全驾驶方法	
6. 通过人行横道	安全通过人行横道	熟悉在人行横道前观察两侧交通状况、提前减速、礼让行人知识，掌握安全通过的驾驶方法	
7. 通过学校区域	安全通过学校区域	熟悉通过学校区域时，提前减速观察，文明礼让，避让学生和校车知识，掌握安全通过的驾驶方法	
8. 通过公共汽车站	安全通过公共汽车站	熟悉通过公共汽车站提前减速，观察公共汽车进、出站动态和上下车乘客动态及预防行人横穿道路知识，掌握安全通过的驾驶方法	A1、A2、A3、B1、B2、C1、C2、C3、C4、C5、D、E、F
9. 会车	安全会车	熟悉正确判断会车地点、会车时机及与对方车辆保持安全间距知识，掌握安全会车驾驶方法	
10. 超车	安全超车	熟悉超车前观察被超越车辆动态，合理选择超车时机，超车中保持与被超越车辆安全间距和超车后驶回原车道知识，掌握安全超车驾驶方法	
11. 夜间驾驶	正确使用灯光与夜间安全驾驶	熟悉夜间起步、会车、超车、通过急弯、通过坡路、通过拱桥、通过人行横道或者在没有交通信号灯控制的路口正确使用灯光知识，掌握夜间安全驾驶方法	
12. 恶劣条件下的驾驶	恶劣条件下的安全驾驶	熟悉雨天、雾（霾）天、冰雪路面、泥泞道路、涉水等恶劣条件下的安全驾驶要领和方法	
13. 山区道路驾驶	山区道路安全驾驶	熟悉山区道路的安全驾驶要领和方法	

教学项目	教学内容	教学目标	适用车型
14. 高速公路驾驶	模拟高速公路安全驾驶	熟悉高速公路的安全驾驶要领和方法	A1、A2、A3、B1、B2、C1、C2、C3、C5
15. 行驶路线选择	自行选择行驶路线的安全驾驶	能够按照自行选择的行驶路线安全驾驶	A1、A2、A3、B1、B2、C1、C2、C3、C4、C5、D、E、F
16. 综合驾驶及考核	道路安全驾驶	在道路上安全驾驶所学准驾车型	A1、A2、A3、B1、B2、C1、C2、C3、C4、C5、D、E、F

第四部分 安全文明驾驶常识

教学目标：掌握各种道路条件、气象环境下的安全文明驾驶知识；掌握正确辨识各类道路交通信号的知识；掌握危险源辨识知识；掌握紧急情况下的临危处置知识；了解发生交通事故后现场处置、伤员自救常识和常见危险化学品名称、特性等常识；正确分析各类典型事故案例。

教学项目	教学内容	教学目标	适用车型
1. 安全、文明驾驶知识	安全驾驶生理心理状态	掌握酒精、毒品、药物及疲劳驾驶、不集中注意力等不良生理心理状态对安全驾驶的危害、影响及相应预防知识，养成自觉杜绝违法驾驶行为和避免在不良生理心理状态下驾驶的习惯	A1、A2、A3、B1、B2、C1、C2、C3、C4、C5、D、E、F
	安全驾驶	掌握车辆安全检查与调整方法，养成行车前对车辆进行安全检查与调整的驾驶习惯； 掌握车内安全装置的正确使用方法，熟知乘车人的安全保护方法，养成使用安全带、安全头枕、儿童安全座椅等主要安全装置的习惯； 掌握起步、汇入车流、跟车行驶、变更车道、会车、超车、让超车、停车、掉头、倒车及通过弯道、路口、人行横道、学校区域、居民小区、公交车站的安全驾驶方法，养成安全行车的驾驶习惯	
	文明礼让	了解汽车语言和驾驶人手势的含义； 培养优先通行权与安全礼让行人（尤其儿童）、非机动车和其他车辆（尤其校车）等其他交通参与者的道德意识，杜绝常见违法行为和不文明行为，养成文明礼让的驾驶习惯	
	常见道路交通信号辨识	能正确辨识交通信号灯、交通标志标线和交通警察手势等，养成自觉遵守道路交通信号的驾驶习惯	

教学项目	教学内容	教 学 目 标	适用车型
2. 危险源辨识知识	险情预测与分析	掌握危险源辨识基本知识，养成提前预判风险的习惯； 掌握动视力和视野盲区对安全行车的影响； 掌握跟车、会车、超车、变更车道、转弯、倒车、掉头等不同行驶状态下驾驶险情的预测与分析方法； 掌握山区道路、桥梁、隧道等典型道路环境下驾驶险情的预测与分析方法； 掌握雨天、雪天、雾(霾)天、风沙等恶劣气象条件下驾驶险情的预测与分析方法； 掌握高速公路驾驶险情的预测与分析方法； 掌握夜间驾驶险情的预测与分析方法	A1、A2、A3、B1、B2、C1、C2、C3、C4、C5、D、E、F
3. 夜间和高速公路安全驾驶知识	夜间驾驶	掌握夜间灯光的使用、路面的识别与判断、会车、跟车、超车、让超车、通过交叉路口、通过坡道、通过人行横道、转弯的安全驾驶方法及车辆发生故障时处置方法	
	高速公路驾驶	掌握驶入高速公路收费口、通过匝道、汇入车流、加速车道行驶、行车道的选择、变更车道、速度控制、通过隧道、减速车道行驶、驶出高速公路的安全驾驶方法	
4. 恶劣气象和复杂道路条件下的安全驾驶知识	雨天驾驶	掌握雨天正确使用灯光和刮水器、选择行驶路面、控制行驶速度、跟车、会车、制动、停车的安全驾驶方法	
	冰雪道路驾驶	掌握雪天正确使用灯光、选择行驶路面、控制行驶速度、跟车、会车、制动、停车的安全驾驶方法； 掌握结冰路面安全驾驶方法及防滑链的使用	
	雾(霾)天驾驶	掌握雾(霾)天正确使用灯光、选择行驶路面、控制行驶速度、跟车、会车、制动、停车的安全驾驶方法	
	大风天气驾驶	掌握大风天气正确使用灯光、选择行驶路面、控制行驶速度、跟车、会车、制动、停车安全驾驶方法	
	泥泞道路驾驶	掌握泥泞道路的路面选择、速度控制、方向控制方法； 了解侧滑、驱动轮空转的处置方法	
	涉水驾驶	熟悉通过漫水桥、漫水路及其他涉水情况的安全驾驶方法	
	施工道路驾驶	掌握通过施工路段的安全驾驶方法	

教学项目	教学内容	教　学　目　标	适用车型
4. 恶劣气象和复杂道路条件下的安全驾驶知识	通过铁路道口	掌握通过铁路道口的安全驾驶方法	A1、A2、A3、B1、B2、C1、C2、C3、C4、C5、D、E、F
	山区道路驾驶	掌握山区道路跟车、超车、会车、停车、坡道和弯道行驶的安全驾驶方法	
	通过桥梁	掌握通过立交桥、公路跨线桥、山区跨涧公路大桥及跨江、河、海大桥及简易桥梁的安全驾驶方法	
	通过隧道	熟悉通过隧道的明暗适应知识； 掌握通过隧道时灯光使用、速度控制方法及禁止行为； 了解隧道中发生事故后应急逃生原则与方法	
5. 紧急情况应急处置知识	紧急情况临危处置	掌握紧急情况临危处置原则； 熟悉轮胎漏气、突然爆胎、转向突然失控、制动突然失效、发动机突然熄火、车辆侧滑、碰撞、连续倾翻、着火、落水、突然出现障碍物、行人及动物突然横穿、遇险时处置及对乘员的保护等临危应急处置方法； 掌握灭火器、安全锤、三角警告牌等的正确使用方法	
	高速公路驾驶紧急避险	掌握高速公路紧急避险的原则； 熟悉高速公路行驶发生“水滑”、雾(霾)天遇事故、意外碰撞护栏、遇到横风、紧急情况停车的应急避险方法； 了解高速公路避险车道使用知识	
	发生交通事故后的处置	了解交通事故逃生、现场处置和伤员急救的原则； 了解昏迷不醒、失血、烧伤、中毒、骨折伤员的自救、急救的基本要求和方法； 了解常用的伤员止血方法	
6. 危险化学品知识	常见危险化学品知识	了解常见危险化学品和放射性物品的种类、危害及运输中特殊情况的处理原则	A1、A2、A3、B1、B2
7. 典型事故案例分析	违法行为综合判断与案例分析	能够正确分析道路交通典型事故案例，判断事故发生的主要原因	A1、A2、A3、B1、B2、C1、C2、C3、C4、C5、D、E、F
8. 综合复习及考核	安全文明驾驶知识	熟练掌握实际驾驶中的安全文明驾驶常识	A1、A2、A3、B1、B2、C1、C2、C3、C4、C5、D、E、F

六、教学日志

驾驶培训教学日志(样式)

车　　型:××	
基本学时:××	

驾培机构名称:××××××	学员姓名:×××	学员编号:××××

道路交通安全法律、法规和相关知识 基本学时:××	**教学项目**:1. 法律、法规及道路交通信号;2. 机动车基本知识;3. 综合复习及考核。

次数/ 日期(　月/　日)	1 /	2 /	3 /	4 /	5 /	6 /	7 /	8 /	9 /	…… /
教学项目序号										
学时										
学员签字										
教练员评价及签字										

考　　核			
次数/ 考核日期	1/　月　日	2/　月　日	……/　月　日
考核意见	□合格　□不合格 建议:	□合格　□不合格 建议:	□合格　□不合格 建议:
考核员签字			

增加培训学时					
次数	日期(　月/　日)	教学内容	所用学时	学员签字	教练员评价及签字
1	/				
2	/				
……	/				

基础和场地驾驶 基本学时：××	教学项目：1. 基础驾驶；2. 场地驾驶；3. 综合驾驶及考核。

次数/ 日期(月/ 日)	1 /	2 /	3 /	4 /	5 /	6 /	7 /	8 /	9 /	10 /
教学项目序号										
学时										
学员签字										
教练员评价及签字										
次数/ 日期(月/ 日)	11 /	12 /	13 /	14 /	15 /	16 /	17 /	18 /	19 /	…… /
教学项目序号										
学时										
学员签字										
教练员评价及签字										

考　核			
次数/ 考核日期	1/ 月 日	2/ 月 日	……/ 月 日
考核意见	□合格　□不合格 建议：	□合格　□不合格 建议：	□合格　□不合格 建议：
考核员签字			

增加培训学时					
次数	日期(月/ 日)	教学内容	所用学时	学员签字	教练员评价及签字
1	/				
2	/				
……	/				

道路驾驶 基本学时：××	教学项目：1. 跟车行驶；2. 变更车道；3. 靠边停车；4. 掉头……

次数/ 日期（ 月/ 日）	1 /	2 /	3 /	4 /	5 /	6 /	7 /	8 /	9 /	10 /
教学项目序号										
学时										
学员签字										
教练员评价及签字										
次数/ 日期（ 月/ 日）	11 /	12 /	13 /	14 /	15 /	16 /	17 /	18 /	19 /	…… /
教学项目序号										
学时										
学员签字										
教练员评价及签字										

考　核			
次数/ 考核日期	1/ 月 日	2/ 月 日	……/ 月 日
考核意见	□合格 □不合格 建议：	□合格 □不合格 建议：	□合格 □不合格 建议：
考核员签字			

增加培训学时					
次数	日期（ 月/ 日）	教学内容	所用学时	学员签字	教练员评价及签字
1	/				
……	/				

安全文明驾驶常识 基本学时：××	教学项目：1. 安全、文明驾驶知识；2. 危险源辨识知识……

次数/ 日期(　月/　日)	1 /	2 /	3 /	4 /	5 /	6 /	7 /	8 /	9 /	…… /
教学项目序号										
学时										
学员签字										
教练员评价及签字										

考　　核			
次数/ 考核日期	1/　月　日	2/　月　日	……/　月　日
考核意见	□合格　□不合格 建议：	□合格　□不合格 建议：	□合格　□不合格 建议：
考核员签字			

增加培训学时					
次数	日期(　月/　日)	教学内容	所用学时	学员签字	教练员评价及签字
1	/				
2	/				
……	/				

结 业 考 核			
次数/ 考核日期	1/　月　日	2/　月　日	……/　月　日
考核意见	□合格　□不合格 建议：	□合格　□不合格 建议：	□合格　□不合格 建议：
考核员签字			
驾培机构 审核盖章	结业考核合格，准予结业。 （驾培机构章） 年　月　日		

驾驶培训电子教学日志(样式)

驾培机构名称:××××××	学员姓名:××× 学员编号:××××	车型:××

××××(如道路驾驶) 基本学时:××	教学项目:××××××××××××××××××××××××××××××××。

培训日期	××××年×月×日	训练照片1	训练照片2
培训时段	hh:mm-hh:mm(24小时制)		
教练员	×××		
教练车号牌	××××学	总累计学时	××××(单位:min)
本次培训教学项目	××××××××××××	法律法规和相关知识累计学时	××××(单位:min)
本次培训学时	××××(单位:min)	基础和场地驾驶累计学时	××××(单位:min)
本次培训行驶里程	××××(单位:km)	道路驾驶累计学时	××××(单位:min)
本次培训平均速度	××××(单位:km/h)	安全文明驾驶常识累计学时	××××(单位:min)
教练员评价			
教练员签字		学员签字	

备注:本表中所列为电子教学日志中必备内容,驾培机构可根据此表样式,结合计时培训管理需求,自行设计使用此日志。

机动车驾驶人考试大纲

为规范机动车驾驶人考试工作，明确考试内容，提高考试科学水平，制定本大纲。

一、制定依据

根据《中华人民共和国道路交通安全法》及其实施条例、《中华人民共和国刑法》、《机动车驾驶证申领和使用规定》、《机动车登记规定》、《道路交通安全违法行为处理程序规定》、《道路交通事故处理程序规定》等有关规定制定。

二、考试目标

根据规定，符合国务院公安部门规定的驾驶许可条件的人员，可申请参加机动车驾驶人考试。机动车驾驶人考试执行全国统一的考试内容和合格标准，考核应考人员是否了解和掌握道路交通安全法律法规知识、安全文明驾驶常识和驾驶技能，是否具备驾驶安全意识。对通过考试的人员，公安机关交通管理部门核发机动车驾驶证。

三、考试内容

1. 本大纲分为“科目一　道路交通安全法律、法规和相关知识考试”“科目二　场地驾驶技能考试”“科目三　道路驾驶考试”和“科目三　安全文明驾驶常识考试”四部分内容。

2. “科目一　道路交通安全法律、法规和相关知识考试”内容包括驾驶证和机动车管理规定、道路通行条件及通行规定、道路交通安全违法行为及处罚、道路交通事故处理相关规定、机动车基础知识等六部分内容。

3. “科目二　场地驾驶技能考试”内容和“科目三　道路驾驶技能考试”内容按照《机动车驾驶证申领和使用规定》中关于不同准驾车型规定的相应考试项目进行设置。

4. “科目三　安全文明驾驶常识考试”内容包括安全行车常识、文明行车常识、道路交通信号在交通场景中的综合应用、恶劣气象和复杂道路条件下安全驾驶知识、紧急情况下避险常识、典型事故案例分析、交通事故处置及常见危险化学品处置常识等八部分内容。

四、考试要求

1. 对考试内容的考核要求按照由低到高分为三个层次，分别是“了解”“熟知”和“掌握”，高一层次的考试要求包括低一层次的考试要求。

——了解，要求应考人员清楚考点的概念、作用，能够在简单交通环境中进行识别和应用。

——熟知，要求应考人员全面了解考点知识，能够理解知识要点内涵，清楚操作要领，并能够分析、解释原因。

——掌握，要求应考人员能够深入理解考点知识、技能及有关原理，能够在复杂交通环境中综合运用相关知识，熟练驾驶车辆。

2. 考试大纲科目一考试和科目三安全文明驾驶常识考试的考试要点分为通用考试要点和专用考试要点。通用考试要点适用于所有准驾车型考试。专用考试要点适用于大型客车、牵引车、城市公交车、中型客车、大型货车准驾车型考试，大纲考试要点中带有“※”符号的为专用考试要点。

3. 轮式自行机械车(M)、无轨电车(N)、有轨电车(P)三种准驾车型的考试大纲，由各省级公安机关交通管理部门根据需要和地方特点自行制定，并报公安部备案。

五、考试要点

科目一　道路交通安全法律、法规和相关知识考试

考试项目	考试内容	考试要点	考试目标
1. 驾驶证和机动车管理规定	驾驶证申领和使用规定	机动车驾驶许可； 机动车驾驶证种类、准驾车型和有效期； 机动车驾驶证申请条件； 驾驶人考试内容和合格标准； 学习驾驶证明使用规定； 驾驶证实习期； 有效期满、转入、变更换证； 驾驶证遗失补证； 违法记分管理制度； 驾驶证注销情形； 驾驶证审验； 驾驶人体检； 申请增加准驾车型的条件※； 大中型客货车驾驶证日常管理要求※	考核是否掌握驾驶证申领使用相关知识；是否了解机动车登记使用的相关知识
	机动车登记和使用规定	机动车注册、变更、转移、抵押、注销登记； 机动车登记证书灭失、丢失或损毁； 机动车号牌、行驶证灭失、丢失或者损毁； 机动车上路行驶条件； 机动车号牌设置使用； 机动车安全检验； 机动车交通事故责任强制保险； 机动车强制报废※	

考试项目	考试内容	考 试 要 点	考试目标
2. 道路通行条件及通行规定	道路交通信号	道路交通信号灯的分类、含义、识别和作用； 道路交通标志的分类、含义、识别和作用； 道路交通标线的分类、含义、识别和作用； 交通警察手势的分类、含义、识别和作用	考核是否掌握道路通行条件以及道路通行规定相关知识
	道路通行规定	右侧通行； 灯光、喇叭的使用； 有划分车道、无划分车道的道路通行； 机动车超车规定； 跟车距离的保持要求； 交叉路口通行； 机动车变更车道规定； 机动车限速通行； 机动车会车规定； 机动车掉头规定； 机动车倒车规定； 铁路道口及渡口通行； 缓行、拥堵路段或路口通行； 漫水路、漫水桥通行； 避让行人和非机动车； 避让特种车辆、道路养护作业车辆； 遇校车通行规定； 专用车道的使用要求； 机动车载物规定； 机动车载人规定； 驾驶机动车禁止行为； 机动车停车规定； 牵引挂车规定； 机动车故障处置； 牵引故障机动车	
	高速公路通行特殊规定	高速公路禁行要求； 高速公路限速规定； 进出高速公路； 跟车距离要求； 低能见度通行条件下的通行规定； 应急车道使用规定； 高速公路禁止行为； 高速公路机动车故障处置	

考试项目	考试内容	考 试 要 点	考试目标
3. 道路交通安全违法行为及处罚	道路交通安全违法行政强制措施	扣留机动车的情形； 扣留机动车驾驶证的情形； 拖移机动车的情形； 强制检验体内违禁饮(用)品含量的情形	考核是否掌握涉及道路交通安全的违法行为；是否了解相关行政强制措施、行政处罚、刑事处罚的知识
	道路交通安全违法行政处罚	道路交通安全违法的行政处罚种类； 违反道路通行规定的处罚； 饮酒、醉酒驾车的处罚； 涉及登记证书、号牌、证件、标志违法的处罚； 未投保交强险的处罚； 违法停车的处罚； 超速等其他违法行为的处罚； 超载、超员的处罚※	
	道路交通安全违法刑事处罚	交通肇事罪； 危险驾驶罪； 伪造、变造、买卖驾驶证； 使用伪造、变造的或者盗用他人驾驶证； 其他涉牌涉证行为的刑事处罚	
4. 道路交通事故处理相关规定	道路交通事故处理	事故报警； 事故现场处置； 高速公路事故现场处置； 自行协商事故处理； 事故现场的强制撤离	考核是否掌握道路交通事故处理的相关知识
5. 机动车基础知识	车辆结构与车辆性能常识	车辆的基本构成； 车辆制动性对行车安全影响的相关知识； 车辆通过性对行车安全影响的相关知识； 车辆轮胎、燃油、润滑油、冷却液、风窗玻璃清洗液等运行材料的作用和使用要求※	考核是否了解车辆基本构成和车辆性能常识；是否了解机动车主要仪表、指示灯、报警灯的作用；是否掌握常见操纵装置、安全装置作用及使用要求等知识；是否熟知大中型客货车制动系统及安全装置相关知识
	常见操纵装置	转向盘的作用； 机动车踏板分类和作用； 变速器操纵杆的作用； 驻车制动器的作用； 各类开关的辨识和作用	

考试项目	考试内容	考 试 要 点	考试目标
5. 机动车基础知识	常见安全装置	仪表、指示灯、报警灯的辨识和作用； 安全头枕的作用及使用要求； 安全带的作用及使用要求； 安全气囊的作用及使用要求； 儿童安全座椅的作用及使用要求； 防抱死制动装置等其他常见安全装置的作用； 逃生出口种类和使用要求	考核是否了解车辆基本构成和车辆性能常识；是否了解机动车主要仪表、指示灯、报警灯的作用；是否掌握常见操纵装置、安全装置作用及使用要求等知识；是否熟知大中型客货车制动系统及安全装置相关知识
	大中型客货车制动系统及安全装置※	客车、城市公交车行车制动装置、辅助制动装置、驻车制动装置的作用和使用要求； 客车、城市公交车车门、安全出口、安全窗、安全锤、灭火器等安全装置的使用要求； 货车制动系统的特点和使用要求； 汽车列车连接与分离装置的使用要求； 紧急切断阀的作用和使用要求	
6. 地方性法规	根据地方性法规选定的重点内容		考核地方性法规的重点内容

科目二　场地驾驶技能考试

考试项目	考 试 要 点	考试车型	考试目标
1. 桩考	正确判断车身行驶空间位置，操控车辆完成倒车或前进通过空间限位障碍	A1、A2、A3、B1、B2、C4、D、E、F	考核是否掌握车辆机件操纵方法；是否具备正确控制车辆运动空间位置的能力以及准确地控制车辆的行驶位置、速度和路线的能力
2. 倒车入库	准确判断车身位置，参照地面标线操纵车辆从两侧正确倒入和驶出车库	C1、C2、C3、C5	
3. 坡道定点停车和起步	准确控制停车位置，协调运用加速踏板、驻车制动器和离合器，平稳起步	A1、A2、A3、B1、B2、C1、C2、C3、C4、C5、D、E、F	
4. 侧方停车	正确操纵车辆顺向准确停入道路右侧车位	A1、A2、A3、B1、B2、C1、C2、C3、C5	
5. 通过单边桥	在行驶中操纵转向装置，控制车轮保持直线行驶，通过单边桥	A1、A2、A3、B1、B2、C4、D、E、F	
6. 曲线行驶	在行驶中操纵转向装置，准确判断车轮位置，控制车辆曲线行驶	A1、A2、A3、B1、B2、C1、C2、C3、C5	
7. 直角转弯	在行驶中操纵转向装置，控制内轮差通过转弯区域	A1、A2、A3、B1、B2、C1、C2、C3、C5	

考试项目	考 试 要 点	考试车型	考试目标
8. 通过限宽门	在行驶中准确判断车身空间位置，控制车辆以一定车速通过限宽门	A1、A2、A3、B1、B2	考核是否掌握车辆机件操纵方法；是否具备正确控制车辆运动空间位置的能力以及准确地控制车辆的行驶位置、速度和路线的能力
9. 通过连续障碍	在行驶中准确判断左右车轮内侧空间运行变化，控制车辆骑于连续障碍之上通过	A1、A2、A3、B1、B2	
10. 起伏路行驶	在行驶中针对凹凸障碍以最小颠簸方式通过障碍	A1、A2、A3、B1、B2	
11. 窄路掉头	不超过三进二退掉头后靠右停车	A1、A2、A3、B1、B2	
12. 模拟高速公路驾驶	驶入驶出高速公路、合理选择行车道、遵守行车规定以及高速公路应急停车	A1、A2、A3、B1、B2	
13. 模拟连续急弯山区路驾驶	通过模拟急弯山区路能够做到减速、鸣喇叭、靠右行，控制车辆在本方车道内行驶	A1、A2、A3、B1、B2	
14. 模拟隧道驾驶	进入隧道前完成减速、开灯、鸣喇叭操作，驶出隧道前鸣喇叭，驶出隧道后关闭前照灯	A1、A2、A3、B1、B2	
15. 模拟雨(雾)天驾驶	在模拟雨雾天气中完成减速、选择刮水器挡位、开启灯光等操作	A1、A2、A3、B1、B2	
16. 模拟湿滑路驾驶	在模拟湿滑路中正确操控车辆，使用低速挡平稳通过	A1、A2、A3、B1、B2	
17. 模拟紧急情况处置	在模拟紧急情况出现时，合理完成制动、停车、开启危险报警闪光灯、摆放警告标志、撤离车内人员等操作	A1、A2、A3、B1、B2	
18. 省级公安机关交通管理部门增加的考试内容	省级公安机关交通管理部门可以根据实际增加考试内容，并确定轮式自行机械车、无轨电车、有轨电车的考试内容	A1、A2、A3、B1、B2、C1、C2、C3、C5、M、N、P	

科目三　道路驾驶技能考试

考试项目	考 试 要 点	考试车型	考试目标
1. 上车准备	上车前观察车辆周围及车底是否存在安全隐患，检查轮胎及车辆外观，车牌和后视镜有无污损、遮挡，确认安全，上车动作规范	A1、A2、A3、B1、B2、C1、C2、C3、C5	考核是否掌握道路上的安全驾驶方法；是否具备准确判断不同道路情景中的潜在危险以及正确有效处置随机出现的交通状况的能力；是否具备无意识合理操纵车辆的能力；是否具备安全、谨慎驾驶意识
2. 起步	起步前调整和检查车内设施，观察后方、侧方交通情况，起步过程规范、平稳	A1、A2、A3、B1、B2、C1、C2、C3、C5	
3. 直线行驶	根据道路情况合理控制车速，正确使用挡位，保持直线行驶	A1、A2、A3、B1、B2、C1、C2、C3、C5	

考试项目	考 试 要 点	考试车型	考试目标
4. 加减挡位操作	根据道路交通状况和车速，合理加减挡，换挡及时、平顺	A1、A2、A3、B1、B2、C1、C2、C3、C5	考核是否掌握道路上的安全驾驶方法；是否具备准确判断不同道路情景中的潜在危险以及正确有效处置随机出现的交通状况的能力；是否具备无意识合理操纵车辆的能力；是否具备安全、谨慎驾驶意识
5. 变更车道	变更车道过程中正确使用转向灯，观察、判断侧后方交通情况，保持车辆安全间距，控制行驶速度，合理选择变道时机，变道过程平顺	A1、A2、A3、B1、B2、C1、C2、C3、C5	
6. 靠边停车	观察后方和右侧的交通情况，提前开启转向灯，减速向右、平稳停车	A1、A2、A3、B1、B2、C1、C2、C3、C5	
7. 直行通过路口	观察路口交通信号及道路交通情况，减速或停车瞭望，直行安全通过路口	A1、A2、A3、B1、B2、C1、C2、C3、C5	
8. 路口左转弯	观察路口交通信号及道路交通情况，提前开启转向灯，驶入相应车道，减速或停车瞭望，偏头查看左前车窗立柱盲区，左转弯安全通过路口	A1、A2、A3、B1、B2、C1、C2、C3、C5	
9. 路口右转弯	观察路口交通信号及道路交通情况，提前开启转向灯，驶入相应车道，减速或停车瞭望，观察右侧内轮差行驶区域，右转弯安全通过路口	A1、A2、A3、B1、B2、C1、C2、C3、C5	
10. 通过人行横道	提前减速，观察两侧交通情况，确认安全后，合理控制车速通过，遇行人停车让行	A1、A2、A3、B1、B2、C1、C2、C3、C5	
11. 通过学校区域	提前减速观察情况，文明礼让，确保安全通过，遇有学生横过马路时应停车让行	A1、A2、A3、B1、B2、C1、C2、C3、C5	
12. 通过公共汽车站	提前减速，观察公共汽车进、出站动态和乘客上下车动态，着重注意同向公共汽车前方或对向公共汽车后方有无行人横穿道路	A1、A2、A3、B1、B2、C1、C2、C3、C5	
13. 会车	正确判断会车地点，与对方车辆保持安全间距，注意对方车辆后方交通情况	A1、A2、A3、B1、B2、C1、C2、C3、C5	
14. 超车	保持与被超越车辆的安全跟车距离，观察后方以及左前方交通情况，选择合理时机，正确使用灯光，从被超越车辆的左侧超越。超越后，在不影响被超越车辆正常行驶的情况下，逐渐驶回原车道	A1、A2、A3、B1、B2、C1、C2、C3、C5	
15. 掉头	降低车速，观察交通情况，正确选择掉头地点和时机，发出掉头信号后掉头； 掉头时不妨碍其他车辆和行人的正常通行	A1、A2、A3、B1、B2、C1、C2、C3、C5	

考试项目	考 试 要 点	考试车型	考试目标
16. 夜间行驶	行驶中根据各种照明、道路和车流情况正确使用灯光	A1、A2、A3、B1、B2、C1、C2、C3、C5	考核是否掌握道路上的安全驾驶方法；是否具备准确判断不同道路情景中的潜在危险以及正确有效处置随机出现的交通状况的能力；是否具备无意识合理操纵车辆的能力；是否具备安全、谨慎驾驶意识
17. 省级公安机关交通管理部门确定的考试内容	除大型客车、牵引车、城市公交车、中型客车、大型货车、小型汽车、小型自动挡汽车、低速载货汽车和残疾人专用小型自动挡载客汽车外的其他准驾车型考试内容	C4、D、E、F、M、N、P	
18. 省级公安机关交通管理部门增加的考试内容	大型客车、牵引车、城市公交车、中型客车、大型货车的山区、隧道、陡坡等复杂道路驾驶考试内容	A1、A2、A3、B1、B2	

科目三　安全文明驾驶常识考试

考试项目	考试内容	考 试 要 点	考试目标
1. 安全行车常识	日常检查与维护	出车前的检查； 行车中与收车后的检查； 车辆的日常维护	考核是否了解车辆日常检查与维护知识；是否熟知各类不良驾驶状态的危害及预防知识；是否掌握危险源辨识的相关知识；是否具备安全、谨慎驾驶意识
	安全驾驶状态	酒精、毒品、药物对驾驶影响相关知识； 疲劳驾驶的防范知识； 不良情绪状态对驾驶影响相关知识； 集中驾驶注意力常识	
	危险源的识别与预防	行车视距； 车辆盲区的辨识与预防； 内轮差知识； 行车观察与潜在危险的辨识	
	安全驾驶操作要求	起步前调整； 安全起步； 安全变更车道； 安全跟车； 安全超车、让超车； 安全会车； 安全掉头； 安全倒车； 安全停车； 路口安全驾驶； 安全通过学校等特殊区域； 弯道安全驾驶； 机动车操纵装置的安全操作要求； 与大型车辆共行的相关知识	

考试项目	考试内容	考 试 要 点	考试目标
2. 文明行车常识	保护其他交通参与者	保护行人和骑车人； 保护乘车人	考核是否掌握文明驾驶知识；是否具备文明、礼让驾驶意识
	与其他车辆共用道路	遇紧急车辆的处置； 礼让公交车辆与校车； 驾驶机动车的其他礼让行为	
	文明使用灯光及喇叭	文明使用灯光； 文明使用喇叭	
	常见不文明行为	常见不文明行为	
3. 道路交通信号在交通场景中的综合应用	路口交通信号综合应用	不同类型交叉路口交通信号综合应用	考核是否掌握实际道路驾驶时各类道路交通信号的综合应用知识
	路段交通信号综合应用	不同类型道路路段交通信号综合应用	
	特殊场所交通信号综合应用	车站、码头、铁路道口等场所交通信号综合应用	
4. 恶劣气象和复杂道路条件下安全驾驶知识	通过桥梁隧道的安全驾驶	通过桥梁安全驾驶； 通过双向行驶隧道的安全驾驶	考核是否掌握复杂道路条件、恶劣气象和高速公路的安全驾驶知识
	山区道路安全驾驶	山区道路跟车时安全距离的控制； 山区道路超车时的安全驾驶； 山区道路会车时的安全驾驶； 山区道路安全停车； 山区道路坡道的安全驾驶； 山区道路弯道的安全驾驶	
	夜间安全驾驶	夜间灯光的使用要求； 夜间路面的识别与判断； 夜间跟车、超车、让超车时的安全驾驶； 夜间会车时的安全驾驶； 夜间通过交叉路口时的安全驾驶； 夜间通过坡道、人行横道时的安全驾驶； 夜间转弯、发生故障时的安全驾驶	
	特殊道路及恶劣气象条件下的安全驾驶	雨天安全驾驶； 冰雪道路的安全驾驶； 雾天安全驾驶； 大风天气的安全驾驶； 泥泞、涉水、施工道路的安全驾驶	

考试项目	考试内容	考 试 要 点	考试目标
4. 恶劣气象和复杂道路条件下安全驾驶知识	高速公路安全驾驶	驶入收费口； 安全汇入车流； 行车道的选择； 行车速度确认； 安全距离确认； 应急车道的使用； 安全通过高速公路隧道、桥梁； 驶离高速公路	考核是否掌握复杂道路条件、恶劣气象和高速公路的安全驾驶知识
5. 紧急情况下避险常识	紧急情况通用避险知识	紧急情况下的避险原则； 轮胎漏气的处置； 突然爆胎的处置； 转向突然失控的处置； 制动突然失效的处置； 发动机突然熄火的处置； 侧滑时的处置； 碰撞时的应急处置； 倾翻时的应急处置； 火灾时的应急处置； 车辆落水的应急处置	考核是否熟知紧急情况下的临危处置的基本知识
	高速公路紧急避险	发生“水滑”的处置； 雾天遇到事故的处置； 意外碰撞护栏的处置； 遇到横风的处置； 紧急情况停车的应急处置	
6. 典型事故案例分析	典型事故案例驾驶行为分析	典型事故违法行为分析； 典型事故不安全驾驶行为分析	考核是否掌握分析典型事故案例事故致因以及事故预防知识
	典型事故案例经验教训	典型道路交通事故客观成因； 典型道路交通事故预防知识	
7. 交通事故救护及常见危险化学品处置常识	事故处置	事故处置原则； 事故现场处置常规方法	考核是否掌握事故现场处置方法；是否了解伤员自救常识和常见危险化学品特性等常识
	伤员自救、急救	伤员急救的基本要求； 伤员的移动； 失血伤员的急救； 烧伤者的急救； 中毒伤员的急救； 骨折伤员的处置	
	常见危险化学品	常见危险化学品的特性； 常见危险化学品的个人安全防护常识； 危险化学品运输中特殊情况的处理	
8. 地方试题	省级公安交通管理部门根据实际确定的考试内容		考核本地实际确定的安全文明驾驶常识

附录二

机动车驾驶证申领和使用规定

（公安部令第 139 号）

第一章　总　　则

第一条　根据《中华人民共和国道路交通安全法》及其实施条例、《中华人民共和国行政许可法》，制定本规定。

第二条　本规定由公安机关交通管理部门负责实施。

省级公安机关交通管理部门负责本省（自治区、直辖市）机动车驾驶证业务工作的指导、检查和监督。直辖市公安机关交通管理部门车辆管理所、设区的市或者相当于同级的公安机关交通管理部门车辆管理所负责办理本行政辖区内机动车驾驶证业务。

县级公安机关交通管理部门车辆管理所可以办理本行政辖区内低速载货汽车、三轮汽车、摩托车驾驶证业务，以及其他机动车驾驶证换发、补发、审验、提交身体条件证明等业务。条件具备的，可以办理小型汽车、小型自动挡汽车、残疾人专用小型自动挡载客汽车驾驶证业务，以及其他机动车驾驶证的道路交通安全法律、法规和相关知识考试业务。具体业务范围和办理条件由省级公安机关交通管理部门确定。

第三条　车辆管理所办理机动车驾驶证业务，应当遵循严格、公开、公正、便民的原则。

车辆管理所办理机动车驾驶证业务，应当依法受理申请人的申请，审核申请人提交的材料。对符合条件的，按照规定的标准、程序和期限办理机动车驾驶证。对申请材料不齐全或者不符合法定形式的，应当一次书面告知申请人需要补正的全部内容。对不符合条件的，应当书面告知理由。

车辆管理所应当将法律、行政法规和本规定的有关办理机动车驾驶证的事项、条件、依据、程序、期限以及收费标准、需要提交的全部材料的目录和申请表示范文本等在办公场所公示。

省级、设区的市或者相当于同级的公安机关交通管理部门应当在互联网上建立主页，发布信息，便于群众查阅办理机动车驾驶证的有关规定，查询驾驶证使用状态、交通违法及记分等情况，下载、使用有关表格。

第四条　申请办理机动车驾驶证业务的人，应当如实向车辆管理所提交规定的材料，如实申告规定的事项，并对其申请材料实质内容的真实性负责。

第五条　公安机关交通管理部门应当建立对车辆管理所办理机动车驾驶证业务的监督制度，加强对驾驶人考试、驾驶证核发和使用的监督管理。

第六条　车辆管理所应当使用机动车驾驶证计算机管理系统核发、打印机动车驾驶证，不使用计算机管理系统核发、打印的机动车驾驶证无效。

机动车驾驶证计算机管理系统的数据库标准和软件全国统一，能够完整、准确地记录和存储申请受理、科目考试、机动车驾驶证核发等全过程和经办人员信息，并能够实时将有关信息传送到全国公安交通管理信息系统。

第七条 车辆管理所应当使用互联网交通安全综合服务管理平台，按规定办理机动车驾驶证业务。

互联网交通安全综合服务管理平台信息管理系统数据库标准和软件全国统一。

申请人使用互联网交通安全综合服务管理平台办理机动车驾驶证业务的，经过身份验证后，可以通过网上提交申请。

第二章 机动车驾驶证申请

第一节 机动车驾驶证

第八条 驾驶机动车，应当依法取得机动车驾驶证。

第九条 机动车驾驶人准予驾驶的车型顺序依次分为：大型客车、牵引车、城市公交车、中型客车、大型货车、小型汽车、小型自动挡汽车、低速载货汽车、三轮汽车、残疾人专用小型自动挡载客汽车、普通三轮摩托车、普通二轮摩托车、轻便摩托车、轮式自行机械车、无轨电车和有轨电车（附件1）。

第十条 机动车驾驶证记载和签注以下内容：

（一）机动车驾驶人信息：姓名、性别、出生日期、国籍、住址、身份证明号码（机动车驾驶证号码）、照片；

（二）车辆管理所签注内容：初次领证日期、准驾车型代号、有效期限、核发机关印章、档案编号。

第十一条 机动车驾驶证有效期分为六年、十年和长期。

第二节 申 请

第十二条 申请机动车驾驶证的人，应当符合下列规定：

（一）年龄条件：

1. 申请小型汽车、小型自动挡汽车、残疾人专用小型自动挡载客汽车、轻便摩托车准驾车型的，在18周岁以上、70周岁以下；

2. 申请低速载货汽车、三轮汽车、普通三轮摩托车、普通二轮摩托车或者轮式自行机械车准驾车型的，在18周岁以上，60周岁以下；

3. 申请城市公交车、大型货车、无轨电车或者有轨电车准驾车型的，在20周岁以上，50周岁以下；

4. 申请中型客车准驾车型的，在21周岁以上，50周岁以下；

5. 申请牵引车准驾车型的，在24周岁以上，50周岁以下；

6. 申请大型客车准驾车型的，在26周岁以上，50周岁以下；

7. 接受全日制驾驶职业教育的学生，申请大型客车、牵引车准驾车型的，在20周岁以上，50周岁以下。

（二）身体条件：

1. 身高：申请大型客车、牵引车、城市公交车、大型货车、无轨电车准驾车型的，身高为 155 厘米以上。申请中型客车准驾车型的，身高为 150 厘米以上；

2. 视力：申请大型客车、牵引车、城市公交车、中型客车、大型货车、无轨电车或者有轨电车准驾车型的，两眼裸视力或者矫正视力达到对数视力表 5.0 以上。申请其他准驾车型的，两眼裸视力或者矫正视力达到对数视力表 4.9 以上。单眼视力障碍，优眼裸视力或者矫正视力达到对数视力表 5.0 以上，且水平视野达到 150 度的，可以申请小型汽车、小型自动挡汽车、低速载货汽车、三轮汽车、残疾人专用小型自动挡载客汽车准驾车型的机动车驾驶证；

3. 辨色力：无红绿色盲；

4. 听力：两耳分别距音叉 50 厘米能辨别声源方向。有听力障碍但佩戴助听设备能够达到以上条件的，可以申请小型汽车、小型自动挡汽车准驾车型的机动车驾驶证；

5. 上肢：双手拇指健全，每只手其他手指必须有三指健全，肢体和手指运动功能正常。但手指末节残缺或者左手有三指健全，且双手手掌完整的，可以申请小型汽车、小型自动挡汽车、低速载货汽车、三轮汽车准驾车型的机动车驾驶证；

6. 下肢：双下肢健全且运动功能正常，不等长度不得大于 5 厘米。但左下肢缺失或者丧失运动功能的，可以申请小型自动挡汽车准驾车型的机动车驾驶证；

7. 躯干、颈部：无运动功能障碍；

8. 右下肢、双下肢缺失或者丧失运动功能但能够自主坐立，且上肢符合本项第 5 目规定的，可以申请残疾人专用小型自动挡载客汽车准驾车型的机动车驾驶证。一只手掌缺失，另一只手拇指健全，其他手指有两指健全，上肢和手指运动功能正常，且下肢符合本项第6目规定的，可以申请残疾人专用小型自动挡载客汽车准驾车型的机动车驾驶证。

第十三条 有下列情形之一的，不得申请机动车驾驶证：

（一）有器质性心脏病、癫痫病、美尼尔氏症、眩晕症、癔病、震颤麻痹、精神病、痴呆以及影响肢体活动的神经系统疾病等妨碍安全驾驶疾病的；

（二）三年内有吸食、注射毒品行为或者解除强制隔离戒毒措施未满三年，或者长期服用依赖性精神药品成瘾尚未戒除的；

（三）造成交通事故后逃逸构成犯罪的；

（四）饮酒后或者醉酒驾驶机动车发生重大交通事故构成犯罪的；

（五）醉酒驾驶机动车或者饮酒后驾驶营运机动车依法被吊销机动车驾驶证未满五年的；

（六）醉酒驾驶营运机动车依法被吊销机动车驾驶证未满十年的；

（七）因其他情形依法被吊销机动车驾驶证未满二年的；

（八）驾驶许可依法被撤销未满三年的；

（九）法律、行政法规规定的其他情形。

未取得机动车驾驶证驾驶机动车，有第一款第五项至第七项行为之一的，在规定期限内不得申请机动车驾驶证。

第十四条 初次申领机动车驾驶证的，可以申请准驾车型为城市公交车、大型货车、小型汽车、小型自动挡汽车、低速载货汽车、三轮汽车、残疾人专用小型自动挡载客汽车、普通三轮摩托车、普通二轮摩托车、轻便摩托车、轮式自行机械车、无轨电车、有轨电车的机动车驾驶证。

已持有机动车驾驶证，申请增加准驾车型的，可以申请增加的准驾车型为大型客车、牵引车、城市公交车、中型客车、大型货车、小型汽车、小型自动挡汽车、低速载货汽车、三轮汽车、普通三轮摩托车、普通二轮摩托车、轻便摩托车、轮式自行机械车、无轨电车、有轨电车。

第十五条 已持有机动车驾驶证，申请增加准驾车型的，应当在本记分周期和申请前最近一个记分周期内没有记满 12 分记录。申请增加中型客车、牵引车、大型客车准驾车型的，还应当符合下列规定：

（一）申请增加中型客车准驾车型的，已取得驾驶城市公交车、大型货车、小型汽车、小型自动挡汽车、低速载货汽车或者三轮汽车准驾车型资格三年以上，并在申请前最近连续三个记分周期内没有记满 12 分记录；

（二）申请增加牵引车准驾车型的，已取得驾驶中型客车或者大型货车准驾车型资格三年以上，或者取得驾驶大型客车准驾车型资格一年以上，并在申请前最近连续三个记分周期内没有记满 12 分记录；

（三）申请增加大型客车准驾车型的，已取得驾驶城市公交车、中型客车或者大型货车准驾车型资格五年以上，或者取得驾驶牵引车准驾车型资格二年以上，并在申请前最近连续五个记分周期内没有记满 12 分记录。

正在接受全日制驾驶职业教育的学生，已在校取得驾驶小型汽车准驾车型资格，并在本记分周期和申请前最近一个记分周期内没有记满 12 分记录的，可以申请增加大型客车、牵引车准驾车型。

第十六条 有下列情形之一的，不得申请大型客车、牵引车、城市公交车、中型客车、大型货车准驾车型：

（一）发生交通事故造成人员死亡，承担同等以上责任的；

（二）醉酒后驾驶机动车的；

（三）被吊销或者撤销机动车驾驶证未满十年的。

第十七条 持有军队、武装警察部队机动车驾驶证，或者持有境外机动车驾驶证，符合本规定的申请条件，可以申请相应准驾车型的机动车驾驶证。

第十八条 申领机动车驾驶证的人，按照下列规定向车辆管理所提出申请：

（一）在户籍所在地居住的，应当在户籍所在地提出申请；

（二）在户籍所在地以外居住的，可以在居住地提出申请；

（三）现役军人（含武警），应当在居住地提出申请；

（四）境外人员，应当在居留地或者居住地提出申请；

（五）申请增加准驾车型的，应当在所持机动车驾驶证核发地提出申请；

（六）接受全日制驾驶职业教育，申请增加大型客车、牵引车准驾车型的，应当在接受教育地提出申请。

第十九条 初次申请机动车驾驶证，应当填写申请表，并提交以下证明：

（一）申请人的身份证明；

（二）县级或者部队团级以上医疗机构出具的有关身体条件的证明。属于申请残疾人专用小型自动挡载客汽车的，应当提交经省级卫生主管部门指定的专门医疗机构出具的有关身体条件的证明。

第二十条 申请增加准驾车型的，应当填写申请表，提交第十九条规定的证明和所持机动车驾驶证。属于接受全日制驾驶职业教育，申请增加大型客车、牵引车准驾车型的，还应当提交学校出具的学籍证明。

第二十一条 持军队、武装警察部队机动车驾驶证的人申请机动车驾驶证，应当填写申请表，并提交以下证明、凭证：

（一）申请人的身份证明。属于复员、转业、退伍的人员，还应当提交军队、武装警察部队核发的复员、转业、退伍证明；

（二）县级或者部队团级以上医疗机构出具的有关身体条件的证明；

（三）军队、武装警察部队机动车驾驶证。

第二十二条 持境外机动车驾驶证的人申请机动车驾驶证，应当填写申请表，并提交以下证明、凭证：

（一）申请人的身份证明；

（二）县级以上医疗机构出具的有关身体条件的证明。属于外国驻华使馆、领馆人员及国际组织驻华代表机构人员申请的，按照外交对等原则执行；

（三）所持机动车驾驶证。属于非中文表述的，还应当出具中文翻译文本。

申请人属于内地居民的，还应当提交申请人的护照或者《内地居民往来港澳通行证》、《大陆居民往来台湾通行证》。

第二十三条 实行小型汽车、小型自动挡汽车驾驶证自学直考的地方，申请人可以使用加装安全辅助装置的自备机动车，在具备安全驾驶经历等条件的人员随车指导下，按照公安机关交通管理部门指定的路线、时间学习驾驶技能，按照第十九条或者第二十条的规定申请相应准驾车型的驾驶证。

小型汽车、小型自动挡汽车驾驶证自学直考管理制度由公安部另行规定。

第二十四条 申请机动车驾驶证的人，符合本规定要求的驾驶许可条件，具有下列情形之一的，可以按照第十四条第一款和第十九条的规定直接申请相应准驾车型的机动车驾驶证考试：

（一）原机动车驾驶证因超过有效期未换证被注销的；

（二）原机动车驾驶证因未提交身体条件证明被注销的；

（三）原机动车驾驶证由本人申请注销的；

（四）原机动车驾驶证因身体条件暂时不符合规定被注销的；

（五）原机动车驾驶证因其他原因被注销的，但机动车驾驶证被吊销或者被撤销的除外；

（六）持有的军队、武装警察部队机动车驾驶证超过有效期的；

（七）持有的境外机动车驾驶证超过有效期的。

有前款第六项、第七项规定情形之一的，还应当提交超过有效期的机动车驾驶证。

第二十五条 申请人提交的证明、凭证齐全、符合法定形式的，车辆管理所应当受理，并按规定审核申请人的机动车驾驶证申请条件。属于第二十二条第二款规定情形的，还应当核查申请人的出入境记录；属于第二十四条第一款第一项至第五项规定情形之一的，还应当核查申请人的驾驶经历。

对于符合申请条件的，车辆管理所应当按规定安排预约考试；不需要考试的，一日内核发机动车驾驶证。

第二十六条 车辆管理所对申请人的申请条件及提交的材料、申告的事项有疑义的，可以对实质内容进行调查核实。

调查时，应当询问申请人并制作询问笔录，向证明、凭证的核发机关核查。

经调查，申请人不符合申请条件的，不予办理；有违法行为的，依法予以处理。

第三章 机动车驾驶人考试

第一节 考试内容和合格标准

第二十七条 机动车驾驶人考试内容分为道路交通安全法律、法规和相关知识考试科目（以下简称“科目一”）、场地驾驶技能考试科目（以下简称“科目二”）、道路驾驶技能和安全文明驾驶常识考试科目（以下简称“科目三”）。

第二十八条 考试内容和合格标准全国统一，根据不同准驾车型规定相应的考试项目。

第二十九条 科目一考试内容包括：道路通行、交通信号、交通安全违法行为和交通事故处理、机动车驾驶证申领和使用、机动车登记等规定以及其他道路交通安全法律、法规和规章。

第三十条 科目二考试内容包括：

（一）大型客车、牵引车、城市公交车、中型客车、大型货车考试桩考、坡道定点停车和起步、侧方停车、通过单边桥、曲线行驶、直角转弯、通过限宽门、通过连续障碍、起伏路行驶、窄路掉头，以及模拟高速公路、连续急弯山区路、隧道、雨（雾）天、湿滑路、紧急情况处置；

（二）小型汽车、小型自动挡汽车、残疾人专用小型自动挡载客汽车和低速载货汽车考试倒车入库、坡道定点停车和起步、侧方停车、曲线行驶、直角转弯；

（三）三轮汽车、普通三轮摩托车、普通二轮摩托车和轻便摩托车考试桩考、坡道定点停车和起步、通过单边桥；

（四）轮式自行机械车、无轨电车、有轨电车的考试内容由省级公安机关交通管理部门确定。

对第一款第一项、第二项规定的准驾车型，省级公安机关交通管理部门可以根据实际增加考试内容。

第三十一条 科目三道路驾驶技能考试内容包括：大型客车、牵引车、城市公交车、中型客车、大型货车、小型汽车、小型自动挡汽车、低速载货汽车和残疾人专用小型自动挡载客汽车考试上车准备、起步、直线行驶、加减挡位操作、变更车道、靠边停车、直行通过路口、路口左转弯、路口右转弯、通过人行横道线、通过学校区域、通过公共汽车站、会车、超车、掉头、夜间行驶；其他准驾车型的考试内容，由省级公安机关交通管理部门确定。

大型客车、中型客车考试里程不少于20公里，其中白天考试里程不少于10公里，夜间考试里程不少于5公里。牵引车、城市公交车、大型货车考试里程不少于10公里，其中白天考试里程不少于5公里，夜间考试里程不少于3公里。小型汽车、小型自动挡汽车、低速载货汽车、残疾人专用小型自动挡载客汽车考试里程不少于3公里，在白天考试时，应当进行模拟夜间灯光考试。

对大型客车、牵引车、城市公交车、中型客车、大型货车，省级公安机关交通管理部门应当根据实际增加山区、隧道、陡坡等复杂道路驾驶考试内容。对其他汽车准驾车型，省级公安机关交通管理部门可以根据实际增加考试内容。

第三十二条 科目三安全文明驾驶常识考试内容包括：安全文明驾驶操作要求、恶劣气象和复杂道路条件下的安全驾驶知识、爆胎等紧急情况下的临危处置方法以及发生交通事故后的处置知识等。

第三十三条 持军队、武装警察部队机动车驾驶证的人申请大型客车、牵引车、城市公交车、中型客车、大型货车准驾车型机动车驾驶证的，应当考试科目一和科目三；申请其他准驾车型机动车驾驶证的，免予考试核发机动车驾驶证。

第三十四条 持境外机动车驾驶证申请机动车驾驶证的，应当考试科目一。申请准驾车型为大型客车、牵引车、城市公交车、中型客车、大型货车机动车驾驶证的，还应当考试科目三。

内地居民持有境外机动车驾驶证，取得该机动车驾驶证时在核发国家或者地区连续居留不足三个月的，应当考试科目一、科目二和科目三。

属于外国驻华使馆、领馆人员及国际组织驻华代表机构人员申请的，应当按照外交对等原则执行。

第三十五条 各科目考试的合格标准为：

（一）科目一考试满分为100分，成绩达到90分的为合格；

（二）科目二考试满分为100分，考试大型客车、牵引车、城市公交车、中型客车、大型货车准驾车型的，成绩达到90分的为合格，其他准驾车型的成绩达到80分的为合格；

（三）科目三道路驾驶技能和安全文明驾驶常识考试满分分别为100分，成绩分别达到90分的为合格。

第二节 考试要求

第三十六条 车辆管理所应当按照预约的考场和时间安排考试。申请人科目一考试合格后，可以预约科目二或者科目三道路驾驶技能考试。有条件的地方，申请人可以同时预约科目二、科目三道路驾驶技能考试，预约成功后可以连续进行考试。科目二、科目三道路驾驶技能考试均合格后，申请人可以当日参加科目三安全文明驾驶常识考试。

申请人预约科目二、科目三道路驾驶技能考试，车辆管理所在六十日内不能安排考试的，可以选择省（自治区、直辖市）内其他考场预约考试。

车辆管理所应当使用全国统一的考试预约系统，采用互联网、电话、服务窗口等方式供申请人预约考试。

第三十七条 初次申请机动车驾驶证或者申请增加准驾车型的，科目一考试合格后，车辆管理所应当在一日内核发学习驾驶证明（附件2）。

属于自学直考的，车辆管理所还应当按规定发放学车专用标识（附件3）。

第三十八条 申请人在场地和道路上学习驾驶，应当按规定取得学习驾驶证明。学习驾驶证明的有效期为三年，申请人应当在有效期内完成科目二和科目三考试。未在有效期内完成考试的，已考试合格的科目成绩作废。

学习驾驶证明可以采用纸质或者电子形式，纸质学习驾驶证明和电子学习驾驶证明具有同等效力。申请人可以通过互联网交通安全综合服务管理平台打印或者下载学习驾驶证明。

第三十九条 申请人在道路上学习驾驶，应当随身携带学习驾驶证明，使用教练车或者学车专用标识签注的自学用车，在教练员或者学车专用标识签注的指导人员随车指导下，按照公安机关交通管理部门指定的路线、时间进行。

申请人为自学直考人员的，在道路上学习驾驶时，应当在自学用车上按规定放置、粘贴学车专用标识，自学用车不得搭载随车指导人员以外的其他人员。

第四十条 初次申请机动车驾驶证或者申请增加准驾车型的，申请人预约考试科目二，应当符合下列规定：

（一）报考小型汽车、小型自动挡汽车、低速载货汽车、三轮汽车、残疾人专用小型自动挡载客汽车、轮式自行机械车、无轨电车、有轨电车准驾车型的，在取得学习驾驶证明满十日后预约考试；

（二）报考大型客车、牵引车、城市公交车、中型客车、大型货车准驾车型的，在取得学习驾驶证明满二十日后预约考试。

第四十一条 初次申请机动车驾驶证或者申请增加准驾车型的，申请人预约考试科目三，应当符合下列规定：

（一）报考低速载货汽车、三轮汽车、轮式自行机械车、无轨电车、有轨电车准驾车型的，在取得学习驾驶证明满二十日后预约考试；

（二）报考小型汽车、小型自动挡汽车、残疾人专用小型自动挡载客汽车准驾车型的，在取得学习驾驶证明满三十日后预约考试；

（三）报考大型客车、牵引车、城市公交车、中型客车、大型货车准驾车型的，在取得学习驾驶证明满四十日后预约考试。

第四十二条 持军队、武装警察部队或者境外机动车驾驶证申请机动车驾驶证的，应当自车辆管理所受理之日起三年内完成科目考试。

第四十三条 申请人因故不能按照预约时间参加考试的，应当提前一日申请取消预约。对申请人未按照预约考试时间参加考试的，判定该次考试不合格。

第四十四条 每个科目考试一次，考试不合格的，可以补考一次。不参加补考或者补考仍不合格的，本次考试终止，申请人应当重新预约考试，但科目二、科目三考试应当在十日后预约。科目三安全文明驾驶常识考试不合格的，已通过的道路驾驶技能考试成绩有效。

在学习驾驶证明有效期内，科目二和科目三道路驾驶技能考试预约考试的次数不得超过五次。第五次预约考试仍不合格的，已考试合格的其他科目成绩作废。

第四十五条 车辆管理所组织考试前应当使用全国统一的计算机系统当日随机选配考试员，随机安排考生分组，随机选取考试路线。

第四十六条 从事考试工作的人员，应当持有省级公安机关交通管理部门颁发的资格证书。公安机关交通管理部门应当在车辆管理所公安民警中选拔足够数量的专职考试员，可以在公安机关交通管理部门公安民警、文职人员中配置兼职考试员。可以聘用运输企业驾驶人、警风警纪监督员等人员承担考试辅助评判和监督职责。

考试员应当认真履行考试职责，严格按照规定考试，接受社会监督。在考试前应当自我介绍，讲解考试要求，核实申请人身份；考试中应当严格执行考试程序，按照考试项目和考试标准评定考试成绩；考试后应当当场公布考试成绩，讲评考试不合格原因。

每个科目的考试成绩单应当有申请人和考试员的签名。未签名的不得核发机动车驾驶证。

第四十七条 考试员、考试辅助和监管人员及考场工作人员应当严格遵守考试工作纪律，不得为不符合机动车驾驶许可条件、未经考试、考试不合格人员签注合格考试成绩，不得减少考试项目、降低评判标准或者参与、协助、纵容考试作弊，不得参与或者变相参与驾驶培训机构经营活动，不得收取驾驶培训机构、教练员、申请人的财物。

第四十八条 直辖市、设区的市或者相当于同级的公安机关交通管理部门应当根据本地考试需求建设考场，配备足够数量的考试车辆。对考场布局、数量不能满足本地考试需求的，应当采取政府购买服务等方式使用社会考场，并按照公平竞争、择优选定的原则，依法通过公开招标等程序确定。

考试场地建设、路段设置、车辆配备、设施设备配置以及考试项目、评判要求应当符合相关标准。考试场地、考试设备和考试系统应当经省级公安机关交通管理部门验收合格后方可使用。公安机关交通管理部门应当加强对辖区考场的监督管理，定期开展考试场地、考试车辆、考试设备和考场管理情况的监督检查。

第三节　考试监督管理

第四十九条 车辆管理所应当在办事大厅、候考场所和互联网公开各考场的考试能力、预约计划、预约人数和约考结果等情况，公布考场布局、考试路线和流程。考试预约计划应当至少在考试前十日在互联网上公开。

车辆管理所应当在候考场所、办事大厅向群众直播考试视频，考生可以在考试结束后三日内查询自己的考试视频资料。

第五十条 车辆管理所应当对考试过程进行全程录音、录像，并实时监控考试过程，没有使用录音、录像设备的，不得组织考试。严肃考试纪律，规范考场秩序，对考场秩序混乱的，应当中止考试。考试过程中，考试员应当使用执法记录仪记录监考过程。

车辆管理所应当建立音视频信息档案，存储录音、录像设备和执法记录仪记录的音像资料。建立考试质量抽查制度，每日抽查音视频信息档案，发现存在违反考试纪律、考场秩序混乱以及音视频信息缺失或者不完整的，应当进行调查处理。

省级公安机关交通管理部门应当定期抽查音视频信息档案，及时通报、纠正、查处发现的问题。

第五十一条 车辆管理所应当根据考试场地、考试设备、考试车辆、考试员数量等实际情况，核定每个考场、每个考试员每日最大考试量。

车辆管理所应当对驾驶培训机构教练员、教练车、训练场地等情况进行备案。

第五十二条 车辆管理所应当每周通过计算机系统对机动车驾驶人考试和机动车驾驶证业务办理情况进行监控、分析。省级公安机关交通管理部门应当建立全省（自治区、直辖市）机动车驾驶人考试监管系统，每月对机动车驾驶人考试、机动车驾驶证业务办理情况进行监控、分析，及时查处、通报发现的问题。

车辆管理所存在为未经考试或者考试不合格人员核发机动车驾驶证等严重违规办理

机动车驾驶证业务情形的，上级公安机关交通管理部门可以暂停该车辆管理所办理相关业务或者指派其他车辆管理所人员接管业务。

第五十三条 直辖市、设区的市或者相当于同级的公安机关交通管理部门应当每月向社会公布车辆管理所考试员考试质量情况、三年内驾龄驾驶人交通违法率和交通肇事率等信息。

直辖市、设区的市或者相当于同级的公安机关交通管理部门应当每月向社会公布辖区内驾驶培训机构的考试合格率、三年内驾龄驾驶人交通违法率和交通肇事率等信息，按照考试合格率对驾驶培训机构培训质量公开排名，并通报培训主管部门。

第五十四条 对三年内驾龄驾驶人发生一次死亡3人以上交通事故且负主要以上责任的，省级公安机关交通管理部门应当倒查车辆管理所考试、发证情况，向社会公布倒查结果。对三年内驾龄驾驶人发生一次死亡1至2人的交通事故且负主要以上责任的，直辖市、设区的市或者相当于同级的公安机关交通管理部门应当组织责任倒查。

直辖市、设区的市或者相当于同级的公安机关交通管理部门发现驾驶培训机构及其教练员存在缩短培训学时、减少培训项目以及贿赂考试员、以承诺考试合格等名义向学员索取财物、参与违规办理驾驶证或者考试舞弊行为的，应当通报培训主管部门，并向社会公布。

公安机关交通管理部门发现考场、考试设备生产销售企业存在组织或者参与考试舞弊、伪造或者篡改考试系统数据的，不得继续使用该考场或者采购该企业考试设备；构成犯罪的，依法追究刑事责任。

第四章 发证、换证、补证

第五十五条 申请人考试合格后，应当接受不少于半小时的交通安全文明驾驶常识和交通事故案例警示教育，并参加领证宣誓仪式。

车辆管理所应当在申请人参加领证宣誓仪式的当日核发机动车驾驶证。属于申请增加准驾车型的，应当收回原机动车驾驶证。属于复员、转业、退伍的，应当收回军队、武装警察部队机动车驾驶证。

第五十六条 机动车驾驶人在机动车驾驶证的六年有效期内，每个记分周期均未记满12分的，换发十年有效期的机动车驾驶证；在机动车驾驶证的十年有效期内，每个记分周期均未记满12分的，换发长期有效的机动车驾驶证。

第五十七条 机动车驾驶人应当于机动车驾驶证有效期满前九十日内，向机动车驾驶证核发地或者核发地以外的车辆管理所申请换证。申请时应当填写申请表，并提交以下证明、凭证：

（一）机动车驾驶人的身份证明；

（二）机动车驾驶证；

（三）县级或者部队团级以上医疗机构出具的有关身体条件的证明。属于申请残疾人专用小型自动挡载客汽车的，应当提交经省级卫生主管部门指定的专门医疗机构出具的有关身体条件的证明。

第五十八条 机动车驾驶人户籍迁出原车辆管理所管辖区的，应当向迁入地车辆管理所申请换证。机动车驾驶人在核发地车辆管理所管辖区以外居住的，可以向居住地车辆管理所申请换证。申请时应当填写申请表，提交机动车驾驶人的身份证明和机动车驾驶证，并申报身体条件情况。

第五十九条 年龄在60周岁以上的，不得驾驶大型客车、牵引车、城市公交车、中型客车、大型货车、无轨电车和有轨电车；持有大型客车、牵引车、城市公交车、中型客车、大型货车驾驶证的，应当到机动车驾驶证核发地或者核发地以外的车辆管理所换领准驾车型为小型汽车或者小型自动挡汽车的机动车驾驶证。

年龄在70周岁以上的，不得驾驶低速载货汽车、三轮汽车、普通三轮摩托车、普通二轮摩托车和轮式自行机械车；持有普通三轮摩托车、普通二轮摩托车驾驶证的，应当到机动车驾驶证核发地或者核发地以外的车辆管理所换领准驾车型为轻便摩托车的机动车驾驶证。

申请时应当填写申请表，并提交第五十七条规定的证明、凭证。

机动车驾驶人自愿降低准驾车型的，应当填写申请表，并提交机动车驾驶人的身份证明和机动车驾驶证。

第六十条 具有下列情形之一的，机动车驾驶人应当在三十日内到机动车驾驶证核发地或者核发地以外的车辆管理所申请换证：

（一）在车辆管理所管辖区域内，机动车驾驶证记载的机动车驾驶人信息发生变化的；

（二）机动车驾驶证损毁无法辨认的。

申请时应当填写申请表，并提交机动车驾驶人的身份证明和机动车驾驶证。

第六十一条 机动车驾驶人身体条件发生变化，不符合所持机动车驾驶证准驾车型的条件，但符合准予驾驶的其他准驾车型条件的，应当在三十日内到机动车驾驶证核发地或者核发地以外的车辆管理所申请降低准驾车型。申请时应当填写申请表，并提交机动车驾驶人的身份证明、机动车驾驶证、县级或者部队团级以上医疗机构出具的有关身体条件的证明。

机动车驾驶人身体条件发生变化，不符合第十二条第二项规定或者具有第十三条规定情形之一，不适合驾驶机动车的，应当在三十日内到机动车驾驶证核发地车辆管理所申请注销。申请时应当填写申请表，并提交机动车驾驶人的身份证明和机动车驾驶证。

机动车驾驶人身体条件不适合驾驶机动车的，不得驾驶机动车。

第六十二条 车辆管理所对符合第五十七条至第六十条、第六十一条第一款规定的，应当在一日内换发机动车驾驶证。对符合第六十一条第二款规定的，应当在一日内注销机动车驾驶证。其中，对符合第五十八条至第六十一条规定的，还应当收回原机动车驾驶证。

第六十三条 机动车驾驶证遗失的，机动车驾驶人应当向机动车驾驶证核发地或者核发地以外的车辆管理所申请补发。申请时应当填写申请表，并提交以下证明、凭证：

（一）机动车驾驶人的身份证明；

（二）机动车驾驶证遗失的书面声明。

符合规定的，车辆管理所应当在一日内补发机动车驾驶证。

机动车驾驶人补领机动车驾驶证后，原机动车驾驶证作废，不得继续使用。

机动车驾驶证被依法扣押、扣留或者暂扣期间，机动车驾驶人不得申请补发。

第六十四条 机动车驾驶人向核发地以外的车辆管理所申请办理第五十七条、第五十九条、第六十条、第六十一条第一款、第六十三条规定的换证、补证业务时，应当同时按照第五十八条规定办理。

第五章 机动车驾驶人管理

第一节 记 分

第六十五条 道路交通安全违法行为累积记分周期（即记分周期）为12个月，满分为12分，从机动车驾驶证初次领取之日起计算。

依据道路交通安全违法行为的严重程度，一次记分的分值为：12分、6分、3分、2分、1分五种（附件4）。

第六十六条 对机动车驾驶人的道路交通安全违法行为，处罚与记分同时执行。

机动车驾驶人一次有两个以上违法行为记分的，应当分别计算，累加分值。

第六十七条 机动车驾驶人对道路交通安全违法行为处罚不服，申请行政复议或者提起行政诉讼后，经依法裁决变更或者撤销原处罚决定的，相应记分分值予以变更或者撤销。

第六十八条 机动车驾驶人在一个记分周期内累积记分达到12分的，公安机关交通管理部门应当扣留其机动车驾驶证。

机动车驾驶人应当在十五日内到机动车驾驶证核发地或者违法行为地公安机关交通管理部门参加为期七日的道路交通安全法律、法规和相关知识学习。机动车驾驶人参加学习后，车辆管理所应当在二十日内对其进行道路交通安全法律、法规和相关知识考试。考试合格的，记分予以清除，发还机动车驾驶证；考试不合格的，继续参加学习和考试。拒不参加学习，也不接受考试的，由公安机关交通管理部门公告其机动车驾驶证停止使用。

机动车驾驶人在一个记分周期内有两次以上达到12分或者累积记分达到24分以上的，车辆管理所还应当在道路交通安全法律、法规和相关知识考试合格后十日内对其进行道路驾驶技能考试。接受道路驾驶技能考试的，按照本人机动车驾驶证载明的最高准驾车型考试。

第六十九条 机动车驾驶人在一个记分周期内记分未达到12分，所处罚款已经缴纳的，记分予以清除；记分虽未达到12分，但尚有罚款未缴纳的，记分转入下一记分周期。

第二节 审 验

第七十条 机动车驾驶人应当按照法律、行政法规的规定，定期到公安机关交通管理部门接受审验。

机动车驾驶人按照本规定第五十七条、第五十八条换领机动车驾驶证时，应当接受公安机关交通管理部门的审验。

持有大型客车、牵引车、城市公交车、中型客车、大型货车驾驶证的驾驶人，应当在每个记分周期结束后三十日内到公安机关交通管理部门接受审验。但在一个记分周期内没有记分记录的，免予本记分周期审验。

持有本条第三款规定以外准驾车型驾驶证的驾驶人，发生交通事故造成人员死亡承担同等以上责任未被吊销机动车驾驶证的，应当在本记分周期结束后三十日内到公安机关交通管理部门接受审验。

机动车驾驶人可以在机动车驾驶证核发地或者核发地以外的地方参加审验、提交身体条件证明。

第七十一条 机动车驾驶证审验内容包括：

（一）道路交通安全违法行为、交通事故处理情况；

（二）身体条件情况；

（三）道路交通安全违法行为记分及记满 12 分后参加学习和考试情况。

持有大型客车、牵引车、城市公交车、中型客车、大型货车驾驶证一个记分周期内有记分的，以及持有其他准驾车型驾驶证发生交通事故造成人员死亡承担同等以上责任未被吊销机动车驾驶证的驾驶人，审验时应当参加不少于三小时的道路交通安全法律法规、交通安全文明驾驶、应急处置等知识学习，并接受交通事故案例警示教育。

对交通违法行为或者交通事故未处理完毕的、身体条件不符合驾驶许可条件的、未按照规定参加学习、教育和考试的，不予通过审验。

第七十二条 年龄在 70 周岁以上的机动车驾驶人，应当每年进行一次身体检查，在记分周期结束后三十日内，提交县级或者部队团级以上医疗机构出具的有关身体条件的证明。

持有残疾人专用小型自动挡载客汽车驾驶证的机动车驾驶人，应当每三年进行一次身体检查，在记分周期结束后三十日内，提交经省级卫生主管部门指定的专门医疗机构出具的有关身体条件的证明。

机动车驾驶人按照本规定第七十条第三款、第四款规定参加审验时，应当申报身体条件情况。

第七十三条 机动车驾驶人因服兵役、出国（境）等原因，无法在规定时间内办理驾驶证期满换证、审验、提交身体条件证明的，可以向机动车驾驶证核发地车辆管理所申请延期办理。申请时应当填写申请表，并提交机动车驾驶人的身份证明、机动车驾驶证和延期事由证明。

延期期限最长不超过三年。延期期间机动车驾驶人不得驾驶机动车。

第三节　监督管理

第七十四条 机动车驾驶人初次申请机动车驾驶证和增加准驾车型后的 12 个月为实习期。

新取得大型客车、牵引车、城市公交车、中型客车、大型货车驾驶证的，实习期结束后三十日内应当参加道路交通安全法律法规、交通安全文明驾驶、应急处置等知识考试，并接受不少于半小时的交通事故案例警示教育。

在实习期内驾驶机动车的，应当在车身后部粘贴或者悬挂统一式样的实习标志（附件 5）。

第七十五条 机动车驾驶人在实习期内不得驾驶公共汽车、营运客车或者执行任务的警车、消防车、救护车、工程救险车以及载有爆炸物品、易燃易爆化学物品、剧毒或者放射性等危险物品的机动车；驾驶的机动车不得牵引挂车。

驾驶人在实习期内驾驶机动车上高速公路行驶，应当由持相应或者更高准驾车型驾驶证三年以上的驾驶人陪同。其中，驾驶残疾人专用小型自动挡载客汽车的，可以由持有小型自动挡载客汽车以上准驾车型驾驶证的驾驶人陪同。

在增加准驾车型后的实习期内，驾驶原准驾车型的机动车时不受上述限制。

第七十六条 持有准驾车型为残疾人专用小型自动挡载客汽车的机动车驾驶人驾驶机动车时，应当按规定在车身设置残疾人机动车专用标志（附件6）。

有听力障碍的机动车驾驶人驾驶机动车时，应当佩戴助听设备。

第七十七条 机动车驾驶人具有下列情形之一的，车辆管理所应当注销其机动车驾驶证：

（一）死亡的；

（二）提出注销申请的；

（三）丧失民事行为能力，监护人提出注销申请的；

（四）身体条件不适合驾驶机动车的；

（五）有器质性心脏病、癫痫病、美尼尔氏症、眩晕症、癔病、震颤麻痹、精神病、痴呆以及影响肢体活动的神经系统疾病等妨碍安全驾驶疾病的；

（六）被查获有吸食、注射毒品后驾驶机动车行为，正在执行社区戒毒、强制隔离戒毒、社区康复措施，或者长期服用依赖性精神药品成瘾尚未戒除的；

（七）超过机动车驾驶证有效期一年以上未换证的；

（八）年龄在70周岁以上，在一个记分周期结束后一年内未提交身体条件证明的；或者持有残疾人专用小型自动挡载客汽车准驾车型，在三个记分周期结束后一年内未提交身体条件证明的；

（九）年龄在60周岁以上，所持机动车驾驶证只具有无轨电车或者有轨电车准驾车型，或者年龄在70周岁以上，所持机动车驾驶证只具有低速载货汽车、三轮汽车、轮式自行机械车准驾车型的；

（十）机动车驾驶证依法被吊销或者驾驶许可依法被撤销的。

有第一款第二项至第十项情形之一，未收回机动车驾驶证的，应当公告机动车驾驶证作废。

有第一款第七项情形被注销机动车驾驶证未超过二年的，机动车驾驶人参加道路交通安全法律、法规和相关知识考试合格后，可以恢复驾驶资格。

有第一款第八项情形被注销机动车驾驶证，机动车驾驶证在有效期内或者超过有效期不满一年的，机动车驾驶人提交身体条件证明后，可以恢复驾驶资格。

有第一款第二项至第八项情形之一，按照第二十四条规定申请机动车驾驶证，有道路交通安全违法行为或者交通事故未处理记录的，应当将道路交通安全违法行为、交通事故处理完毕。

第七十八条 持有大型客车、牵引车、城市公交车、中型客车、大型货车驾驶证的驾驶人有下列情形之一的，车辆管理所应当注销其最高准驾车型驾驶资格，并通知机动车驾驶人在三十日内办理降级换证业务：

（一）发生交通事故造成人员死亡，承担同等以上责任，未构成犯罪的；

（二）在一个记分周期内有记满12分记录的；

（三）连续三个记分周期不参加审验的。

机动车驾驶人在规定时间内未办理降级换证业务的，车辆管理所应当公告注销的准驾车型驾驶资格作废。

机动车驾驶人办理降级换证业务后，申请增加被注销的准驾车型的，应当在本记分周期和申请前最近一个记分周期没有记满12分记录，且没有发生造成人员死亡承担同等以上责任的交通事故。

第七十九条　机动车驾驶人在实习期内发生道路交通安全违法行为被记满12分的，注销其实习的准驾车型驾驶资格。被注销的驾驶资格不属于最高准驾车型的，还应当按照第七十八条第一款规定，注销其最高准驾车型驾驶资格。

持有大型客车、牵引车、城市公交车、中型客车、大型货车驾驶证的驾驶人在一年实习期内记6分以上但未达到12分的，实习期限延长一年。在延长的实习期内再次记6分以上但未达到12分的，注销其实习的准驾车型驾驶资格。

第八十条　机动车驾驶人联系电话、联系地址等信息发生变化，以及持有大型客车、牵引车、城市公交车、中型客车、大型货车驾驶证的驾驶人从业单位等信息发生变化的，应当在信息变更后三十日内，向驾驶证核发地车辆管理所备案。

第八十一条　道路运输企业应当定期将聘用的机动车驾驶人向所在地公安机关交通管理部门备案，督促及时处理道路交通安全违法行为、交通事故和参加机动车驾驶证审验。

公安机关交通管理部门应当每月向辖区内交通运输主管部门、运输企业通报机动车驾驶人的道路交通违法行为、记分和交通事故等情况。

第四节　校车驾驶人管理

第八十二条　校车驾驶人应当依法取得校车驾驶资格。

取得校车驾驶资格应当符合下列条件：

（一）取得相应准驾车型驾驶证并具有三年以上驾驶经历，年龄在25周岁以上、不超过60周岁；

（二）最近连续三个记分周期内没有被记满12分记录；

（三）无致人死亡或者重伤的交通事故责任记录；

（四）无酒后驾驶或者醉酒驾驶机动车记录，最近一年内无驾驶客运车辆超员、超速等严重交通违法行为记录；

（五）无犯罪记录；

（六）身心健康，无传染性疾病，无癫痫病、精神病等可能危及行车安全的疾病病史，无酗酒、吸毒行为记录。

第八十三条　机动车驾驶人申请取得校车驾驶资格，应当向县级或者设区的市级公安机关交通管理部门提出申请，填写申请表，并提交以下证明、凭证：

（一）申请人的身份证明；

（二）机动车驾驶证；

（三）县级或者部队团级以上医疗机构出具的有关身体条件的证明。

第八十四条　公安机关交通管理部门自受理申请之日起五日内审查提交的证明、凭证，并向所在地县级公安机关核查，确认申请人无犯罪、吸毒行为记录。对符合条件的，在机动车驾驶证上签注准许驾驶校车及相应车型，并通报教育行政部门；不符合条件的，应当书面说明理由。

第八十五条 校车驾驶人应当在每个记分周期结束后三十日内到公安机关交通管理部门接受审验。审验时，应当提交县级或者部队团级以上医疗机构出具的有关身体条件的证明，参加不少于三小时的道路交通安全法律法规、交通安全文明驾驶、应急处置等知识学习，并接受交通事故案例警示教育。

第八十六条 公安机关交通管理部门应当与教育行政部门和学校建立校车驾驶人的信息交换机制，每月通报校车驾驶人的交通违法、交通事故和审验等情况。

第八十七条 校车驾驶人具有下列情形之一的，公安机关交通管理部门应当注销其校车驾驶资格，通知机动车驾驶人换领机动车驾驶证，并通报教育行政部门和学校：

（一）提出注销申请的；

（二）年龄超过 60 周岁的；

（三）在致人死亡或者重伤的交通事故负有责任的；

（四）有酒后驾驶或者醉酒驾驶机动车，以及驾驶客运车辆超员、超速等严重交通违法行为的；

（五）有记满 12 分或者犯罪记录的；

（六）有传染性疾病，癫痫病、精神病等可能危及行车安全的疾病，有酗酒、吸毒行为记录的。

未收回签注校车驾驶许可的机动车驾驶证的，应当公告其校车驾驶资格作废。

第六章 法律责任

第八十八条 隐瞒有关情况或者提供虚假材料申领机动车驾驶证的，申请人在一年内不得再次申领机动车驾驶证。

申请人在考试过程中有贿赂、舞弊行为的，取消考试资格，已经通过考试的其他科目成绩无效；申请人在一年内不得再次申领机动车驾驶证。

申请人以欺骗、贿赂等不正当手段取得机动车驾驶证的，公安机关交通管理部门收缴机动车驾驶证，撤销机动车驾驶许可；申请人在三年内不得再次申领机动车驾驶证。

第八十九条 申请人在教练员或者学车专用标识签注的指导人员随车指导下，使用符合规定的机动车学习驾驶中有道路交通安全违法行为或者发生交通事故的，按照《道路交通安全法实施条例》第二十条规定，由教练员或者随车指导人员承担责任。

第九十条 申请人在道路上学习驾驶时，未按照第三十九条规定随身携带学习驾驶证明，由公安机关交通管理部门处二十元以上二百元以下罚款。

第九十一条 申请人在道路上学习驾驶时，有下列情形之一的，由公安机关交通管理部门对教练员或者随车指导人员处二十元以上二百元以下罚款：

（一）未按照公安机关交通管理部门指定的路线、时间进行的；

（二）未按照第三十九条规定放置、粘贴学车专用标识的。

第九十二条 申请人在道路上学习驾驶时，有下列情形之一的，由公安机关交通管理部门对教练员或者随车指导人员处二百元以上五百元以下罚款：

（一）未使用符合规定的机动车的；

（二）自学用车搭载随车指导人员以外的其他人员的。

第九十三条 申请人在道路上学习驾驶时，有下列情形之一的，由公安机关交通管理部门按照《道路交通安全法》第九十九条第一款第一项规定予以处罚：

（一）未取得学习驾驶证明的；

（二）学习驾驶证明超过有效期的；

（三）没有教练员或者随车指导人员的；

（四）由不符合规定的人员随车指导的。

将机动车交由有前款规定情形之一的申请人驾驶的，由公安机关交通管理部门按照《道路交通安全法》第九十九条第一款第二项规定予以处罚。

第九十四条 机动车驾驶人有下列行为之一的，由公安机关交通管理部门处二十元以上二百元以下罚款：

（一）机动车驾驶人补领机动车驾驶证后，继续使用原机动车驾驶证的；

（二）在实习期内驾驶机动车不符合第七十五条规定的；

（三）驾驶机动车未按规定粘贴、悬挂实习标志或者残疾人机动车专用标志的；

（四）持有大型客车、牵引车、城市公交车、中型客车、大型货车驾驶证的驾驶人，未按照第八十条规定申报变更信息的。

有第一款第一项规定情形的，由公安机关交通管理部门收回原机动车驾驶证。

第九十五条 机动车驾驶人有下列行为之一的，由公安机关交通管理部门处二百元以上五百元以下罚款：

（一）机动车驾驶证被依法扣押、扣留或者暂扣期间，采用隐瞒、欺骗手段补领机动车驾驶证的；

（二）机动车驾驶人身体条件发生变化不适合驾驶机动车，仍驾驶机动车的；

（三）逾期不参加审验仍驾驶机动车的。

有第一款第一项、第二项规定情形之一的，由公安机关交通管理部门收回机动车驾驶证。

第九十六条 伪造、变造或者使用伪造、变造的机动车驾驶证的，由公安机关交通管理部门予以收缴，依法拘留，并处二千元以上五千元以下罚款；构成犯罪的，依法追究刑事责任。

第九十七条 交通警察有下列情形之一的，按照有关规定给予纪律处分；聘用人员有下列情形之一的予以解聘。构成犯罪的，依法追究刑事责任：

（一）为不符合机动车驾驶许可条件、未经考试、考试不合格人员签注合格考试成绩或者核发机动车驾驶证的；

（二）减少考试项目、降低评判标准或者参与、协助、纵容考试作弊的；

（三）为不符合规定的申请人发放学习驾驶证明、学车专用标识的；

（四）与非法中介串通谋取经济利益的；

（五）违反规定侵入机动车驾驶证管理系统，泄漏、篡改、买卖系统数据，或者泄漏系统密码的；

（六）参与或者变相参与驾驶培训机构经营活动的；

（七）收取驾驶培训机构、教练员、申请人或者其他相关人员财物的。

交通警察未按照第五十条第一款规定使用执法记录仪的，根据情节轻重，按照有关规定给予纪律处分。

公安机关交通管理部门有本条第一款所列行为之一的，按照国家有关规定对直接负责的主管人员和其他直接责任人员给予相应的处分。

第七章　附　　则

第九十八条　国家之间对机动车驾驶证有互相认可协议的，按照协议办理。

国家之间签订有关协定涉及机动车驾驶证的，按照协定执行。

第九十九条　机动车驾驶人可以委托代理人代理换证、补证、提交身体条件证明、延期办理和注销业务。代理人申请机动车驾驶证业务时，应当提交代理人的身份证明和机动车驾驶人与代理人共同签字的申请表或者身体条件证明。

第一百条　机动车驾驶证和学习驾驶证明的式样、规格按照中华人民共和国公共安全行业标准《中华人民共和国机动车驾驶证件》执行。

第一百零一条　身体条件证明自出具之日起6个月内有效。

第一百零二条　拖拉机驾驶证的申领和使用另行规定。拖拉机驾驶证式样、规格应当符合中华人民共和国公共安全行业标准《中华人民共和国机动车驾驶证件》的规定。

第一百零三条　本规定下列用语的含义：

（一）身份证明是指：

1. 居民的身份证明，是《居民身份证》或者《临时居民身份证》。在户籍地以外居住的内地居民，按照第十九条、第二十一条、第二十二条、第八十三条规定提交的身份证明，是《居民身份证》或者《临时居民身份证》，以及公安机关核发的居住证明；

2. 现役军人（含武警）的身份证明，是《居民身份证》或者《临时居民身份证》。在未办理《居民身份证》前，是军队有关部门核发的《军官证》《文职干部证》《士兵证》《离休证》《退休证》等有效军人身份证件，以及其所在的团级以上单位出具的本人住所证明；

3. 香港、澳门特别行政区居民的身份证明，是其入境时所持有的《港澳居民来往内地通行证》或者外交部核发的《中华人民共和国旅行证》，香港、澳门特别行政区《居民身份证》和公安机关核发的住宿登记证明；

4. 台湾地区居民的身份证明，是其所持有的公安机关核发的五年有效的《台湾居民来往大陆通行证》或者外交部核发的《中华人民共和国旅行证》和公安机关核发的住宿登记证明；

5. 华侨的身份证明，是《中华人民共和国护照》和公安机关核发的住宿登记证明；

6. 外国人的身份证明，是其入境时所持有的护照或者其他旅行证件、居（停）留期为三个月以上的有效签证或者停留、居留证件，以及公安机关核发的住宿登记证明；

7. 外国驻华使馆、领馆人员、国际组织驻华代表机构人员的身份证明，是外交部核发的有效身份证件。

（二）住址是指：

1. 居民的住址，是《居民身份证》或者《临时居民身份证》记载的住址；

2. 现役军人（含武警）的住址，是《居民身份证》或者《临时居民身份证》记载的住址。在未办理《居民身份证》前，是其所在的团级以上单位出具的本人住所证明记载的住址；

3. 境外人员的住址，是公安机关核发的住宿登记证明记载的地址；

4. 外国驻华使馆、领馆人员及国际组织驻华代表机构人员的住址，是外交部核发的有效身份证件记载的地址。

（三）境外机动车驾驶证是指外国、香港、澳门特别行政区、台湾地区核发的具有单独驾驶资格的机动车驾驶证。

第一百零四条 本规定所称“以上”、“以下”均包含本数在内。

本规定所称“一日”“五日”“七日”“十日”“十五日”，是指工作日，不包括节假日。

第一百零五条 本规定自 2013 年 1 月 1 日起施行，第五章第四节自发布之日起施行。2006 年 12 月 20 日发布的《机动车驾驶证申领和使用规定》（公安部令第 91 号）和 2009 年 12 月 7 日发布的《公安部关于修改 < 机动车驾驶证申领和使用规定 > 的决定》（公安部令第 111 号）同时废止。本规定生效后，公安部以前制定的规定与本规定不一致的，以本规定为准。

附件（略）。

附录三

授课教案

<table>
<tr><td>

教学项目1：倒车入库
教学时间：60min

1.教学目标

掌握参照地面目标，合理操纵车辆从两侧倒入和驶出车库的正确操作方法。

2.操作要求

从道路一端控制线（两个前轮触地点在控制线以外），倒入车库停车，再前进出库向另一端控制线行驶，待两个前轮触地点均驶过控制线后，倒入车库停车，前进驶出车库，回到起始点。考试过程中，车辆进退途中不得停车。项目完成时间不得超过3.5min。

3.重点难点

（1）车辆位置的控制与调整。

（2）半联动控制车速的稳定性

</td></tr>
<tr><td>

教学内容

1. 集合学员，采集学员信息

2.讲解场地规格

3.讲解操作要点

（1）向右倒车入库。

（2）向左出库。

（3）向左倒车入库。

（4）向右出库。

4.示范操作

5.实训安排与指导

6.教学小结

</td></tr>
<tr><td>

操作练习安排

按操作要求和操作要点，组织学员分组进行实操训练

</td></tr>
</table>

备 课 纸

教 学 内 容	教学方法运用说明
1.集合学员，采集学员信息	考勤点名 实地讲解
2.讲解场地规格 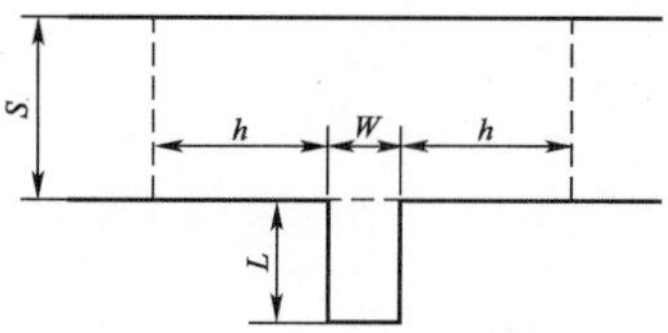 利用标线设置模拟车位: 长L为车长加0.7m，宽W为车宽加0.6m，车位外边线与左右控制线的距离h均为1.5倍车长，行车道宽S为1.5倍车长。 3.讲解操作要点 1）向右倒车入库 （1）车辆左侧平行道路边线1.5m距离停车。 （2）直线倒车并观察库右前角，等库右前角到达车右后窗1/3位置时，将转向盘向右转至极限。 （3）观察右后视镜（只看右边），使车身与车库右前角保持视距10cm左右。如发现有宽或窄情况，应作适当调整，即大于10cm时向右转至极限不动，发现少于10cm时，应向左适当转方向调整，俗称“宽压窄放”。 （4）待车身与库右线平行后回正方向，微调方向直倒进库。方向调整方法同样按照“宽压窄放”的方法进行。 （5）当看到右侧后视镜遮挡车库右前角边线时停车。 2）向左出库 （1）挂一挡直线前进。 （2）当前保险杆离库边线20cm左右时，将方向向左转至极限。 （3）当车辆右侧平行库边线，并保持离库边线1.5m距离时回正方向停车。 3）向左倒车入库 （1）直线倒车并观察库左前角，待库左前角进入左前风窗玻璃后边缘，向左转向至极限。 （2）观察左后视镜（只看左边），使车身与车库左前角保持视距10cm左右。如发现有宽或窄情况，应作适当调整，即大于10cm时向左转至及极限不动，发现少于10cm时，应向右适当转方向调整，俗称“宽压窄放”。 （3）待车身与库左线平行后回正方向，微调方向直倒进库。方向调整方法同样按照“宽压窄放”的方法进行。 （4）当看到左侧后视镜遮挡车库左前角边线时停车。 4）向右出库 （1）挂一挡直线前进。 （2）当前保险杆离库边线20cm左右时，将方向向右转至极限。 （3）当车辆左侧平行库边线，并保持离库边线1.5m距离时回正方向停车。 4.示范操作 示范倒车入库的驾驶操作全过程。 5.实训安排与指导 教练员安排学员轮流上车操作，并讲解训练内容。 6.教学小结 （1）根据学员训练情况分析总结，有针对性地指出存在的问题。 （2）填写教学日志。 （3）根据学员操作中出现的错误，有针对性地进行分析讲评	讲解与操作示范相结合

教学项目2：坡道起步
教学时间：60min

1. 教学目标
掌握操纵车辆坡道平稳起步的正确操作方法。
2.操作要求
控制车辆平稳起步，车辆不得后溜。起步时间不得超过30s。
3.重点难点
（1）离合器半联动接合点的判断。
（2）放开驻车制动器的时机

教学内容

1.集合学员，采集学员信息
2.讲解场地规格
3.讲解操作要点
（1）半联动判断方法。
（2）放开驻车制动器的时机。
（3）具体操作方法。
（4）注意事项。
4.示范操作
5.实训安排与指导
6.教学小结

操作练习安排

按操作要求和操作要点，组织学员分组进行实操训练

备　课　纸

<table>
<tr><th>教 学 内 容</th><th>教学方法
运用说明</th></tr>
<tr><td>1.集合学员，采集学员信息</td><td>考勤点名
实地讲解</td></tr>
<tr><td>

2.讲解场地规格

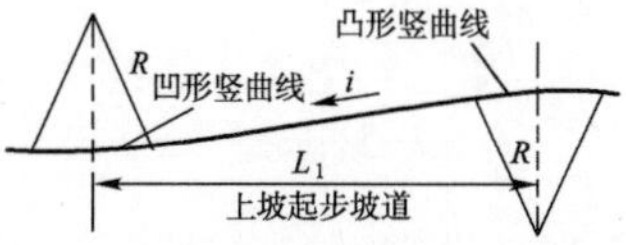

在训练道路上设置上坡起步坡道，坡道坡度路段上端处设起点标线，起点标线为单停车线实线。
坡道坡度i为10%；
坡道长L_1不小于20m；
竖曲线半径R不小于30m；
行车道宽不小于3.5m。
3.讲解操作要点
1）半联动判断方法
判断离合器进入半联动接合点的方法有：
（1）挂入一挡后，当抬起离合器踏板时，发动机声音由“轻松”转为“沉闷”；
（2）挂入一挡后，当抬起离合器踏板时，观察转向盘及车身其他部位出现“抖动”的现象；
（3）挂入一挡后，当抬起离合器踏板时，离合器踏板出现轻微的“顶脚”感觉。
以上三种判断方法简称为：一听、二看、三感觉。
以上三种判断方法的正确掌握，都能使车辆处于既不前进也不后退的状态。
2）放开驻车制动器的时机
当离合器踏板抬至半联动位置停顿时，发动机声音由“轻松”变为“沉闷”时，右脚及时适当踩加速踏板，使发动机声音由“沉闷”转为“轻松”，此刻为放开驻车制动器的最佳时机。
3）具体操作方法
（1）按规范的起步动作起步，挂入一挡后，快速松抬离合器踏板至离合器将接近半联动，当发动机声音由“轻松”转为“沉闷”时，离合器踏板停止松抬并稳住不动。
（2）离合器在半联动位置停顿的同时，右脚适当加油，当发动机声音由“沉闷”转为“轻松”时，松开驻车制动器。
（3）在松开驻车制动器的同时，继续稍加油并缓抬离合器踏板，在适当提高发动机转速的同时慢慢完全松开驻车制动器。
（4）待车平稳行驶一定距离后缓慢放开离合器踏板，同时根据坡道倾度适当加大踩踏加速踏板，当离合器进入正常传力状况后，左脚迅速离开离合器踏板。
4）注意事项
（1）起步时，不要在离合器未进入半联动接合点之前提前踩踏加速踏板再抬离合器踏板进行接合，这样会造成燃料浪费，加快机件磨损。
（2）松抬离合器踏板的基本步骤为：快—停—慢。
（3）驻车制动器的松放按钮，应在离合器半联动位置停顿前先按下拉紧，待计入半联动位置后才开始往下放，并要注意离合器踏板、加速踏板、驻车制动器三者的协调配合。
4.示范操作
示范坡道起步的驾驶操作全过程。
5.实训安排与指导
教练员安排学员轮流上车操作，并讲解训练内容。
6.教学小结
（1）根据学员训练情况分析总结，指出存在的问题。
（2）填写教学日志。
（3）根据学员操作中出现的错误，有针对性地进行分析讲评

</td><td>讲解与操作
示范相结合</td></tr>
</table>

教学项目3：坡道定点停车
教学时间：60min

1.教学目标

掌握操纵车辆坡道定点停车的正确操作方法。

2.操作要求

控制车辆准确停车，车辆不得后溜。

3.重点难点

（1）上坡路定点停车时制动的使用。

（2）制动对车速的调节与目标准确

教学内容

1.集合学员，采集学员信息

2.讲解场地规格

3.讲解操作要点

（1）坡道定点停车操作方法。

（2）注意事项。

4.示范操作

5.实训安排与指导

6.教学小结

操作练习安排

按坡道定点停车的要求和操作要点，组织学员分组进行实操训练

备 课 纸

<table>
<tr><th>教 学 内 容</th><th>教学方法
运用说明</th></tr>
<tr><td>1.集合学员，采集学员信息</td><td>考勤点名
实地讲解</td></tr>
<tr><td>
2.讲解场地规格

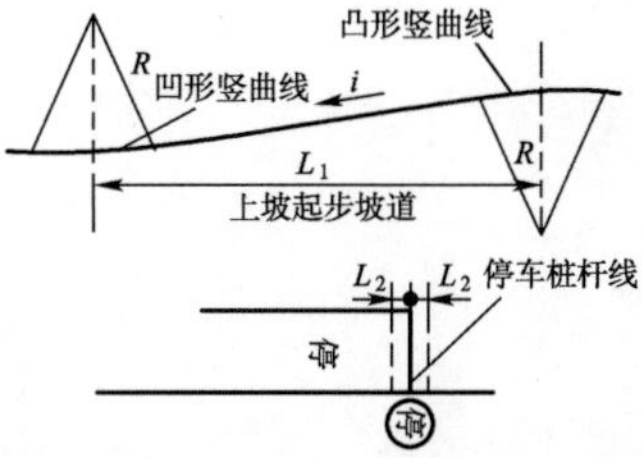

在训练道路上设置上坡起步坡道，坡道坡度路段上端处设起点标线，起点标线为单停车线实线。

定点停车停车点位处设停车让行标志、标线；停车标线内侧设停车控制线，设置位置应在坡底向上1.5倍车长以上、坡顶缓坡以下：

坡道坡度i为10%；

坡道长L_1不小于20m；

竖曲线半径R不小于30m；

停车点两侧施划停车控制线的距离L_2为0.65m；

行车道宽不小于3.5m。

3.讲解操作要点

1）坡道定点停车操作方法

（1）听到停车口令后，立即开启右转向灯，将右脚放在制动踏板上消除踏板自由行程，根据车与目标距离远近适当使用制动器进行减速停车。

（2）在整个停车过程中，使用制动应按“先轻后重再稍回”的方式进行。

“先轻”即指距离目标远时的减速，这样既能保证车辆到位，又能平稳降低车速；“后重”即指车辆相距目标小于20m时制动力逐渐加重，使车辆行驶速度在车距目标5～6m时降至小于10km/h；“再稍回”即指调节车辆行驶速度，保证车辆准确到位，亦可防止停车时车辆出现点头现象。

（3）车停稳后，先拉紧驻车制动器操纵杆，后挂入空挡，然后关闭转向灯。

（4）定点停车的要领是：先边、后点、慢速停车。

2）注意事项

（1）停车过程中应做到先减速、靠边，然后使用转向盘，采取左右调节方向的方式使车靠边停正，同时注意先减速，后转向。

（2）停车时不能过早地踏下离合器踏板，而应待车速降低至小于20km/h后才能踏下离合器踏板。

（3）车辆减速要做到尽量提前，在靠近目标的时候，要将速度保持在20km/h以下，速度太快会导致急刹车，反而难停准。

（4）上坡定点停车与平路、下坡定点停车方法基本相似，不同点是上坡阻力大，车速下降快，且车速下降后不能凭自身惯性力前溜，很容易导致车辆停车不到位，所以在操作上临近目标时车辆还应保持一定的速度和动力，便于车辆停车到位。

4.示范操作

示范坡道定点停车的驾驶操作全过程。

5.实训安排与指导

教练员安排学员轮流上车操作，并讲解训练内容。

6.教学小结

（1）根据学员训练情况分析总结，有针对性地指出存在的问题。

（2）填写教学日志。

（3）根据学员操作中出现的错误，有针对性地进行分析讲评
</td><td>讲解与操作
示范相结合</td></tr>
</table>

教学项目4：侧方停车
教学时间：60min

1.教学目标

掌握操纵车辆顺向停入道路右侧车位（库）的正确操作方法。

2.操作要求

车辆在库前方一次倒车入库，中途不得停车，车轮不触轧车道边线，车身不触碰库位边线。再前进向左前方出库，出库前应开启左转向灯，出库过程中车轮不触轧车道边线，车身不触碰库位边线，出库后关闭转向灯。项目完成时间不得超过1.5min。

3.重点难点

（1）方向使用时机和车身与库位边线距离位置的调整。

（2）离合器半联动控制倒车速度的准确性

教学内容

1.集合学员，采集学员信息

2.讲解场地规格

3.讲解操作要点

4.示范操作

5.实训安排与指导

6.教学小结

操作练习安排

按侧方停车位的要求和操作要点，组织学员分组进行实操训练

备 课 纸

<table>
<tr><th>教学内容</th><th>教学方法
运用说明</th></tr>
<tr><td>1.集合学员，采集学员信息</td><td>考勤点名
实地讲解</td></tr>
<tr><td>2.讲解场地规格
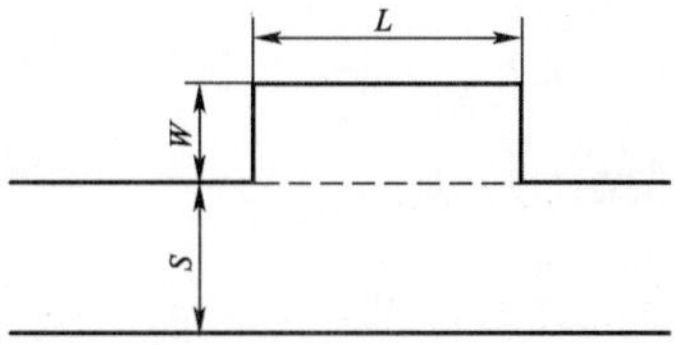

利用标线在道路右侧设置模拟车位：
车位长L:大型客车为1.5倍车长减1m，小型汽车、小型自动挡汽车、残疾人专用小型自动挡载客汽车、低速载货汽车为1.5倍车长加1m，其他车辆为1.5倍车长；
车位宽W: 为车宽加0.8m，行车道宽S为1.5倍车宽加0.8m。
3.讲解操作要点
（1）车道停车：将车身摆正，使车停止在车身右侧距车道边线相距20～30cm，车尾部略超过库左前角停车。
（2）调整后视镜至合适位置。将挡位挂入倒挡，打开右转向灯，使用半联动控制倒车速度向后倒车，并观察车辆右后轮。
（3）当从右后视镜观察车右后轮与库左前角平齐时（如后视镜里看不到右后轮，则在右侧车身上确定一点为右后轮与库左前角平齐时的参照点），迅速向右将转向盘转至极限。
（4）视线立即转移至左后视镜，当从左后视镜看到左侧车身与库右后角对成一直线时，迅速将方向向左回正，并继续从左后视镜观察左后轮。
（5）当从左后视镜看到左后轮靠近左侧库线时，迅速将方向向左转至极限。
（6）当车与左侧库线平齐时，迅速将方向向右回正，当车尾部离库后部线20～30cm停车，并拉好驻车制动器操作杆。
4.示范操作
示范侧方停车的驾驶操作全过程。
5.实训安排与指导
教练员安排学员轮流上车操作，讲解训练内容。
6.教学小结
（1）根据学员训练情况分析总结，有针对性地指出存在的问题。
（2）填写教学日志。
（3）根据学员操作中出现的错误，有针对性地进行分析讲评</td><td>讲解与操作
示范相结合</td></tr>
</table>

教学项目5：曲线行驶
教学时间：60min

1.教学目标

掌握操纵转向盘，控制车辆进行曲线行驶的正确操作方法。

2.操作要求

驾驶车辆以二挡（含）以上挡位从弯道的一端前进驶入，从另一端驶出。行驶中转向、速度平稳。中途不得停车，车轮不得碰轧车道边线。

3.重点难点

（1）车速控制及挡位选择。

（2）转向盘的正确使用与转向时机的熟练应用

教学内容

1.集合学员，采集学员信息

2.讲解场地规格

3.讲解操作要点

4.示范操作

5.实训安排与指导

6.教学小结

操作练习安排

按曲线行驶的要求和操作要点，组织学员分组进行实操训练

备 课 纸

教学内容	教学方法运用说明
1.集合学员，采集学员信息	考勤点名 实地讲解
2.讲解场地规格 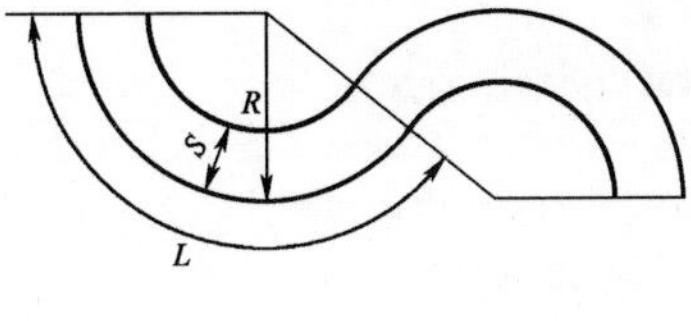 设置连续圆弧曲线路； 外圆半径R：大型客车、牵引车、城市公交车、大型货车为12m；中型客车、低速载货汽车为9.5m；其他车辆为7.5m； 弧长L为3/8圆周长； 行车道宽S：大型客车、城市公交车、大型货车为4m；牵引车为7m；中型客车、低速载货汽车为3.7m；其他车辆为3.5m。 3.讲解操作要点 （1）进入曲线弯道行驶路段前，提前制动减速，换入低挡。 （2）进入弯道，尽量使转弯方向外侧车轮靠近弯道弧线行驶，以增大车辆转弯半径，减小内轮差。即左转弯时，车辆右侧车轮尽量靠右边弧线行驶；右转弯时，车辆左侧车轮尽量靠左边弧线行驶。 （3）当车从上一弯道进入下一弯道时，在保证内侧车身不超出缘线的前提下，尽快将方向转向下一弯道的外侧，以增大下一弯道车辆转弯半径。 （4）要熟练操作转向盘，采用双手交替换手操作法操作转向盘，这样有利于转向迅速、灵敏、准确，能有效防止转向、回调转向不及时的现象。 4.示范操作 示范曲线行驶的驾驶操作全过程。 5.实训安排与指导 教练员安排学员轮流上车操作，讲解训练内容。 6.教学小结 （1）根据学员训练情况分析总结，有针对性地指出存在的问题。 （2）填写教学日志。 （3）根据学员操作中出现的错误，有针对性地进行分析讲评	讲解与操作示范相结合

教学项目6：直角转弯
教学时间：60min

1. 教学目标

掌握在急转弯路段正确操纵转向盘，准确判断内外轮差的方法。

2.操作要求

驾驶车辆按规定的线路行驶，由左向右或由右向左完成直角转弯，一次通过，中途不得停车，车轮不得碰轧车道边线。转弯前，应开启转向灯，完成转弯后，关闭转向灯。

3.重点难点

（1）直角转弯车度的控制和转向时机的应用。

（2）直角转弯内、外轮差的正确判断

教学内容

1.集合学员，采集学员信息
2.讲解场地规格
3.讲解操作要点
4.示范操作
5.实训安排与指导
6.教学小结

操作练习安排

按直角转弯的要求和操作要点，组织学员分组进行实操训练

备 课 纸

教 学 内 容	教学方法 运用说明
1.集合学员，采集学员信息	考勤点名 实地讲解
2.讲解场地规格 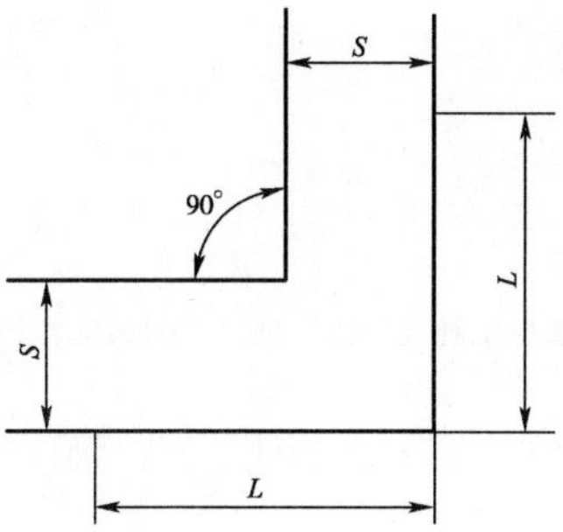 直角弯路长L不小于1.5倍车长； 行车道宽S：小型汽车、小型自动挡汽车、残疾人专用小型自动挡载客汽车、低速载货汽车为轴距加1m；牵引车为前轴距加4m；其他车辆为轴距加0.5m。 3.讲解操作要点 （1）进入直角转弯路段时，提前降低车速，换入低挡（小车一挡，大车为一挡或二挡），做好通过直角转弯准备。 （2）直角转弯时，为防止车后轮触轧内角和边线，要采取左转车靠右，右转车靠左的转弯准备，以减小内、外轮差；使后轮与内角保持可靠的安全距离，外侧车轮则紧靠外侧边缘线，但车身不可出线。 （3）当车前保险杆离前边线20cm时，迅速向路面方向转动方向转至极限。 （4）车前角与外侧边线重叠时（左转右前照灯位置，右转左前照灯位置），迅速回正方向。回正后如发现外侧前角与外侧边缘线距离增大，须采用边走边回轮的方式使前轮靠近外侧边缘线，以增大内侧后轮与内角的距离。 （5）直角转弯转向操作，要用双手交替操作，保证转向运作的迅速、灵活、准确。 4.示范操作 示范直角转弯的驾驶操作全过程。 5.实训安排与指导 教练员安排学员轮流上车操作，讲解训练内容。 6.教学小结 （1）根据学员训练情况分析总结，有针对性地指出存在的问题。 （2）填写教学日志。 （3）根据学员操作中出现的错误，有针对性地进行分析讲评	讲解与操作 示范相结合

教学项目7：安全掉头
教学时间：60min

1.教学目标

熟悉掉头时降低车速，观察交通状况知识，掌握正确选择掉头地点和时机安全掉头的驾驶方法。

2.操作要求

观察前、后交通情况，确认安全后减速或停车，开启左转向灯、掉头。掉头时不妨碍其他车辆和行人的正常通行。

3.重点难点

车辆掉头地点的选择及安全确认

教学内容

1.集合学员，采集学员信息

2.讲解操作要点

（1）安全掉头的相关规定

（2）车辆掉头地点的选择

（3）常用的掉头操作方法

3.示范操作

4.实训安排与指导

5.教学小结

操作练习安排

按一般道路掉头驾驶讲解的要求和操作要点，组织学员分组进行训练

备 课 纸

教学内容	教学方法 运用说明
1.集合学员，采集学员信息	考勤点名 实地讲解
2.讲解操作要点 1）安全掉头的相关规定 （1）严格遵守《中华人民共和国道路交通安全法》相关规定，在设有禁止掉头或禁止左转弯标志的地点不准掉头。 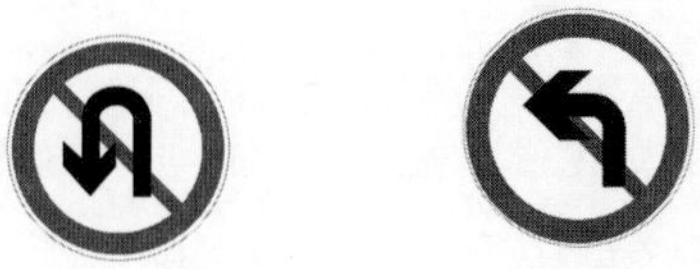 （2）严禁在铁道路口、人行横道、桥梁、急弯、陡坡、隧道或容易发生危险的路段掉头。 2）车辆掉头地点的选择 车辆掉头时，应尽量选择视线良好、僻静、宽阔平坦、土质坚硬的路口进行。必须认真观察道路周围情况，确认安全状况后方可进行。 3）常用的掉头操作方法 （1）路幅宽裕的道路：即道路半幅即可完成掉头的地点。 ①向左侧变更车道并靠道路中心线行驶； ②拨左转向灯，并侧头观察确认左前方及后方道路安全状况； ③向左转动转向盘，一次性完成掉头，拨回转向灯。 （2）路幅较宽的道路：即必须占用整幅道路方可完成掉头的地点。 ①靠路右侧停车； ②拨左转向灯，确认前方及后方道路安全状况； ③向左转动转向盘，一次性完成掉头，拨回转向灯。 （3）路幅较窄的道路：即道路条件不允许一次性完成掉头的道路。 ①靠路右侧停车； ②拨左转向灯，确认前方及后方道路安全状况； ③向左转动转向盘，行驶至距左侧路边0.5m处回正转向盘停车。 ④观察后方安全状况，挂入倒挡向右转动转向盘往后倒，待留出可一次通过的距离后，回正转向盘停车（如一次不能实现时可进退数次）； ⑤观察车后安全状况，拨回转向灯，向前行进。 （4）有路口的地段。 ①驶过路口后1m处停车，确认后方、路口内角的道路安全状况； ②拨右转向灯，倒入路口； ③拨左转向灯，观察左右道路安全状况，起步左转进入行车道后拨回转向灯。 3.示范操作 示范安全掉头的驾驶操作全过程。 4.实训安排与指导 教练员安排学员轮流上车操作，讲解训练内容。 5.教学小结 （1）根据学员训练情况分析总结，有针对性地指出存在的问题。 （2）填写教学日志。 （3）根据学员操作中出现的错误，有针对性地进行分析讲评	讲解与操作 示范相结合

教学项目8：通过路口
教学时间：60min

1.教学目标

（1）直行通过路口：熟悉路口合理观察交通状况知识，掌握减速或停车瞭望，直行通过路口的安全驾驶方法。

（2）熟悉路口合理观察交通状况及视野盲区知识，掌握减速或停车瞭望，正确使用灯光信号，左、右转弯通过路口的安全驾驶方法。

2.操作要求

合理观察交通情况，减速或停车瞭望，根据车辆行驶方向选择相关车道，正确使用转向灯，根据不同路口采取正确的操作方法，安全通过路口。

3.重点难点

转弯通过路口的操作要点

教学内容

1.集合学员，采集学员信息

2.讲解操作要点

（1）直行通过路口操作要点。

（2）左转通过路口操作要点。

（3）右转通过路口操作要点。

（4）注意事项。

3.示范操作

4.实训安排与指导

5.教学小结

操作练习安排

按通过路口驾驶讲解的要求和操作要领，组织学员分组进行训练

备 课 纸

<table>
<tr><th>教 学 内 容</th><th>教学方法
运用说明</th></tr>
<tr><td>1.集合学员，采集学员信息</td><td>考勤点名
实地讲解</td></tr>
<tr><td>2.讲解操作要点
1）直线通过路口操作要点
（1）首先在距路口前50m降低车速，操作方法是：
①提前适当放松加速踏板，利用发动机牵阻作用，使汽车降速；必要时，也可适当踏下制动踏板，强制汽车降速。
②在汽车距路口约10～20m前，也就是从驾驶位置，看到车辆前端距路口约有一车长的路面距离时，要完成减挡。
（2）使汽车保持30km/h以下车速，慢速行驶。
（3）如前方有同向车行驶，应注意保持安全车距。
（4）确认路口左右交通安全状况，控制汽车行驶速度，避让突发情况，慢速通过。
（5）待汽车驶入出口后，开始匀加速至中速行驶。
2）左转通过路口操作要点
左转弯前，应沿着道路的中心线接近路口，在路口的中心点内侧缓慢通过路口，若遇对面有直行车辆、右转弯车辆、通行道路的右侧有障碍物等情况时应慢行避让，绝不可强行通过。通过的方法是：
（1）车辆距路口50m左右时，向左拨转向灯。
（2）降低车速。放松加速踏板且适当踏下制动踏板降低车速至30km/h以下。
（3）侧头直接观察左侧的道路交通状况。
（4）紧靠路口中心点的内侧向左小幅度转弯。
（5）左转弯完成时，拨回转向灯。
（6）根据道路状况加速行驶。
3）右转通过路口操作要点
右转弯时首先靠向道路的右侧，然后按照交通标志的要求，控制汽车行驶速度，缓慢通过路口。通过的方法是：
（1）车辆距路口50m左右，向右拨转向灯。
（2）降低车速：放松加速踏板，且适当踏下制动踏板降低车速至30km/h以下。
（3）侧头观察左、右侧的道路交通状况。
（4）注意对面左转弯的车辆和直行车辆。
（5）缓慢转向、控制车速。认真观察车辆右侧可能出现的各种情况。
4）注意事项
路口的优先通过顺序应遵循以下通行原则：
（1）标志方优先；右方车优先；优先道路优先；直行车优先。
（2）主干道路和执行任务等车优先。
3.示范操作
示范通过路口的驾驶操作全过程。
4.实训安排与指导
教练员安排学员轮流上车操作，讲解训练内容。
5.教学小结
（1）根据学员训练情况分析总结，有针对性地指出存在的问题。
（2）填写教学日志。
（3）根据学员操作中出现的错误，有针对性地进行分析讲评</td><td>讲解与操作
示范相结合</td></tr>
</table>

教学项目9：安全超车
教学时间：60min

1.教学目标

熟悉超车前观察被超越车辆动态，合理选择超车时机，超车中保持与被超越车辆安全间距和超车后驶回原车道知识，掌握安全超车驾驶方法。

2.操作要求

超车前，保持与被超越车辆的安全跟车距离。开启左转向灯，通过内、外后视镜观察后方和左侧交通情况，并回头观察确认安全后，选择合理时机，鸣喇叭或交替使用远近光灯，从被超越车辆的左侧超越。超车时，观察被超越车辆情况，保持横向安全距离。超越后，开启右转向灯，通过内、外后视镜观察后方和右侧交通情况，并回头观察确认不影响被超越车辆正常行驶的情况下，逐渐驶回原车道，关闭转向灯。

3.重点难点

超车条件的判断

教学内容

1.集合学员，采集学员信息

2.讲解操作要点

（1）超车条件的选择。

（2）超车中的驾驶操作要点。

（3）注意事项。

3.示范操作

4.实训安排与指导

5.教学小结

操作练习安排

按一般道路超车驾驶讲解的要求和操作要领，组织学员分组进行训练

备 课 纸

教 学 内 容	教学方法运用说明
1.集合学员，采集学员信息	考勤点名 实地讲解
2.讲解操作要点 1）超车条件的选择 （1）在超车时无会车可能； （2）前车无向左变更行驶方向的意图； （3）超车道无妨碍正常行驶的任何障碍； （4）后方车辆无超车的可能（即避免形成双重超车）； （5）超车时的车速不能超越该路段最高限速。 2）超车中的驾驶操作要点 在具备超车的条件和时机后，应当果断地进行超车驾驶操作。其操作方法如下。 （1）超车前，向左变更行驶路线。 ①拨左转向灯。 ②向左变更车道。 a.观察中、左、右后视镜确认后方交通安全状况； b.向左、右后方侧头确认安全状况； c.打开左转向灯3s以上时间。 ③向左转动转向盘，当从驾驶位置看见车前中央距道路中心线15～20cm时，开始向右回转向盘。当车辆调直后，逐渐向左回正转向盘使汽车与道路平行行驶。 ④密切观察前方交通情况、确认横向距离不小于1m，保持直线行驶，加速超越。 （2）超车完毕，向右变更行驶路线。 ①控制好行驶方向，保持超越行驶速度。 ②观察道路交通情况，从车内后视镜或右侧后视镜能完全看到被超车时，打开右转向灯，3s后准备向右变更行驶路线。 ③在确认前方右侧道路无障碍时向右转动方向，当从驾驶位置看见车前中央向右偏离道路中心线15～20cm时，向左回转方向，并保持车辆直线行驶。 3）注意事项 （1）禁止强行超车。 （2）不得超越正在超车的车辆。 （3）不得长时间占用超车道。 3.示范操作 示范安全超车的驾驶操作全过程。 4.实训安排与指导 教练员安排学员轮流上车操作，讲解训练内容。 5.教学小结 （1）根据学员训练情况分析总结，有针对性地指出存在的问题。 （2）填写教学日志。 （3）根据学员操作中出现的错误，有针对性地进行分析讲评	讲解与操作示范相结合

教学项目10：安全会车
教学时间：60min

1.教学目的
熟悉正确判断会车地点、会车时机及与对方车辆保持安全间距知识，掌握安全会车驾驶方法。
2.操作要求
正确判断会车地点，会车有危险时，控制车速，提前避让，调整会车地点，会车时与对方车辆保持安全间距。
3.重点难点
会车环境条件选择

教学内容

1.集合学员，采集学员信息
2.讲解操作要点
（1）会车前道路环境选择。
（2）会车驾驶操作要点。
（3）会车的安全操作。
（4）注意事项。
3.示范操作
4.实训安排与指导
5.教学小结

操作练习安排

按会车驾驶讲解的要求和操作要领，组织学员分组进行训练

备 课 纸

教学内容	教学方法运用说明
1.集合学员，采集学员信息	考勤点名 实地讲解
2.讲解操作要点 1）会车前道路环境选择 会车驾驶操作，对道路环境的选择是非常重要的，选择不当，很容易导致两车碰撞、剐蹭甚至侧翻事故。 会车驾驶必须满足以下条件： （1）道路幅宽可满足两车会车时安全的侧向距离，即：会车间距不得小于1m。 （2）会车进行时无任何影响两车通行的障碍。 （3）会车后能保证驶入正常行驶路线。 2）会车驾驶操作要点 （1）会车驾驶应遵循礼让三先（先让、先慢、先停）、靠右通过的基本原则。在恶劣道路条件下，更应提高警惕，降低车速，防止发生车辆剐蹭和侧翻事故。 （2）弯道会车时，要应严格遵循弯道行驶三原则（减速、鸣号、靠右行），谨慎驾驶。 （3）控制车速，灵活改变会车地点。根据道路实际情况，会车时如遇到前方有妨碍会车的情况，应采用控制车速的方法来改变会车地点，避免对方车辆、自身车辆、道路障碍三点一线的危险情况出现，达到安全会车的目的。 3）会车的安全操作 （1）会车时应尽量保持车辆直线行驶，要仔细观察对方车后部视线盲区内的交通状况，预防突然有横向行驶车辆或行人。如出现这样的情况，应保持会车行驶路线，直线减速让行。 （2）会车后在前方道路正常的情况下，要及时向左调整转向盘，使车辆尽快回到正常线路行驶。 4）注意事项 （1）严格遵守车辆让行的规定，切勿争道抢行。 （2）遇有障碍物只能单车通行时，应按右侧通行的规定，让对方无障碍的车辆先行。 3.示范操作 示范安全会车的驾驶操作全过程。 4.实训安排与指导 教练员安排学员轮流上车操作，讲解训练内容。 5.教学小结 （1）根据学员训练情况分析总结，有针对性地指出存在的问题。 （2）填写教学日志。 （3）根据学员操作中出现的错误，有针对性地进行分析讲评	讲解与操作示范相结合

教学项目11：变更车道
教学时间：60min

1.教学目标

熟悉变更车道时观察、判断安全距离，控制行驶速度知识，掌握使用灯光信号、合理选择变更车道时机、平稳变更车道的安全驾驶方法。

2.操作要求

变更车道前，正确开启转向灯，通过内、外后视镜观察，并向变更车道方向回头观察后方道路交通情况，确认安全后变更车道，变更车道完毕关闭转向灯。变更车道时，判断车辆安全距离，控制行驶速度，不得妨碍其他车辆正常行驶。

3. 重点难点

变更车道前的驾驶观察和安全确认

教学内容

1.集合学员，采集学员信息

2.讲解操作要点

（1）变更车道的安全操作要点。

（2）变更车道时的安全确认。

（3）向右侧变更时的操作方法。

（4）向左侧变更时的操作方法。

3.示范操作

4.实训安排与指导

5.教学小结

操作练习安排

按操作要求和操作要点，组织学员分组进行实操训练

备 课 纸

教 学 内 容	教学方法运用说明
1.集合学员，采集学员信息	考勤点名 实地讲解
2.讲解操作要点 1）变更车道的安全操作要点 （1）变更车道时，首先要观察与判断车辆后方、侧方和准备变更的车道上的交通流情况。 （2）每次变更车道，只能变更到相邻的车道；若需变更到相邻以外的车道，应先变更到相邻的车道，行驶一段后，再变更到另一条车道。在车道分界线为实、虚线的路段，实线一侧的车辆严禁变更车道。 （3）在交叉路口变更车道，应提前观察道路交通标志和路面标线，建议根据需要行驶的方向选择行驶车道，在进入实线区前按导向箭头方向驶入导向车道。 （4）避让障碍变更车道时，应适当提前变道；防止因相邻的车道有来车阻滞变道而造成制动停车或强行变更车道，发生碰撞事故；变更车道时，应避免突然急转转向盘驶入相邻的车道，防止与正常行驶的车辆相碰撞或因路面光滑引起车辆侧滑。 2）变更车道时的安全确认 （1）向右侧变更车道。 ①由后视镜确认右后侧安全状况。 ②由右侧视镜确认右侧后方安全状况。 ③直接目视右侧安全状况。 （2）向左侧变更车道。 ①由后视镜确认左后侧安全状况。 ②由左侧视镜确认左侧后方安全状况。 ③直接目视左侧安全状况。 3）向右侧变更时的操作方法 ①由右侧视镜确认右侧后方安全状况。 ②拨右转向指示灯。 ③向左、右侧头再次确认右侧安全状况。 ④开启转向灯3s后向右转动转向盘，当从驾驶位置看见车前中央，超越路中心线15～20cm时，开始向左回转方向。 ⑤保持汽车与道路边线适当距离，逐渐向右回正转向盘，且修正方向使汽车与道路平行行驶。 ⑥拨回右转向指示灯。 4）向左侧变更时的操作方法 ①由左侧视镜确认左侧后方安全状况。 ②拨左转向指示灯。 ③向左、右侧头再次确认左侧安全状况。 ④开启转向灯3s后向左转动转向盘，当从驾驶位置看见车前中央，距道路中心线差15～20cm时，开始向右回转方向。 ⑤保持汽车与道路中心线适当距离，逐渐向左回正转向盘，且修正方向使汽车与道路平行行驶。 ⑥拨回左转向指示灯。 无论是右侧变更或是左侧变更，都应在变更前3s以上（大约行驶30～50m）拨转向指示灯，示意变更方向，使前后方的车辆有充足的时间避让，突然变更行驶路线，很容易发生意想不到的危险情况。 3.示范操作 示范变更车道的驾驶操作全过程。 4.实训安排与指导 教练员安排学员轮流上车操作，讲解训练内容。 5.教学小结 （1）根据学员训练情况分析总结，有针对性地指出存在的问题。 （2）填写教学日志。 （3）根据学员操作中出现的错误，有针对性地进行分析讲评	讲解与操作示范相结合

教学项目12：模拟高速公路驾驶
教学时间：60min

1.教学目标

掌握操纵车辆在模拟高速公路完成驶入（出）高速公路收费口、匝道入主道、变更车道、驶离高速公路的方法。

2.操作要求

车辆行驶至入口匝道后，开启左转向灯，向左侧回头观察来车情况，确认安全后，加速驶入行车道至最低限速后正常行驶，关闭转向灯。需要变更车道时，应开启准备驶入车道一侧的转向灯，观察来车情况，确认安全后变更车道。驶出高速公路时，按照出口预告标志提前调整车速和车道。

3.重点难点

（1）高速公路驾驶的安全意识。

（2）车速与交通状况判断。

（3）安全变更车道方法。

4.教学准备

教学模拟器

教学内容

1.集合学员，采集学员信息

2.讲解操作要点

（1）高速公路的安全驶入与驶出。

（2）车辆的跟进与超车的安全操作要点。

（3）高速公路车辆故障事故处置方法。

3.示范操作

4.实训安排与指导

5.教学小结

操作练习安排

按操作要求和操作要点，组织学员分组进行模拟实操训练

备 课 纸

<table>
<tr><th>教 学 内 容</th><th>教学方法
运用说明</th></tr>
<tr><td>1.集合学员，采集学员信息</td><td>考勤点名
实地讲解</td></tr>
<tr><td>2.讲解操作要点
1）高速公路的安全驶入与驶出
高速公路的出入口是事故多发地段，在进入高速公路时，由于汽车流量特别大，加之主干道与支道的车速相差较大，危险的情况时有发生，应特别注意。
（1）安全驶入。
①安全驶入时的操作要点。
a.确认左侧道路的安全状况。
b.根据行车道内的车辆流动情况，确定进入时机，打开左转向灯，注意保持与前车的安全距离，不可直接插入行车道。
c.提高车速至60km/h以上。
d.进入行车道后逐渐加速并保持行驶速度。
②安全驶入时的注意事项。
a.需在加速车道内加速，禁止直接驶入行车道。
b.若加速车道前端有车辆停放，且高速公路内的安全状况又不允许迅速驶入时，应在加速车道口等候，且保持与前车的适当距离，以备待机加速驶入。
c.遇有连续通过的车辆列队，应在其后跟进，不得强行超、插，以免发生危险。
（2）安全驶出。
①安全驶出时的操作要点。
a.注意交通标志。提前了解、确认出口处位置，做好驶出前的各项准备工作。
b.适当减速慢行。减速时，利用汽车发动机阻力降速的办法，不可利用制动降速，以免给后车造成危险。
c.向右侧变更行车道。当距出口50m时，向右侧拨动转向灯，驶入最右侧的行车道，继续降低车速。
d.择口驶出。当到达出口时，先徐徐驶入减速车道，进一步降低车速，再循出口路线驶出。
e.严格遵守匝道限速规定，特别是载货大型货车，在匝道行驶时更要减速慢行（多数匝道都是弯道设计，速度过快容易造成侧翻）。
②安全驶出时的注意事项。
a.当因故错过出口时，应继续行驶至下一出口处驶出，禁止采取折回或倒车的方法逆向行驶，以免发生危险。
b.进入出口收费处应充分降低车速，谨慎驾驶，防止发生追尾事故。
2）车辆的跟进与超车的安全操作要点
（1）车辆的跟进。
由于高速公路道路宽阔、视线良好、线形较直、横向干扰小、行驶车速高。为保持稳定的行驶状态，通常很多车辆以保持相同的速度前后跟进，形成了一定车群的行驶流向，称之为车流。车群是自然形成的，随着情况变化而不断解体与重新组合，因此在车流中行驶的车辆，也就要随着车流整体速度变化而不断变化。准确把握车流速度与适时调控是掌握高速公路驾驶的重要一环。
①行驶速度的调控。
a.遵章限速。车辆在高速公路上行驶时，最高限速为120km/h，最低限速为60km/h。驾驶员应自觉地将车速控制在限速范围内。
b.适时调速。最高时速和最低时速是指正常行驶条件下所适用的行驶速度。当遇到天气恶劣、道路塌方或抢修、交通堵塞及急弯、隧道路段时，应以在有关路段前设置的临时限速标志牌为准。
c.留足安全空间。在驾驶中，应控制保持一定的速度余量，以适应高速公路上车流速度的变化，保持高速状态下的匀速行驶。
d.提前调控。要善于根据道路条件，车流中车型区分等情况的变化，正确地判断出车流速度的变化趋势，提前利用加速踏板进行车速的调控，从容地实现匀速行驶。
e.切忌频繁操作。切忌急加速和急制动减速、频繁地换挡，这不仅增加了驾驶员的操作疲劳，而且还会引发危险情况。</td><td>讲解与操作
示范相结合</td></tr>
</table>

教学内容	教学方法运用说明
f.非特殊情况，不得在应急车道上行驶。 ②安全距离的保持。 a.安全距离的确定是以道路条件、行驶速度为依据的，干燥路面跟车距离可以时速的百米数来计算，正常情况下，安全距离等于车速数值，即时速100km/h时，车间距离约为100m，时速为80km/h时，车间距离为80m。 b.遇雨、雪、雾等恶劣气候条件，在高速公路上行驶是十分危险的，必须降低车速，加大车间安全距离（通常为干燥路面条件下跟车距离的2倍以上）。 ③跟进中的安全注意事项。 a.提前观察。在观察前方道路情况时，必须留足安全距离，根据前车行驶状况的变化来确定本车的调控措施，切不可长时间盯着前车紧跟，以免形成疲劳驾驶。 b.综合调控。跟车距离的保持与车速的调控要结合起来，用车速的调控来保持跟车距离，以足够的跟车距离来保证车速调控的平稳性。 c.切忌长时间尾随。漫不经心地任随车流行驶，且把注意点固定在前车上，是十分危险的，由于前后车速度相同，长时间的定向观察极易形成“静止视野”，引发意识低下，造成在不知不觉中失去驾驶感觉，动作反应迟钝，这也是引发多重碰撞事故的主要原因。 （2）高速超车时的安全注意事项。 a.高速超车应尽量选择在直线道路上进行。避免在前后可见度不良和在右转弯时超车。 b.不得长时间占用超车道，超车前应首先确定超越后并入行车道的位置，超车完成后，应尽快并回行车道，以免影响后面车辆的超越。 c.即使在交通流量比较少的情况下，也不得随意变更行车道，应该按照行进路线变更的运作要求进行操作。 d.高速超车前，应确认超车道后方无车，防止超车不成无法再退回原行车道。 3）高速公路车辆故障、事故处置方法 车辆在高速公路上行驶时，不得随意停车的。当有特殊情况，如发生故障、事故、燃油耗尽等时，应按照规定停放在适当的地点和位置。 （1）停车后的警戒措施。 ①开启危险报警闪光灯或在车后150m处设置警告标志，夜间还须同时开启示廓灯和后位灯。 ②汽车在行车道上停车时，应在确认后面无任何车辆驶过时再开车门。车辆在路肩或紧急停车带上停车时，乘员应从车辆的右侧下车，且注意不得在路肩上随意走动。 ③汽车在路肩上排除故障时，应留1人在车后监视后方车辆动态，防止发生追尾事故。 （2）车辆发生故障时的处置方法。 ①遇有可能影响车辆继续安全行驶或只能继续行驶一段距离的“渐发性”故障时，应将汽车开到附近的紧急停车带上，或者利用惯性滑行到路肩上进行检修。禁止在行车道上修车。 ②遇有车辆失去动力的“突发性”故障时，首先要利用车辆惯性将车移到路肩上进行检修，但如果抛锚在行车道上无法行驶时，驾驶员和乘员应设法迅速将车转移到右侧路肩上，并采取必要的警戒措施，防止引起链锁式追尾碰撞事故。 ③需要救援时，可利用路旁的紧急电话或其他通信设备与交通警察取得联系，求得帮助，禁止随意在高速公路上拦截车辆。 （3）车辆发生事故处置方法。 ①车辆发生事故后，应迅速保护现场，抢救伤员，在未经交通警察允许或非消防及抢救员的需要，不得移开车辆。注意采取必要的警戒措施，告知后方车辆。 ②立即用路旁紧急电话或其他通信设备报告交通警察，除交通警察外，禁止任何人在高速公路上拦截车辆。 3.示范操作 示范模拟高速公路驾驶的驾驶操作全过程。 4.实训安排与指导 教练员安排学员轮流上车操作，讲解训练内容。 5.教学小结 （1）根据学员训练情况分析总结，有针对性地指出存在的问题。 （2）填写教学日志。 （3）根据学员操作中出现的错误，有针对性地进行分析讲评	讲解与操作示范相结合

教学项目13：模拟隧道行驶
教学时间：60min

1.教学目标

掌握操纵车辆在模拟隧道完成减速、开启（关闭）灯光、鸣喇叭（非禁鸣区）的方法。

2.操作要求

车辆行驶至隧道前观察隧道外道路交通标志，按标志要求操作。驶抵隧道时先减速，开启前照灯，鸣喇叭，驶抵隧道出口时，鸣喇叭，关闭前照灯。禁止鸣喇叭的区域不得鸣喇叭。

3.重点难点

通过隧道速度、方向稳定操作要领，隧道安全行车保障。

4.教学准备

教学模拟器

教学内容

1.集合学员，采集学员信息

2.讲解操作要点

（1）进入隧道前的操作。

（2）隧道中的行车操作。

（3）隧道中车辆故障处理。

（4）车辆驶出隧道的操作。

（5）通过隧道的错误操作方法。

3.示范操作

4.实训安排与指导

5.教学小结

操作练习安排

按操作要求和操作要点，组织学员分组进行实操训练

备 课 纸

教 学 内 容	教学方法运用说明
1.集合学员，采集学员信息	考勤点名 实地讲解
2.讲解操作要点 1）进入隧道前的操作 （1）在距隧道入口50m前提前将速度减至隧道限速以下。 （2）开启示廓灯、前照灯（近光），并视洞内滴水情况随时打开刮水器。 （3）仔细观察前方交通状况，因隧道内外光线由亮到暗变化很大，驶入隧道后驾驶员的视力下降，需要7~8s的时间才能适应，因此务必保持低速行驶。 （4）细致观察隧道内道路标志、标线、警示牌等交通标志信息。 2）隧道中的行车操作 （1）隧道内一定要低速、匀速靠右行驶。 （2）驾驶视线要保持看远、顾近、注意两边的观察方法。特别是隧道弯道行驶时，更要谨慎小心。 （3）严格保持安全行车间距，不得在隧道内变换车道、不得超车，不得停车。 （4）如遇有水、结冰等湿滑路段应握紧转向盘，保持车辆低挡、低速行驶。 3）隧道中车辆故障处置 （1）车辆在隧道内发生故障无法移动或发生事故时，要开启应急灯，并在距车150m处设置故障标志牌。 （2）车上司乘人员要远离事故车辆，由安全通道离开隧道等待救援。 （3）立即通知救援人员将车辆拖出隧道，不得在洞内检修。 4）车辆驶出隧道的操作 （1）隧道的出入口处气流变化较大，特别是在高速公路上，受侧向气流的影响，常常产生较大的侧向力，影响汽车行驶方向的稳定性。 （2）驶出隧道一定要保持低速，控制好转向盘，保持行驶方向的稳定，同时应鸣笛示意。 （3）驶出隧道后，应及时关闭灯光，在进入明亮道路时切忌盲目加速，以免造成危险。 5）通过隧道的错误操作方法 （1）进入隧道前不减速。 （2）不开灯或开远光灯。 （3）乱鸣喇叭。 （4）乱改变过行驶车道。 3.示范操作 示范模拟隧道行驶的驾驶操作全过程。 4.实训安排与指导 教练员安排学员轮流上车操作，讲解训练内容。 5.教学小结 （1）根据学员训练情况分析总结，有针对性地指出存在的问题。 （2）填写教学日志。 （3）根据学员操作中出现的错误，有针对性地进行分析讲评	讲解与操作示范相结合

教学项目14：夜间驾驶
教学时间：60min

1.教学目标

熟悉夜间起步、会车、超车、通过急弯、通过坡路、通过拱桥、通过人行横道或者在没有交通信号灯控制的路口正确使用灯光知识，掌握夜间安全驾驶方法。

2.操作要求

起步前开启前照灯。行驶中正确使用灯光。无照明、照明不良的道路使用远光灯；照明良好的道路会车、路口转弯、近距离跟车等情况，使用近光灯。超车、通过急弯、坡路、拱桥、人行横道或者没有交通信号灯控制的路口时，应交替使用远近光灯示意。

3.重点难点

夜间情况的辨别与判断；各种情况下照明灯光的使用方法

教学内容

1.集合学员，采集学员信息
2.讲解操作要点
（1）夜间情况的辨别与判断。
（2）夜间驾驶的操作要点。
（3）注意事项。
3.示范操作
4.实训安排与指导
5.教学小结

操作练习安排

按操作要求和操作要领，组织学员分组进行实操训练

备 课 纸

教 学 内 容	教学方法运用说明
1.集合学员，采集学员信息	考勤点名 实地讲解
2.讲解操作要点 夜间行车，由于受灯光照射范围和亮度和限制，视力减弱，视野变窄。而且随着行驶时车身的频频晃动，驾驶员很难看清地形与行驶路线。长时间的视觉困难，精神的高度集中，使驾驶员极易疲劳且易产生昏睡和错觉。 1）夜间情况的辨别与判断 （1）车辆行驶状况的辨别。 夜间只能辨认出各种物体的大体轮廓，对车辆行驶状况的辨别通常是根据车灯的变化来判定。 汽车的前灯均为白炽灯且呈光柱照射，后位灯均为有色灯（红色、黄色、蓝色）且光线散射。因此，若前方出现白色光柱时，即可认为有对面行驶的车辆，根据其两前照灯（或前侧灯）的宽度，可判定来车的宽度；若前方出现有色灯（包括后后位灯、牌照灯）时，即可认为有同向行驶的车辆，如果突然增加了灯光闪亮，即可判定前车制动，应及时采取相应措施。 （2）行人动态的辨别。 行人在夜间除有光源外，通常没有发光体，只有依靠车灯光的反射才能辨别。由于驾驶员的视线范围受到灯光照射范围的限制，所以在行人未进入灯光照射区域时，驾驶员很难看到行人。行人在靠近汽车前照灯光柱的边界以外时，可能在较长的一段时间内不能走入光照区域内，因为光照区域的宽度随着靠近汽车的距离而愈窄，同时光照区域的边界也在逐渐离开行人。 因此，在行人出现频繁的场所和地区，一定要减速慢行，做好随时停车的准备，防止行人突然闯入。在车辆交会时，由于灯光相互照射，炫目现象严重，一般也不易发现行人的动向，所以要特别注意观察。在灯光照射区域内迎面而来的行人，要谨防其被我方车灯照射而发生炫目，以致行动茫然，不知所措。 （3）道路条件变化的辨别。 道路条件变化通常是根据车灯光柱的变化和发动机声音的变化来辨别的。若灯光投射距离由远变近，可判定汽车驶近或驶入上坡、急弯、起伏坡道的低谷路段；若灯光由近变远，可判定汽车驶出弯道、驶入缓坡。若灯光离开路面，可判定前方出现急弯、大坑、临近坡顶；若灯光移向道路一侧，可判定前方出现弯道。 行驶中，若发动机声音变闷，车速减慢，可判定汽车在上坡或驶入松软路面。若发动机声音变轻，车速自动增快，可判定汽车下坡。 2）夜间驾驶的操作要点 （1）灯光的使用时机。 夜间行车，灯光具有照明和信号的双重作用，应根据情况灵活运用。 ①行驶前，应预告打开示廓灯、后位灯、牌照灯和仪表灯。起步时，应同时开亮前照灯，照清道路。临时停车时，须在汽车停稳后熄灭前照灯，开亮示廓灯及后位灯。驻车时，关闭所有灯光。 ②行驶中，时速在30km/h以下时，使用近光灯（照射距离30m）；时速在30km/h以上时，使用远光灯（照射距100m），临近交叉路口、有路灯的区段、转弯时（一般在50～100m）应变远光灯为近光灯。 ③夜间行车一般不使用喇叭。通常采用远近光反复互变的方法，代替喇叭警告前方行人或车辆。 （2）车速、车距的控制。 行车速度一般可根据道路情况适当高于白天的行驶速度。但在遇有障碍时，应迅速降低车速，随时警惕突然情况的出现。车间距离要适度增大，一般应保持在100m左右。 （3）夜间的超车。 夜间应尽量避免超车，必须超车时，应准确判明前方情况，确认超车条件成熟后，再跟近前车，连续变换远近灯光，预告前车避让，在判定前车确已让路允许超越时，方可超越，在超越过程中，要适当加大车间的横向距离。保证超车的安全稳妥。	讲解与操作示范相结合

教学内容	教学方法运用说明
（4）夜间的会车。 ①降低行驶速度（必要时，可选择减挡）。 ②安全状况的确认，选择交会地点。 ③在距离对方150m左右时，变远光灯为近灯光。 ④变更行进路线，靠向道路右侧且保持直线行驶。 ⑤保持与交会车辆的横向距离。 ⑥交会后，道路前方安全状况的确认。 ⑦驶入原行驶车道，加速行驶。 3）注意事项 （1）黎明、黄昏谨防事故。 黎明、黄昏空间对比度极低，不开灯看不清。由于视线严重不良，所以非常容易发生交通事故。此时务必降低车速，密切观察，谨慎驾驶。 （2）停车不忘开灯示意。 夜间在道路、街道临时停车或因故停车时，应始终开启示廓灯、后位灯，向他人示意。 （3）不开“瞌睡车”。 驾驶员如感疲倦或瞌睡，应立即停车休息，待精神恢复后，再继续行驶。切不可强行驾驶，以免发生危险。 （4）注意道路障碍信号灯。 行车中，要注意道路施工的指示信号灯。在险要地段时，应停车查看，弄清情况再行驶。 3.示范操作 示范模拟隧道行驶的驾驶操作全过程。 4.实训安排与指导 教练员安排学员轮流上车操作，讲解训练内容。 5.教学小结 （1）根据学员训练情况分析总结，有针对性地指出存在的问题。 （2）填写教学日志。 （3）根据学员操作中出现的错误，有针对性地进行分析讲评	讲解与操作示范相结合

教学项目15：转向盘的功用与操作
教学时间：20min

1.教学目标
使学员掌握转向盘的功用及其操作方法。
2.重点难点
熟练掌握双手交替操作转向盘的方法要点

教学内容

1.集合学员，采集学员信息
2.讲解操作要点
（1）转向盘的功用。
（2）转向盘的操作方法。
（3）容易出现的错误。
3.示范操作
4.实训安排与指导
5.教学小结

操作练习安排

按转向盘功用与操作的要求和操作要领，组织学员分组进行训练

备 课 纸

<table>
<tr><th>教学内容</th><th>教学方法运用说明</th></tr>
<tr><td>1.集合学员，采集学员信息</td><td>考勤点名
实地讲解</td></tr>
<tr><td>2.讲解操作要点
1）转向盘的功用
转向盘，俗称方向盘，它是在汽车行驶中改变汽车行驶的方向的操纵装置。在驾驶中向左转动转向盘，汽车向左行驶；向右转动转向盘，汽车向右行驶。
2）转向盘的操作方法
转向盘的操作包括转向盘的握法和转向盘的操作法。
（1）转向盘的握法。
握转向盘以左手为主，右手为辅，正确的握法是：假设把转向盘比作时钟，左手握在9～10时位置，便于以左手为主，控制、稳定方向。右手握在3～4时位置。此时，右手离挡位最近，便于进行换挡操作。握转向盘时，两手四指朝下由外向里握稳转向盘轮缘外缘，拇指向上自然伸直、按在轮缘上缘。
（2）转向盘的操作法。
①左手单手操作方法。
左手单手操作法主要用于右手有换挡等动作时，或向后倒车右手支撑身体转身时。左手单手操作的使用方法分为单手推拉法和单手循环法。
a.单手推拉法是指用左手单手向上推或向下拉转向盘的操作方法。
b.单手循环法：以左手操作向左转为例，左手向下拉，拉到7～8时位置时四指伸直手掌压住转向盘转动。同时向右转腕，转向盘转到3～4时位置时，五指握住转向盘继续转动，从此反复直至把转向盘打到底。
②双手操作法又分为推拉法、双手推滑法和双手交替（交叉）法。
a.双手推拉法：双手推拉法是指一手推、一手拉，以推为主的操作方法。
b.双手推滑法：双手推滑法是由双手推拉法演变而成的，是指在推拉转向盘过程中向下拉转向盘的手不便拉动时转为虚握，让转向盘在手中滑移的操作方法。
向右转向操作方法：
左手向上推，右手向下拉，当右手拉到5时位置时，放松五指，变为虚握，使转向盘在手中滑动。
向左转向操作方法：
右手向上推，左手向下拉，拉到7 时位置时，放松五指，变为虚握，使转向盘在手中滑动。
c.双手交替（交叉）转法：
双手交替（交叉）转法是指双手反复交替转动转向盘的操作方法，其操作方法如下。
向右转操作方法：
左手向上推，右手向下拉，当右手拉到4～5 时位置时，松开右手，左手继续向上推，右手迅速从左手上方移握转向盘10～11时位置继续向下拉，从此反复直至把转向盘打到底。
向左转操作方法：
右手向上推，左手向下拉，当左手拉到4～5 时位置时，松开左手，右手继续向上推，左手迅速从右手上方移握转向盘1～2时位置继续向下拉，从此反复直至把转向盘打到底。
3）容易出现的错误
（1）原地转动方向。
（2）掏轮转方向（俗称：打内盘子）。
（3）两臂交叉使用转向盘。
（4）双手同时离开转向盘。
3.示范操作
示范转向盘操作的全过程。
4.实训安排与指导
教练员安排学员轮流上车操作，并讲解训练内容。
5.教学小结
（1）根据学员训练情况分析总结，有针对性地指出存在的问题。
（2）填写教学日志。
（3）根据学员操作中出现的错误，有针对性地进行分析讲评</td><td>讲解与操作示范相结合</td></tr>
</table>

教学项目16：驻车制动器的功用与操作
教学时间：20min

1.教学目标
使学员掌握驻车制动器的操作方法和要点。
2.重点难点
放松驻车制动器操纵杆的方法

教学内容

1.集合学员，采集学员信息
2.讲解操作要点
（1）驻车制动器的功用。
（2）驻车制动器的操作。
（3）容易出现的错误。
3.示范操作
4.实训安排与指导
5.教学小结

操作练习安排

按驻车制动器操纵杆功用与操作的要求和操作要领，组织学员分组进行训练

备 课 纸

教 学 内 容	教学方法运用说明
1.集合学员，采集学员信息	考勤点名 实地讲解
2.讲解操作要点 1）驻车制动器的功用 驻车制动器，也称手制动或手刹，其功用是：①防止车辆在停放时自行溜动；②在危险情配合制动踏板，实施紧急制动。 2）驻车制动器的操作 （1）驻车制动器的操作在正常情况下必须在车辆停稳后使用。 （2）驻车制动器的操作包括拉起和放松的操作。 ①拉起操作：需要制动时，需拉起驻车制动器操纵杆，其操作方法是：五指并拢，握住拉杆上部向上拉起3～5齿。如果仍有溜动迹象，应继续补拉1～2齿。 ②放松操作：需要解除驻车制动时，操作方法是：右手四指并拢，握住拉杆，拇指虚按自锁按钮。在向上拉的同时，拇指按下按钮，并将驻车制动器杆向下推到底。 放松驻车制动器的操作要点归纳为三个字：拉、按、推。 3）容易出现的错误 （1）不放松驻车制动器便起步。 （2）用驻车制动器代替踩踏制动踏板。 （3）驻车制动器操纵杆推不到底，拉不到位。 3.示范操作 示范驻车制动器操作的全过程。 4.实训安排与指导 教练员安排学员轮流上车操作，并讲解训练内容。 5.教学小结 （1）根据学员训练情况分析总结，有针对性地指出存在的问题。 （2）填写教学日志。 （3）根据学员操作中出现的错误，有针对性地进行分析讲评	讲解与操作示范相结合

教学项目17：变速器操纵杆的功用与操作
教学时间：20min

1.教学目标
使学员正确掌握变速器操纵杆的操作方法和要点。
2.重点难点
放松变速器操纵杆的方法

教学内容

1.集合学员，采集学员信息
2.讲解操作要点
（1）变速器的功用。
（2）变速器的挡位。
（3）变速器操纵杆的操作方法。
（4）容易出现的错误。
3.示范操作
4.实训安排与指导
5.教学小结

操作练习安排

按变速器操纵杆功用与操作的要求和操作要领，组织学员分组进行训练

备 课 纸

<table>
<tr><th>教 学 内 容</th><th>教学方法
运用说明</th></tr>
<tr><td>1.集合学员，采集学员信息</td><td>考勤点名
实地讲解</td></tr>
<tr><td>2.讲解操作要点
1）变速器操纵杆的功用
变速器操纵杆，也称挡位操纵杆，它的作用是通过变换挡位，改变发动机的扭矩和转速，以实现汽车的前进和后退。
2）变速器的挡位
变速器挡位分为空挡、前进挡和倒挡，在前进挡中又分为低速挡、中速挡和高速挡。
挡位位置如下图（以捷达车为例）：
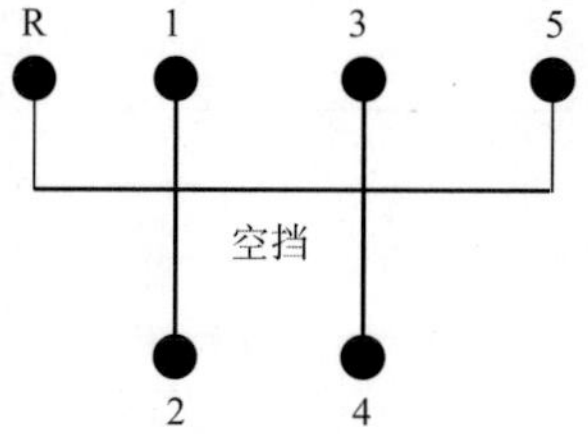

3）变速器操纵杆的操作方法
（1）握法。
变速操纵杆的握法是：以掌心朝下虚握球头，五指自然下向下握住球头。
（2）操作方法。
变速器操纵杆的操作方法是：以手腕和手臂关节力量为主，肩关节为辅助进行挂挡和摘挡。
（3）操作要求。
①变速器操纵杆必须与离合器踏板配合使用，要做到“先离合，后挡位”。
②未踏下离合器踏板前不准变换挡位。从一个挡位到另一个挡位时需在空挡位置稍微停顿，用两级进挡方法完成换挡。运用“先压后进”的方法，即找准挡位后，按压推进。
4）容易出现的错误
（1）操纵变速器操纵杆时低下头看。
（2）变速器操纵杆在空挡位置时来回晃动。
（3）变速器操纵杆移入倒挡时没有在停车状态下进行。
（4）挂挡发响时强拉硬推。
3.示范操作
示范变速器操纵杆操作的全过程。
4.实训安排与指导
教练员安排学员轮流上车操作，并讲解训练内容。
5.教学小结
（1）根据学员训练情况分析总结，有针对性地指出存在的问题。
（2）填写教学日志。
（3）根据学员操作中出现的错误，有针对性地进行分析讲评</td><td>讲解与操作
示范相结合</td></tr>
</table>

教学项目18：离合器踏板的功用与操作
教学时间：20min

1.教学目标
使学员掌握离合器踏板的操作方法和操作要点。
2.重点难点
离合器半联动接合点的判断

教学内容

1.集合学员，采集学员信息
2.讲解操作要点
（1）离合器踏板的功用。
（2）半联动接合点的判断方法。
（3）离合器踏板的操作。
（4）容易出现的错误。
3.示范操作
4.实训安排与指导
5.教学小结

操作练习安排

按离合器踏板功用与操作的要求和操作要领，组织学员分组进行训练

备 课 纸

教学内容	教学方法运用说明
1.集合学员，采集学员信息	考勤点名 实地讲解
2.讲解操作要点 1）离合器踏板的功用 驾驶室底板上有三个踏板，左边的踏板是离合器踏板，也称离合器，是控制发动机动力与传动装置分离、结合的机件。踏下离合器踏板，切断发动机动力；抬起离合器踏板，传递发动机动力。 2）半联动接合点的判断方法 离合器主动部分和被动部分开始接触的点称为半联动接合点，其基本判断方法有三种： （1）凭听觉判断，听到发动机声音由轻松变为沉闷； （2）凭视觉判断，看到车辆的轻微抖动； （3）凭触觉判断，感到离合器踏板顶脚。 3）离合器踏板的操作 离合器踏板的操作包括踏法、踏下和抬起的要点。 （1）踏法：用左脚前掌踏在踏板上，通过膝关节和踝关节的伸屈动作踏下和抬起离合器踏板。 （2）踏下离合器踏板的要点：踏下离合器踏板要迅速有力，“一踏到底”。 （3）抬起踏板的要点：平路起步时，抬起离合器踏板要按“快—停—慢”的要点操作，即抬起踏板开始时快，抬至半联动接合点时要稍停顿，当离合器主、被动部分接合稳定后慢慢放开踏板。 4）容易出现的错误 （1）不用前脚掌踩踏或踩踏不到底。 （2）车辆在正常行驶时长期把脚放在踏板上。 （3）车辆在正常行驶中长时间使用半联动。 （4）踏下加速踏板的同时踏下离合器踏板。 3.示范操作 示范离合器踏板操作的全过程。 4.实训安排与指导 教练员安排学员轮流上车操作，并讲解训练内容。 5.教学小结 （1）根据学员训练情况分析总结，有针对性地指出存在的问题。 （2）填写教学日志。 （3）根据学员操作中出现的错误，有针对性地进行分析讲评	讲解与操作示范相结合

教学项目19：制动踏板的功用与操作
教学时间：20min

1.教学目标
使学员掌握制动踏板的操作方法和操作要点。
2.重点难点
平稳制动的操作方法

教学内容

1.集合学员，采集学员信息
2.讲解操作要点
（1）制动踏板的功用。
（2）制动踏板的操作。
（3）注意事项。
3.示范操作
4.实训安排与指导
5.教学小结

操作练习安排

按制动踏板功用与操作的要求和操作要领，组织学员分组进行训练

备　课　纸

<table>
<tr><th>教 学 内 容</th><th>教学方法
运用说明</th></tr>
<tr><td>1.集合学员，采集学员信息</td><td>考勤点名
实地讲解</td></tr>
<tr><td>2.讲解操作要点
1）制动踏板的功用
制动踏板，也称制动或脚刹车，它的作用是使汽车减速或停车。踏下制动踏板时，车辆减速直至停车，制动踏板踏下的力度大小决定车辆减速或停车快慢。
2）制动踏板的操作
（1）制动踏板的踏法。
需要制动时，用右脚前脚掌踏制动踏板，利用膝关节的伸屈动作完成踏下或放松动作。
（2）踏下踏板。
踩踏制动踏板的要点：快上、轻压、慢放。
常用的制动方法：预见性制动、紧急制动。
踏下踏板时，首先把右脚从加速踏板移至制动踏板，然后根据需要进行如下操作：
①需要降低车速时，应先轻后重，缓慢踏下；
②需要停车时，除按减速要点操作外，在车辆即将停止时应适当放松踏板，再缓慢踏下；
③需要紧急制动时，应迅速有力将踏板踏到底。
（3）放松踏板。
放松踏板也应根据需要进行操作，可以一次放松，也可以分次逐渐放松。
3）注意事项
（1）不得用脚尖、脚心踏制动踏板；
（2）踏下制动踏板时要紧握转向盘，预防制动时方向跑偏；
（3）不准在踏下加速踏板的同时踩踏制动踏板。
3.示范操作
示范制动踏板操作的全过程。
4.实训安排与指导
教练员安排学员轮流上车操作，并讲解训练内容。
5.教学小结
（1）根据学员训练情况分析总结，有针对性地指出存在的问题。
（2）填写教学日志。
（3）根据学员操作中出现的错误，有针对性地进行分析讲评</td><td>讲解与操作
示范相结合</td></tr>
</table>

教学项目20：加速踏板的功用与操作
教学时间：20min

1.教学目标
使学员掌握加速踏板的操作方法和要点。
2.重点难点
使用加速踏板控制车速的稳定性

教学内容

1.集合学员，采集学员信息
2.讲解操作要点
（1）加速踏板的功用。
（2）加速踏板的操作。
（3）容易出现的错误和注意事项。
3.示范操作
4.实训安排与指导
5.教学小结

操作练习安排

按加速踏板功用与操作的要求和操作要领，组织学员分组进行训练

备 课 纸

教学内容	教学方法运用说明
1.集合学员，采集学员信息	考勤点名 实地讲解
2.讲解操作要点 1）加速踏板的功用 加速踏板，简称油门踏板或油门，作用是控制发动机转速和输出动力，踏下时转速提高，抬起时转速降低。 2）加速踏板的操作 （1）踏法。 右脚跟落在制动踏板与加速踏板中间的驾驶室底板上并成为支点，前脚掌向右倾斜放15°～20°，轻放在踏板上，用踝关节和膝关节伸屈的力量完成抬起或踏下动作。 （2）踏下要点。 踏下加速踏板的操作要点是：轻踏、平稳、缓慢，不能忽快忽慢，也不能忽踏忽抬，更不能一脚踏到底。 （3）抬起要点。 抬起加速踏板的操作要点是缓抬，不能一下抬到顶。 3）容易出现的错误和注意事项 （1）踏下加速踏板用力不均。 （2）踏下加速踏板时不能同时踏下制动踏板。 （3）变速器操纵杆在空挡位置时不能踏下加速踏板。 （4）在颠簸的路面行驶时一定要稳住加速踏板。 3.示范操作 示范加速踏板操作的全过程。 4.实训安排与指导 教练员安排学员轮流上车操作，并讲解训练内容。 5.教学小结 （1）根据学员训练情况分析总结，有针对性地指出存在的问题。 （2）填写教学日志。 （3）根据学员操作中出现的错误，有针对性地进行分析讲评	讲解与操作示范相结合

教学项目21：行车前的安全检查
教学时间：60min

1.教学目标
使学员掌握行车前车辆检查的内容、方法及安全技术要求。
2.重点难点
熟练掌握各项应达到的技术要求

教学内容

1.集合学员，采集学员信息
2.讲解操作要点
（1）检查顺序。
（2）车辆外部检视。
（3）发动机舱检视。
（4）驾驶室内部检视。
3.示范操作
4.实训安排与指导
5.教学小结

操作练习安排

按行车前安全检查的操作要求和操作要领，组织学员分组进行训练

备 课 纸

教 学 内 容	教学方法运用说明
1.集合学员，采集学员信息	考勤点名 实地讲解
2.讲解操作要点 1）检查顺序 从车辆的左前部开始，按照逆时针顺序绕车一周检查。 2）车辆外部检视 （1）轮胎的检查。 ①根据轮胎着地部分的弯曲状态，观察、判断气压是否异常。 ②轮胎应无裂痕、鼓包、损伤。 ③检查有无异常磨损。 ④轮胎沟槽的深度应不小于1.6mm。 （2）前、后号牌应完整、清晰。 （3）风窗玻璃应完好、无破损。 （4）灯光应完整、干净、有效。 3）发动机舱检视 （1）检查润滑油量：汽车应停在平坦地面，在发动机起动前或熄火10min后进行。润滑油标尺上的油痕应在上限标记和下限标记之间。 （2）检查蓄电池：检查连接线是否牢靠；蓄电池液量是否充足，即正常液面高度应高出极板10～15mm时，应及时补充蒸馏水或补充液。 （3）检查冷却液量：正常应在上限标记和下限标记之间。 （4）检查制动液量：正常应在上限标记和下限标记之间。 （5）检查玻璃清洗液量：应加满。 （6）检查皮带松紧度：检查风扇皮带和空气压缩机皮带的松紧度（2～4kg力压皮带的翘曲度为10～15mm）。 4）驾驶室内部检视 （1）转向盘应灵活自如，自由行程为10°～15°。 （2）离合器踏板自由行程为30～40mm。 （3）驻车制动器操纵杆移动量为3～5齿。 （4）刮水器完好有效。 （5）安全带完好有效。 （6）灯光、喇叭、仪表齐全有效。 （7）内、外后视镜完好，调整得当。 3.示范操作 示范行车前安全检查操作的全过程。 4.实训安排与指导 教练员安排学员轮流上车操作，并讲解训练内容。 5.教学小结 （1）根据学员训练情况分析总结，有针对性地指出存在的问题。 （2）填写教学日志。 （3）根据学员操作中出现的错误，有针对性地进行分析讲评	讲解与操作示范相结合

教学项目22：上车、下车动作
教学时间：60min

1.教学目标
使学员掌握安全、规范的上车、下车操作方法和要点。
2.重点难点
上车、下车前的安全检视和观察

教学内容

1.集合学员，采集学员信息
2.讲解操作要点
（1）上车前的安全检视。
（2）上车动作。
（3）下车动作。
（4）容易出现的错误。
3.示范操作
4.实训安排与指导
5.教学小结

操作练习安排

按上车、下车操作要求和操作要领，组织学员分组进行训练

备 课 纸

教学内容	教学方法运用说明
1.集合学员，采集学员信息	考勤点名 实地讲解
2.讲解操作要点 1）上车前的安全检视 安全检视的方法：从车左侧顺着车尾部逆时针方向绕车一周安全检视车辆，安全检视内容包括： （1）观察车辆周围有无行人和障碍物。 （2）检查车辆轮胎是否存在安全隐患，车身表面有无异常，前后牌照是否清晰完整。 （3）绕至车头前低头观察车底有无滴漏现象。 （4）站立在左前照灯位置，向两侧确认交通安全状况。 2）上车动作 （1）开门前的观察：上车打开车门前，应向右侧头观察车后方交通情况，确认安全后打开车门。 （2）进入驾驶室动作：面对车门站好，左手打开车门，随即将左手转移至车门内侧，左脚向前迈一步，右手握住转向盘左侧，迈右脚至加速踏板附近。侧身进入驾驶室，身体顺势坐下，收左脚放在离合器踏板左下方，右脚轻放在加速踏板上，坐好后将车门拉至离门框20～30cm处，然后迅速关好车门。关闭车门后，用手推拉车门，确保车门关闭严实。 3）下车动作 （1）开门前的观察：先通过左右后视镜观察车后交通状况，再向左侧头观察确认左后方交通状况，确认安全后打开车门下车。 （2）离开驾驶室操作：下车时，左手打开车门，然后按与上车相反的动作完成下车动作。即先下左脚，再下右脚，然后右脚向后退一步关闭车门，关闭车门后顺车尾方向离开车辆。 4）容易出现的错误 （1）上车前不绕车安全检视或绕车中没有观察。 （2）开、关车门前不侧头向后观察。 3.示范操作 示范上车、下车动作的全过程。 4.实训安排与指导 教练员安排学员轮流上车操作，并讲解训练内容。 5.教学小结 （1）根据学员训练情况分析总结，有针对性地指出存在的问题。 （2）填写教学日志。 （3）根据学员操作中出现的错误，有针对性地进行分析讲评	讲解与操作示范相结合

教学项目23：平路起步
教学时间：60min

1.教学目标

使学员掌握平路起步的操作方法和要点。

2.重点难点

（1）离合器踏板和加速踏板的协调配合。

（2）起步步骤无漏项

教学内容

1.集合学员，采集学员信息

2.讲解操作要点

（1）车辆起步操作步骤。

（2）平路起步操作要求。

（3）常见错误分析。

3.示范操作

4.实训安排与指导

5.教学小结

操作练习安排

按平路起步操作的要求和操作要领，组织学员分组进行训练

备 课 纸

教 学 内 容	教学方法 运用说明
1.集合学员，采集学员信息	考勤点名 实地讲解
2.讲解操作要点 起步是汽车由静止到行驶的开始，它是驾驶车辆行驶的第一个基本动作，车辆起步是否平稳直接关系到其他动作的训练。 1）车辆起步操作步骤 （1）分解动作。 ①踏下离合器踏板。 ②将变速器操纵杆挂入一挡。 ③打开左转向灯。 ④通过中、左、右后视镜观察后方交通状况。 ⑤向左后侧头观察左后视镜盲区情况； ⑥鸣笛。 ⑦快抬离合器踏板，到半联动接合点位置时放慢停顿。 ⑧右脚轻踏加速踏板提高发动机转速。 ⑨放松驻车制动器操纵杆。 ⑩起步后，左脚放在踏板左下方，观察后方情况，缓慢向左转向。如后方有车驶近，沿原路缓行，确认安全后并入行车道，关闭转向灯。 （2）动作要点。 平路起步的动作要点是：离合器踏板、加速踏板的协调配合，也就是“油离配合”，即离合器踏板抬到半联动接合点位置后，在转入慢抬的同时，缓慢踏下加速踏板。 （3）连贯动作。 为便于大家记忆和观察，下面将起步动作连贯表述。 踩离合器踏板→挂一挡→打左转向灯→观察→侧头→鸣笛→抬离合器踏板→轻踩加速踏板→松驻车制动器操纵杆→起步。 2）平路起步操作要求 平路起步的技术要求是：“一平、二不、三无”。 一平：起步平稳。 二不：不前冲、不熄火。 三无：无发动机转速过高现象、无明显空油声、无起步程序漏项。 3）常见错误分析 （1）起步前冲：原因是加速踏板踏下过多，离合器踏板抬得过快。 （2）起步熄火：原因是加速踏板未与离合器踏板协调好，未放松驻车制动器操纵杆或挂错挡。 （3）空油声过大：原因是离合器踏板未抬到位就踩踏加速踏板，且加速踏板踏下过多。 （4）车体发抖：原因是离合器踏板忽抬忽踏。 3.示范操作 示范平路起步操作的全过程。 4.实训安排与指导 教练员安排学员轮流上车操作，并讲解训练内容。 5.教学小结 （1）根据学员训练情况分析总结，有针对性地指出存在的问题。 （2）填写教学日志。 （3）根据学员操作中出现的错误，有针对性地进行分析讲评	讲解与操作 示范相结合

教学项目24：行驶位置和路线选择
教学时间：60min

1.教学目标

（1）掌握汽车在道路上正确的行驶位置和行驶路线的选择方法。

（2）正确判断汽车行驶位置，学会选择安全、准确的行驶路线。

2.重点难点

（1）汽车方向偏移趋势的敏锐感觉和准确判断。

（2）车轮轨迹的合理选择及车速控制

教学内容

1.集合学员，采集学员信息

2.讲解操作要点

（1）观察点的选择。

（2）直线行驶位置。

（3）转弯行驶位置。

（4）注意事项。

3.示范操作

4.实训安排与指导

5.教学小结

操作练习安排

按行驶位置和路线选择操作的要求和操作要领，组织学员分组进行训练

备 课 纸

教学内容	教学方法运用说明
1.集合学员，采集学员信息	考勤点名 实地讲解
2.讲解操作要点 1）观察点的选择 为了准确控制汽车的行驶位置，及时收集行驶中必要的信息，要选择正确的观察点。应尽量向远处看，同时观察车辆周围的情况。俗称："看远、顾近、注意两边"。 2）直线行驶位置 （1）直线行驶车辆正确的行驶位置应在车道正中央。 （2）观察点的位置：通常是车轮在路面上行驶轨迹的延长线，注视点的远近随车速的增加而前移，绝不可始终盯着车前看。 （3）观察点的距离：通常以车辆的安全距离为观察点距离。 （4）直线行驶时，转向盘的转动量应与汽车的行驶速度成反比。车速越快转向盘转动量越小，转动的速度也要越慢。 （5）尽量目视远方，容易早发现行驶偏差；不要低头看近处，这样很可能导致出现大的偏差后才能发现。 如果感觉车辆偏离行驶路线，应尽早调整转，当发现汽车偏离时，转向盘向相反方向适当调整；当汽车快要回正时，逐渐回正方向。 3）转弯行驶位置 （1）进入弯道前，先应看清楚弯道的状况，再确定行驶路线。 （2）前轮轨迹应沿着路边缘线的曲度移动，即顺弯行驶。开始训练时可以借助车身的某个部位作为观察点，让观察点沿着路边缘线运动即可。 （3）降低行驶速度，确保稳定行驶，根据弯道的弯度及时转动、调整转向盘。 （4）当车辆将要驶出弯道时要及时回正转向盘，以便顺畅通过，并进入直线行驶。 4）注意事项 （1）车辆方向出现偏移时要感觉敏锐，转向盘转动量及修正时机要把握得当； （2）弯道上车轮运行轨迹判断要准确，车辆行驶速度不要过快。 3.示范操作 示范行驶位置和路线选择操作的全过程。 4.实训安排与指导 教练员安排学员轮流上车操作，并讲解训练内容。 5.教学小结 （1）根据学员训练情况分析总结，有针对性地指出存在的问题。 （2）填写教学日志。 （3）根据学员操作中出现的错误，有针对性地进行分析讲评	讲解与操作示范相结合

教学项目25：通过限宽门
教学时间：60min

1.教学目标

掌握在一定车速下准确判断车身空间位置，顺利通过限宽门的正确操作方法。

2.操作要求

车辆以不低于10km/h的速度从三门之间穿越，不得碰擦悬杆。

3.重点难点

（1）车速控制的稳定性。

（2）车轮轨迹的合理选择及车速控制

教学内容

1.集合学员，采集学员信息

2.讲解场地规格

3.讲解操作要点

4.示范操作

5.实训安排与指导

6.教学小结

操作练习安排

按通过限宽门的要求和操作要领，组织学员分组进行训练

备 课 纸

<table>
<tr><th>教 学 内 容</th><th>教学方法
运用说明</th></tr>
<tr><td>1.集合学员，采集学员信息</td><td>考勤点名
实地讲解</td></tr>
<tr><td>2.讲解场地规格
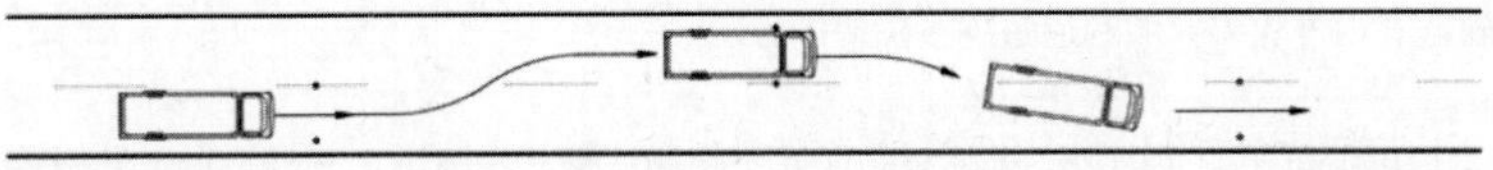
3.讲解操作要点
（1）车辆进入限宽门前，提前减速并控制车辆行驶速度，选择合适挡位(一般小车为二挡，大车为三挡)，同时适量踏下加速踏板，使车速控制在略高于10km/h的速度下，避免猛踏加速踏板和中途换挡。
（2）穿过限宽门转弯时，要稍放松加速踏板，避免在离心力作用下人为加大油量，造成车辆加速行驶。
（3）通过限宽门时要防止过早转向，要确认车辆中部通过限宽门悬杆时才能转向。
（4）从上一门进入下一门时，方向运作要迅速、准确，提前使车中心对准下一门中心延伸线后，方可回正转向，并及时调整好车辆与门左、右悬杆的横向距离，使其尽量接近相等，使车辆提前摆正，垂直通过限宽门。
4.示范操作
示范通过限宽门操作的全过程。
5.实训安排与指导
教练员安排学员轮流上车操作，并讲解训练内容。
6.教学小结
（1）根据学员训练情况分析总结，有针对性地指出存在的问题。
（2）填写教学日志。
（3）根据学员操作中出现的错误，有针对性地进行分析讲评</td><td>讲解与操作
示范相结合</td></tr>
</table>

教学项目26：通过连续障碍
教学时间：60min

1.教学目的

掌握准确判断车轮行驶轨迹和内外轮差，顺利通过连续障碍的方法。

2.操作要求

车辆使用二挡（含）以上挡位，将车骑于圆饼之上通过，车轮不得碰、擦、轧圆饼，并且不得触轧两侧道路边缘线。中途不得停车。

3.重点难点

（1）车速控制稳定，转向时机得当。

（2）车轮行驶轨迹的判断

教学内容

1.集合学员，采集学员信息

2.讲解场地规格

3.讲解操作要点

4.示范操作

5.实训安排与指导

6.教学小结

操作练习安排

按通过连续障碍的要求和操作要领，组织学员分组进行训练

备 课 纸

<table>
<tr><th>教 学 内 容</th><th>教学方法
运用说明</th></tr>
<tr><td>1.集合学员，采集学员信息</td><td>考勤点名
实地讲解</td></tr>
<tr><td>2.讲解场地规格
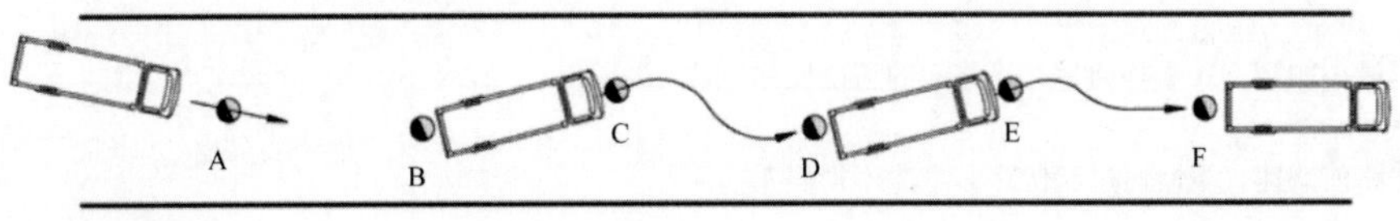

3.讲解操作要点
（1）通过连续障碍前，距圆饼障碍30m提前制动减速，并将挡位挂入二挡。
（2）转向调整车身，使A饼对准左右车轮中心，保持左右前轮和A饼横向距离相等直行。
（3）观察B饼，当视觉看到车最前端将接近B饼时，调整方向，使车辆能够顺利通过B饼。
（4）两前轮骑越B饼后，回正方向，向道路右前方直行（目的是适当增大下一步向左转向的转弯半径，减小内轮差的影响），并观察C饼。
（5）当在视觉上，看到车辆最前端接近C饼时，迅速转动转向盘调整方向。
（6）其他各饼按上述方法反复进行。
4.示范操作
示范通过连续障碍操作的全过程。
5.实训安排与指导
教练员安排学员轮流上车操作，并讲解训练内容。
6.教学小结
（1）根据学员训练情况分析总结，有针对性地指出存在的问题。
（2）填写教学日志。
（3）根据学员操作中出现的错误，有针对性地进行分析讲评</td><td>讲解与操作
示范相结合</td></tr>
</table>

教学项目27：起伏路行驶
教学时间：60min

1.教学目标
掌握操纵车辆以最小颠簸方式平顺通过起伏路面的正确操作方法。
2.操作要求
车辆行驶至起伏路前减速，缓慢通过起伏路，中途不得停车。
3.重点难点
（1）车速的调节及挡位选择；
（2）离合器踏板、加速踏板的协调配合

教学内容

1.集合学员，采集学员信息
2.讲解操作要点
3.示范操作
4.实训安排与指导
5.教学小结

操作练习安排

按起伏路行驶的要求和操作要领，组织学员分组进行训练

备 课 纸

教学内容	教学方法运用说明
1.集合学员，采集学员信息	考勤点名 实地讲解
2.讲解操作要点 （1）进入起伏路前20m制动减速，挂入低速挡(小车一挡，大车一挡或二挡)。 （2）通过起伏路时，注意制动器踏板、离合器踏板，加速踏板的合理使用。 ①通过凹路段：当前轮接近凹路时，轻踩制动器踏板，踏下离合器踏板，利用制动器减速作用将前轮轻轻缓慢溜入凹槽底部，然后使用离合器半联动并适时、适量踏下加速踏板，将前轮驶出凹槽，随后后轮驶近凹槽，通过方法和前轮相同。 ②通过凸路段：当前轮接近凸路时，轻踩制动器踏板，踏下离合器踏板，利用制动器的减速作用，使前轮缓慢接触障碍，当前轮接触障碍后，使用离合器半联动，并适时、适量踏下加速踏板，使前轮驶上凸路顶部，然后松开加速踏板，利用行驶惯性让前轮从凸路顶部溜下，同时适量使用制动。后轮通过凸路与前轮相同。 3.示范操作 示范通过起伏路操作的全过程。 4.实训安排与指导 教练员安排学员轮流上车操作，并讲解训练内容。 5.教学小结 （1）根据学员训练情况分析总结，有针对性地指出存在的问题。 （2）填写教学日志。 （3）根据学员操作中出现的错误，有针对性地进行分析讲评	讲解与操作示范相结合

教学项目28：通过单边桥
教学时间：60min

1.教学目标

掌握准确运用转向盘，正确判断车轮直线行驶轨迹，顺利通过单边桥的方法。

2.操作要求

考试过程中，中途不得停车，车轮不得落桥。不同车型操作要求如下：

a）普通二轮摩托车、轻便摩托车从单边桥上驶过；

b）三轮汽车、正三轮摩托车左、右后轮依次驶过左侧、右侧单边桥；

c）侧三轮摩托车，前轮、左后轮从左侧单边桥上驶过，然后右后轮从右侧单边桥上驶过；

d）其他车型，车辆左前轮、左后轮从左侧单边桥上驶过，然后右前轮、右后轮从右侧单边桥上驶过。大型车辆使用二挡（含）以上挡位。

3.重点难点

（1）车轮行驶轨迹与单边桥相应参照位置（点）的确定。

（2）在车轮上桥后不平衡方向的调整

教学内容

1.集合学员，采集学员信息

2.讲解场地规格

3.讲解操作要点

（1）操作要点。

（2）注意事项。

4.示范操作

5.实训安排与指导

6.教学小结

操作练习安排

按通过单边桥的要求和操作要领，组织学员分组进行实操训练

备 课 纸

教 学 内 容	教学方法运用说明
1.集合学员，采集学员信息	考勤点名 实地讲解
2.讲解场地规格 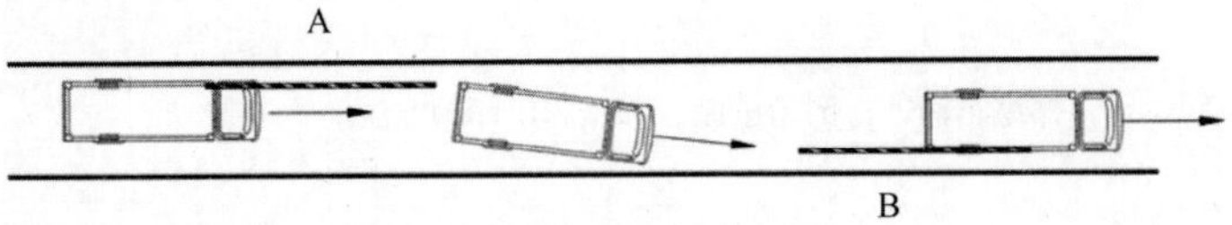 3.讲解操作要点 1）操作要点 （1）距单边桥10～15m前提前制动减速，并挂低速挡行驶（小车为一挡，大车为二挡以上挡位）。 （2）仔细观察A桥位置，并适时调整方向，上桥前将车提前摆正，使上桥一侧的车轮与单边桥对在一条直线上（注意：调整方向时，要先使上桥一侧的后轮落在单边桥的延长面上后，方可考虑前轮与单边桥对正，采用“远对线，近对点”的视觉观察方法）。 （3）上桥时，应保持正确的驾驶姿势，低速、平稳上桥，上桥一侧车轮位置升高，车辆重心偏向低的一面，方向也会自然向低的一面发生偏移。此时，应将转向盘向上桥一侧转动至消除转向盘游动间隙，并双手握稳转向盘，保持车轮呈直线行驶。 （4）车轮下A桥后，视线迅速移到B桥参照点（车中），并同时转动转向盘，当车中偏离B桥外侧边线20～30cm时，迅速回转方向，等车辆中点与B桥基本重叠时，迅速回正方向，并保持车辆中点沿B桥内侧线切线行驶，顺利通过B桥。 2）注意事项 （1）观察参照点，未上桥与上桥后位置会稍有不同，但驾驶员应保持驾驶姿势和方向不变。 （2）上桥后调节方向切不可猛打猛回，方向发生偏移时，只可稍作修正，“小打小回”。 （3）桥没过完看不到桥面时，眼睛应平视车正前方。方向稍有偏移，要及时发现、及时调整。 4.示范操作 示范通过单边桥操作的全过程。 5.实训安排与指导 教练员安排学员轮流上车操作，并讲解训练内容。 6.教学小结 （1）根据学员训练情况分析总结，有针对性地指出存在的问题。 （2）填写教学日志。 （3）根据学员操作中出现的错误，有针对性地进行分析讲评	讲解与操作 示范相结合

教学项目29：侧方移位、倒车进库
教学时间：90min

1.教学目标

掌握准确判断车辆行驶空间位置，操纵车辆进行倒车进库、移位和出库的方法。

2.重点难点

（1）车辆位置的调整。

（2）移库中的转向盘操作

教学内容

1.集合学员，采集学员信息

2.讲解场地规格

3.讲解操作要点

4.示范操作

（1）从起止线倒入乙库。

（2）侧方移位（移库）。

（3）乙库门出库。

（4）倒车入甲库。

（5）出甲库至起止线。

5.实训安排与指导

6.教学小结

操作练习安排

按侧方移位、倒车进库的要求和操作要领，组织学员分组进行训练

备 课 纸

<table>
<tr><th>教学内容</th><th>教学方法
运用说明</th></tr>
<tr><td>1.集合学员，采集学员信息</td><td>考勤点名
实地讲解</td></tr>
<tr><td>

2.讲解场地规格

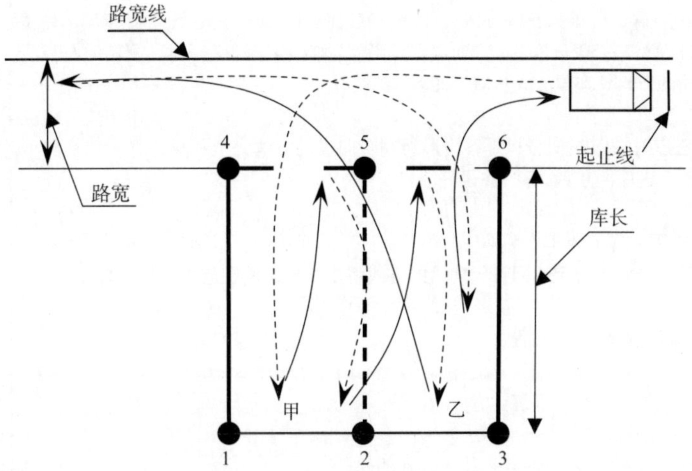

3.讲解操作要点

1）从起止线倒入乙库

（1）上车前应首先观察车身左侧距路宽线距离是否合适，一般保持1.2～1.5m的距离，如果大于此值，会减小车辆入乙库时的转弯半径，造成入库困难；如小于此值，则在倒车时容易造成车左前部越线。

（2）倒车前应首先观察确认车辆是否摆正（如没摆正，起步后倒后要及时修正），后倒时，眼睛必须置于后窗正中央位置来确认4、5号杆位置，同时观察3、6号杆的动态，当车尾与3、6号桩杆延长线平齐时（此时应记住视线与5号杆在车辆右侧形成的视交点，即为该车型进乙库时转动转向盘的时机），开始以中速向右转动转向盘。随着车尾右转，注意观察车厢后右后角与5号杆之间的距离。若距离过小，应适当向左回转转向盘；若距离过大，应迅速向右转动转向盘，使右车尾和5号杆保持20～30cm的横向距离进入乙库门。当车尾进入乙库门时，视线立即转移，以确认1、2号杆位置，当车辆行李箱中央与1杆重合时迅速向左回正转向盘，保持车辆沿直线后倒。

（3）在沿直线后倒过程中，要仔细观察车车辆行李箱中央与1、2号杆中央的位置变化，如果两点未重合，则调整转向盘使之重合调整过程中要做到适量小打小回，切不可猛打猛回，以免造成车身或车轮出线。当车尾与桩杆1、2号杆的连线在视觉上平齐时，立即停车。

2）侧方移位（移库）

（1）第一次前进。

左手握在转向盘6时位置，右手握转向盘11~12时之间，在车辆平稳起步的同时，迅速将转向盘向右转到底，车头逐渐进入甲库，当车头中部与5号杆在一条直线上时，迅速向左转动转向盘，目的是使车与2、5号杆连线的平行（也称回正方向）。当车与2、5号杆连线平行时，迅速向右转转向盘，并待车身摆正的同时，离5号杆20cm时停车。

（2）第一次倒车。

手握转向盘的位置与第一次前进相同。在起步的同时，迅速将转向盘向右转到底，然后观察车前左角动态，当车左前角与4号杆在一条直线时，迅速向左回转方向。待车回正后，迅速向右转转向盘，并转头观察后方2号杆，离2号杆约20cm处停车。

（3）第二次前进。

方法与第一次前进相同，只是观察点由车前中部对5号杆变成车前中部对5、6号杆中部。在距5、6号杆连线约20cm处停车。

</td><td>讲解与操作示范相结合</td></tr>
</table>

教学内容	教学方法 运用说明
（4）第二次倒退。 第二次倒退是移库完成的关键，方法是：起步前要仔细观察车辆行李箱中央与3号杆的视角间距，不能一次性把方向打到底。间距大，起步后向右打转向的量也大，反之则小。车辆向后起步后向右转转向盘，当车辆行李箱中央与3号杆在视角上成一直线时，迅速向左转转向盘回正车辆。按直线倒车的调整方法将车均匀摆在甲库，并在距2、3号杆连线约50cm处平行停车。 3）乙库门出库 起步时，迅速向左转动转向盘，待车头左端将接近乙库左侧边线时，迅速向右转动转向盘，并注视4号杆，车身左侧与4号杆保持25~30cm并回正方向出库。当后轮轴与4号杆平齐时，开始向左转动转向盘，并采用边走边回轮的方式将车摆正，停在车道左端。 4）倒车入甲库 操作要点与从起点进入乙库时大致相似，只是各阶段转动转向盘的方法完全相反，且参照物与车尾平齐改为与1、4号杆平齐，进库回正改为注视3号杆。 5）出甲库至起止线 出甲库时，应保证左右车身与5、6号杆的距离基本相等，且方向回正，当后轴与5、6号杆和连线平齐时开始向右转动转向盘，并采用边走边回正转向盘的方式将车摆正，并在起止线位置停车。 4.示范操作 示范通过侧方移位、倒车进库操作的全过程。 5.实训安排与指导 教练员安排学员轮流上车操作，并讲解训练内容。 6.教学小结 （1）根据学员训练情况分析总结，有针对性地指出存在的问题。 （2）填写教学日志。 （3）根据学员操作中出现的错误，有针对性地进行分析讲评	

教学项目30：模拟雾天驾驶
教学时间：60min

1.教学目标
掌握操纵车辆在模拟雾天路段完成减速、开启灯光的方法。
2.操作要求
车辆减速行驶，开启雾灯、示廓灯、前照灯、危险报警闪光灯。
3.重点难点
雾天驾驶条件的判断和车速的控制。

教学内容

1.集合学员，采集学员信息
2.讲解操作要点
3.示范操作
（1）雾天驾驶要点。
（2）注意事项。
4.实训安排与指导
5.教学小结

操作练习安排

按模拟雾天驾驶的要求和操作要领，组织学员分组进行训练

备 课 纸

教学内容	教学方法 运用说明
1.集合学员，采集学员信息	考勤点名 实地讲解
2.讲解操作要点 1）雾天驾驶要点 雾天由于能见度低，视野变窄，视距变短，在行车中极易发生交通事故。 （1）当雾天能见度低于10m时，应将车停止在安全区域，等能见度转好时再上路行驶。 （2）严格控制车速：当能见度在200~500m时，时速不得超过80km/h；能见度在100~200m时，时速不得超过60km/h；能见度在50~100m时，时速不得超过40km/h；能见度在10~30m以内时，时速应控制在20km/h以下；视距在10m左右时，时速控制在5km/h以下。 （3）雾天行驶时，要开启雾灯、示廓灯、前照灯和危险报警闪光灯。 （4）拉大行车距离：雾天行驶要密切注意前车动态，应该适拉大与前车的安全距离，以防止与前车距离太近导致追尾。安全距离应为正常天气安全距离2～3倍。 （5）谨慎选择行驶路线，勤鸣笛：雾天行车，要尽量靠路中间行驶，不要沿着路边行驶，以防不小心落入路侧的排水沟或者与路边临时停车等待雾散的人相撞。两车交会时，应鸣笛提醒对面车辆注意，同时关闭雾灯，以免给对方造成炫目感。 （6）雾天行驶严禁超车：雾天严禁超越正在行驶的车辆。发现前方车辆靠右行驶时，不得盲目绕行。要考虑前车是否是因为避让障碍而临时停车。 （7）注意右侧同向的行人和车辆：右侧的行人和车辆，由于同向的原因背对车辆，对后方来车注意力较差。同时，驾驶中车辆右侧视线相对左侧差，所以，雾天行驶时更要加倍小心。 2）注意事项 （1）放慢车速、在准许鸣笛地段可勤鸣笛提示。 （2）不盲目超车。 （3）行驶中尽量靠道路中间行驶。 3.示范操作 示范模拟雾天驾驶操作的全过程。 4.实训安排与指导 教练员安排学员轮流上车操作，并讲解训练内容。 5.教学小结 （1）根据学员训练情况分析总结，有针对性地指出存在的问题。 （2）填写教学日志。 （3）根据学员操作中出现的错误，有针对性地进行分析讲评	讲解与操作 示范相结合

教学项目31：夜间驾驶灯光使用
教学时间：60min

1.教学目标
（1）使学员掌握车辆夜间照明灯光的功用与操作。
（2）掌握车辆各种夜间照明灯光的使用方法。
2.重点难点
各种情况下照明灯光的使用方法

教学内容

1.集合学员，采集学员信息
2.讲解操作要点
3.示范操作
（1）夜间照明灯光的识别与功用。
（2）前照灯的操作方法。
（3）夜间驾驶灯光的使用方法。
4.实训安排与指导
5.教学小结

操作练习安排

按夜间驾驶灯光使用的要求和操作要领，组织学员分组进行训练

备 课 纸

教 学 内 容	教学方法运用说明
1.集合学员，采集学员信息	考勤点名 实地讲解
2.讲解操作要点 1）夜间照明灯光的识别与功用 （1）前照灯：为车辆行驶提供照明，并通过远、近光调控开关改变照明距离，达到安全行车的目的。 （2）示廓灯：在夜间行驶中给前后车辆和行人提供车辆宽度。 （3）雾灯：雾天行驶中提供行车警示。 （4）牌照灯：提供车辆牌照照明。 （5）仪表灯：提供夜间仪表照明。 （6）危险报警闪光灯：又称双闪灯，在车辆出现故障或者不能正常行驶时，警告其他车辆。 （7）倒车灯：提供倒车时的警示和照明。 2）前照灯的操作方法 大灯开关一般位于转向盘左下方转向灯操纵杆顶端或仪表台左侧专用总电源开关组合处。 打开时应注意远近光指示（一般远光仪表盘上有显示，近光无显示）。远、近灯光的变换使用循环装置，或上抬、下压进行变换，循环装置每抬起一次即变换一次。在不同行驶情况下，需要按驾驶灯光使用规定变换远近灯光。 3）夜间驾驶灯光的使用方法 夜间行车，灯光具有照明和信号的双重作用，应根据情况灵活运用。 （1）夜间在没有路灯、照明不良条件下行驶——打开前照灯并变成远光灯。 （2）夜间同方向近距离跟车行驶——使用近光灯。 （3）夜间与机动车会车——使用近光灯。 （4）夜间在窄路也非机动车会车——使用近光灯。 （5）夜间通过坡路拱桥——近、远光灯交替使用。 （6）夜间超越前方车辆——近、远光灯交替使用。 （7）夜间通过没有交通信号灯路口——近、远光灯交替使用。 （8）雾天行车——开启雾灯、危险报警闪光灯、示廓灯、前照灯。 （9）夜间因故障而不能移车——使用近光灯、危险报警闪光灯。 （10）夜间因交通事故不能移动——使用近光灯、危险报警闪光灯。 3.示范操作 示范夜间驾驶灯光使用操作的全过程。 4.实训安排与指导 教练员安排学员轮流上车操作，并讲解训练内容。 5.教学小结 （1）根据学员训练情况分析总结，有针对性地指出存在的问题。 （2）填写教学日志。 （3）根据学员操作中出现的错误，有针对性地进行分析讲评	讲解与操作示范相结合

教学项目32：模拟雨天驾驶
教学时间：120min

1.教学目标

掌握操纵车辆在模拟雨天路段完成减速、选择刮水器挡位、开启灯光的方法。

2.操作要求

车辆减速行驶。雨天视雨量大小选择刮水器挡位。

3.重点难点

雨天行驶路面的选择与速度控制

教学内容

1.集合学员，采集学员信息

2.讲解操作要点

3.示范操作

（1）雨天灯光、刮水器的使用方法。

（2）雨天行驶路面的选择判断。

（3）雨天安全行车的方法。

4.实训安排与指导

5.教学小结

操作练习安排

按操作要求和操作要领，组织学员分组进行实操训练

备 课 纸

教 学 内 容	教学方法运用说明
1.集合学员，采集学员信息	考勤点名 实地讲解
2.讲解操作要点 1）雨天灯光、刮水器的使用方法 （1）刚下雨的时候，天色虽然比较阴暗但能见度尚可，此时应使用示廓灯。 （2）雨比较大的时候，示廓灯已经不足以让其他车辆注意的情况下，应该开启前照灯和雾灯。开启前照灯后，应使用近光。 （3）刮水器有三种工作方式： 间歇刮水：每隔约4s刮一次（部分车辆刮水间隔可调整），用于小雨情况下。 低速刮水：用于中、小雨雪天气。 高速刮水：用于大雨、大雪天气。 2）雨天行驶路面的选择判断 雨天因路面湿滑容易造成车辆侧滑，正确选择行驶路面尤为重要： （1）尽量靠路中行驶：道路中间由于车轮反复碾压比较坚硬，能最大程度避免车辆陷入松软路面打滑。 （2）遇斜坡路段时，在保证安全的情况下，尽量靠斜坡低处行驶。 （3）遇泥泞道路时，要尽量沿着车辙选择行驶线路。 3）雨天安全行车的方法 （1）雨天行车一定要控制车速。按照中速行驶的要求，尽量使用发动机阻力减速， 制动使用过多、过急容易造成侧滑。要根据车辆的车型和性能，探索安全的车速。 （2）雨天行车必须做到“礼让三先”，不开快车；必须注意观察和避让，切不可贸然行进。真正做到“宁慢勿快、宁缓勿急”。 （3）雨天会车时，尤其要注意观察路面。交会时不要乱打方向和踩制动踏板，以免车辆侧滑产生碰撞事故。跟车行驶要保持车距，同向的距离应控制在正常安全距离2～3倍以上。 （4）尽量避水行驶：雨天道路积水，要安全避让，一是积水路况不明；二是涉水行驶，行车阻力增大，容易造成方向不稳定，使发动机舱进水熄火。 （5）涉水通行时不要左闪右避，这样容易导致侧滑，也会使前后来车避让不急、发生意外。 （6）多看多观察。雨天驾驶，前后风窗玻璃容易起雾，后视镜积水造成驾驶员视线盲点，应及时开启除雾装置，及时清洁后视镜积水。驾驶时要适当变换观察角度，多看多观察。 3.示范操作 示范模拟雨天驾驶操作的全过程。 4.实训安排与指导 教练员安排学员轮流上车操作，并讲解训练内容。 5.教学小结 （1）根据学员训练情况分析总结，有针对性地指出存在的问题。 （2）填写教学日志。 （3）根据学员操作中出现的错误，有针对性地进行分析讲评	讲解与操作示范相结合